高等院校应用型国际经济与贸易专业精品教材

国际金融

王 东 罗 芳◎主 编

崔日明◎主 审

电子工业出版社·

Publishing House of Electronics Industry

北京·BEIJING

未经许可，不得以任何方式复制或抄袭本书之部分或全部内容。

版权所有，侵权必究。

图书在版编目（CIP）数据

国际金融 / 王东，罗芳主编. —北京：电子工业出版社，2021.7

ISBN 978-7-121-41466-4

Ⅰ. ①国… Ⅱ. ①王… ②罗… Ⅲ. ①国际金融－高等学校－教材 Ⅳ. ①F831

中国版本图书馆 CIP 数据核字（2021）第 124263 号

责任编辑：刘淑敏　　　　　　特约编辑：田学清
印　　刷：涿州市京南印刷厂
装　　订：涿州市京南印刷厂
出版发行：电子工业出版社
　　　　　北京市海淀区万寿路 173 信箱　　　邮编：100036
开　　本：787×1092　　1/16　　印张：16.25　　字数：375.2 千字
版　　次：2021 年 7 月第 1 版
印　　次：2021 年 7 月第 1 次印刷
定　　价：52.00 元

凡所购买电子工业出版社图书有缺损问题，请向购买书店调换。若书店售缺，请与本社发行部联系，联系及邮购电话：（010）88254888，88258888。

质量投诉请发邮件至 zlts@phei.com.cn，盗版侵权举报请发邮件至 dbqq@phei.com.cn。

本书咨询联系方式：（010）88254199，sjb@phei.com.cn。

前言

我国改革开放政策已经延续了 40 多年，改革开放给经济理论研究带来的重要变化是提升了国际金融研究的地位和作用，因为对外金融开放政策将金融范围从国内扩展到国际，从而提高了国际金融理论研究的重要性和急迫性。另外，随着国内金融和国际金融联系的不断加深，国内金融理论研究与国际金融理论研究也逐步融为一体。

作为一门学科，国际金融学具有很强的专业性和综合性，它既有自身的专业特色，又有与其他经济学科相关的交叉领域；既有深厚的理论研究，又有实务操作；既涉及宏观经济格局，又涉及微观经济运行。国际金融学以开放经济为基础，重点研究了五部分内容，包括外汇及汇率制度、国际金融市场、国际资本流动、国际金融机构和国际收支，揭示了三大规律（汇率变动规律、国际资本流动规律、国际收支不平衡规律），在经济、金融理论研究领域具有举足轻重的地位。国际金融学是金融学研究领域一个重要的分支，如今它已经成为各高校的基础专业课程或素质教育课程，国际金融学教科书也越来越受重视。

本书的特点是以国际现行惯例为依据，深入研究国际金融活动的客观规律和国际金融市场的运行概况，既介绍了国际货币体系和汇率制度的深层次问题，又探讨了有关国际金融的理论；既研究了国际金融各衍生市场及其交易，又研究了国际金融发展的新动态和相关政策。本书阐述的是国际金融学科的一般规律、基本理论和前沿的政策，在侧重研究国际金融理论与政策的同时，也展现了世界金融发展的新趋势、中国金融改革的历程和发展。学生通过对本书的学习，可以明确地把握国际金融发展动向和相关应对政策。本书坚持理论联系实际，注重基本理论分析，强调运用历史和逻辑的分析方法和现代经济学分析手段，内容丰富、资料翔实、深入浅出。本书既可作为金融学专业本科学生的教材，又可作为金融专业研究生及金融从业人员的参考书。

本书由哈尔滨学院王东、罗芳担任主编，崔日明担任主审，隋东旭担任参编。具体分工如下：第 1~7 章由王东编写，第 8~9 章由罗芳编写，第 10~13 章由隋东旭编写。

由于水平和时间有限，书中难免存在不足之处，恳请同行及读者在使用过程中予以关注，提出宝贵意见或建议，以便修订时完善。

目录

第一章

外汇与汇率

知识框架图

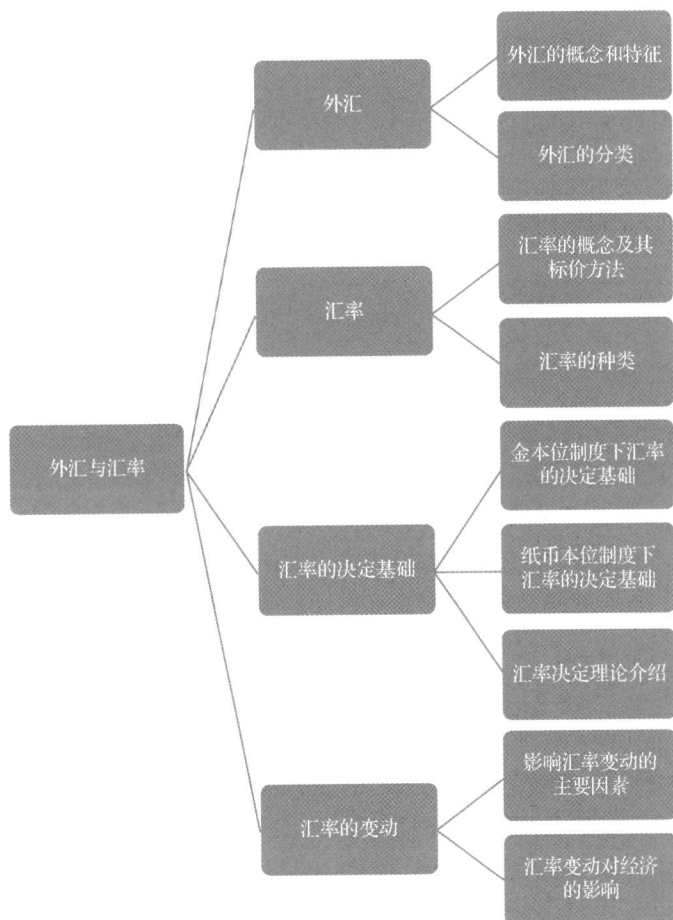

学习目标

- 了解外汇的概念和特征
- 掌握汇率的概念及其标价方法
- 了解汇率的种类
- 了解金本位制度下汇率的决定基础
- 掌握汇率决定理论
- 了解汇率变动对经济的影响

第一节　外汇

随着世界经济一体化，跨国交流已经成为人们生活中的重要组成部分。因为各国或各地区所流通的货币是不同的，所以人们要实现正常的国际交流活动和国际经营活动，首先需要实现货币的兑换，即用一种货币兑换另一种货币。外汇是以外国货币表示的可用于国际结算的支付工具。两种货币之间兑换的比率即汇率。在不同的货币制度下，汇率的决定基础不同。国际收支、经济增长、利率和通货膨胀率等都影响着汇率的变化，汇率变化对国际经济发展和一国的国内经济发展产生着重要的影响。

一、外汇的概念和特征

（一）外汇的概念

外汇（Foreign Exchange）有动态和静态之分：动态外汇是指把一个国家的货币兑换成另一个国家的货币以清偿国际债权债务关系的资金经营活动，静态外汇是指以外国货币表示的可用于国际结算的支付手段。国际货币基金组织对外汇的解释：外汇是货币当局以银行存款、财政部国库券、长短期政府债券等形式持有的在国际收支逆差时可以使用的债权。《中华人民共和国外汇管理条例》规定，外汇是指下列以外币表示的可以用作国际清偿的支付手段和资产。

（1）外国货币，包括纸币、铸币。

（2）外币支付凭证，包括票据、银行存款凭证、银行卡等。

（3）外币有价证券，包括政府债券、公司债券股票等。

（4）特别提款权（Special Drawing Right，SDR）、欧洲货币单位（European Currency Unit，ECU）。

（5）其他外汇资产。

人们通常说的外汇，一般是指静态外汇。

（二）外汇的特征

以外国货币表示的资产或支付工具不一定都是外汇，只有能自由兑换、能自由转入一般商业银行账户、在其需要时可以任意转账的才是外汇。外汇具有以下三个基本特征，其中可兑换性是最基本的特征。

1. 可兑换性

货币可兑换性有三层含义。

第一层：达到国际货币基金组织（International Monetary Fund，IMF）规定的实现经常项目自由兑换的要求。《国际货币基金组织协定》第八条规定"各成员方未经基金同意，不得对国际经常往来的付款和资金转移加以限制"。

具体来说，成员方应承担以下义务。

（1）应允许其居民获取进行经常性国际交易所需的外汇。

（2）允许非居民自由兑换由经常性国际交易获取的该国货币。

（3）不得使用复汇率制度。

第二层：在经常项目可兑换的基础上，对资本项目的兑换加以一定的限制。

第三层：全面的可兑换。

2. 国际性

外汇必须是以非本国货币计值、在国际市场上被普遍接受的外汇资产。

3. 可偿性

可偿性是指外汇债权或资产可以保证得以偿付，否则国际汇兑的过程也就无法进行。在国际多边结算的制度下，得不到偿付的债权不能用来对第三国债务进行清偿。总之，外汇就是一国拥有的可兑换外国货币，或者以可兑换外国货币计价的并被各国普遍接受的可用于国际债权债务清算的一切资产。

二、外汇的分类

（一）根据交割期限，外汇分为即期外汇和远期外汇

1. 即期外汇

即期外汇是指外汇买卖成交以后在两个工作日内交割完毕的外汇。

2. 远期外汇

远期外汇是指买卖双方根据外汇买卖合同，不需立即进行交割，可以在将来某一时间进行交割的外汇。

（二）根据来源与用途，外汇分为贸易外汇和非贸易外汇

1. 贸易外汇

贸易外汇也称实物贸易外汇，是指来源于或用于进出口贸易的外汇，即由国际间的商品流通形成的一种国际支付手段。

2. 非贸易外汇

非贸易外汇是指除了贸易外汇的一切外汇，即一切非来源于或不用于进出口贸易的外汇，如服务外汇、侨汇和捐赠外汇等。

（三）根据外汇形态，外汇分为外汇现钞和外汇现汇

1. 外汇现钞

外汇现钞是指由境外携入或个人持有的可自由兑换的外国货币，即个人所持有的外国钞票，如美元、日元、英镑等。

2. 外汇现汇

外汇现汇是指由国外汇入或由境外携入、寄入的外币票据和凭证。我们在日常生活中能经常接触的主要有境外汇款和旅行支票等。

（四）根据外汇管理对象，外汇分为居民外汇和非居民外汇

1. 居民外汇

居民外汇是指居住在本国境内的机关、团体、企事业单位、部队和个人以各种形式所持有的外汇。居民通常是指在某国或某地区居住达一年以上的人，外交使节及国际机构工作人员不能列为居住国居民。一般来说，各国对居民外汇管理都比较严格。

2. 非居民外汇

非居民外汇是指暂时在某国或某地区居住的人所持有的外汇，如外国侨民、旅游者、留学生、国际机构和组织的工作人员、外交使节等以各种形式持有的外汇。中国对非居民的外汇管理比较宽松，允许这类人自由进出国境。

第二节　汇率

汇率变动对一国进出口贸易有直接的调节作用。在一定的条件下，本国货币对外贬值，即汇率下降，会起到促进出口、限制进口的作用；反之，本国货币对外升值，即汇率上升，会起到限制出口、促进进口的作用。

一、汇率的概念及其标价方法

汇率是一国货币同另一国货币兑换的比率，是以一种货币表示另一种货币的价格，因此也称汇价。如果要确定两种不同货币之间的比率，就要先确定以哪个国家的货币为标准。确定的标准不同，汇率的标价方法也不同。汇率的标价方法主要有以下几种。

（一）直接标价法

直接标价法又称应付标价法，是以一定单位的外国货币为标准，折算为一定数量的本国货币来表示其汇率。如果一定单位的外国货币折算的本国货币减少，就说明外汇汇率下降，即外币贬值或本币升值。

（二）间接标价法

间接标价法又称应收标价法，是以一定单位的本国货币为标准，折算为一定数额的外国货币来表示其汇率。如果一定单位的本国货币折算的外国货币数量增多，就说明本国货币汇率上涨，即本币升值或外币贬值。

直接标价法和间接标价法所表示的汇率涨跌的含义正好相反，因此在引用某种货币的汇率或说明其汇率高低涨跌时，我们必须明确采用哪种标价方法，以免混淆。在国际外汇市场上，用来描述货币价值变化的专业词汇是升值和贬值。本币升值是指与对应的外国货币相比，本国货币变得更值钱了。在直接标价法下，每单位外国货币所能兑换的本国货币的数量就会减少，汇率表现为下降，又称本币坚挺或走强，或称外汇疲软或走弱。本币贬值是指本国货币与对应的外国货币相比，变得更不值钱了。在直接标价法下，每单位外国货币就可以换到更多的本国货币，汇率表现为上升，又称外汇坚挺或走强，或称本币疲软或走弱。

（三）美元标价法

美国在 1978 年 9 月 1 日开始使用美元标价法，目前美元标价法是在国际金融市场上通用的标价法。随着国际金融市场的发展和外汇交易规模的不断扩大，为了便于在国际上进行外汇交易的业务，在国际外汇市场上，银行间的报价都以美元为标准。

二、汇率的种类

（一）从银行经营外汇的角度划分，可分为买入汇率和卖出汇率

1. 买入汇率

买入汇率又称买入价，是外汇银行向客户买进外汇时使用的价格。

2. 卖出汇率

卖出汇率又称卖出价，是外汇银行向客户卖出外汇时使用的价格。

买入价和卖出价是根据外汇交易中买方或卖方的地位而定的，它们之间的差额一般为1%～5%，这是外汇银行的手续费收益。

除了买入汇率和卖出汇率，从银行经营外汇的角度划分，汇率还可分为中间汇率和现钞买入汇率。中间汇率是买入价与卖出价的平均值。媒体报道汇率消息时常用中间汇率。现钞买入汇率是外汇银行向客户买进外汇现钞时使用的价格，现钞买入价通常低于外汇买入价。银行买入现钞以后，需将现钞清点、打包后运送到现钞发行和流通的国家或地区的银行，因此买入现钞的银行不仅要承担一定的利息损失，还要支付运费和保险费。现钞卖出汇率与现汇卖出汇率相同。

（二）从制定汇率的角度划分，可分为基础汇率和套算汇率

1. 基础汇率

本国货币和某一关键货币之间的兑换比率为基本汇率。关键货币通常选择的是一种在国际经济交易中最常使用，且在外汇储备中占比最大的可自由兑换的外国货币。

2. 套算汇率

本国货币根据关键货币的比价套算出对其他外国货币的汇率，这样得出的汇率就是套算汇率（Cross Rate），又称交叉汇率。

计算套算汇率的方法：买价和卖价交叉相除、买价和卖价同边相乘。

（三）从汇率制度的角度划分，可分为固定汇率和浮动汇率

1. 固定汇率

固定汇率，即外汇汇率基本固定，汇率的波动幅度被限制在一个较小的范围内。

2. 浮动汇率

浮动汇率是指汇率随着外汇市场的供求变化而自由波动。汇率水平主要由外汇市场的供求状况决定，政府在原则上没有义务进行干预。当前，政府对经济生活的干预日益增多，也在不同程度上对汇率水平进行管理和指导，我们将这种浮动汇率称为有管理的浮动汇率。

（四）从外汇交易支付通知方式的角度划分，可分为电汇汇率、信汇汇率和票汇汇率

1. 电汇汇率

电汇汇率是以电汇方式在买卖外汇时使用的汇率，是外汇市场上的基本汇率。在电汇业务中，汇款人向汇出行交付本国货币，汇出行向汇款人卖出外汇以后，汇出行通知其国外汇入行向收款人解付外汇。电汇以电报为传递工具，是国际资金转移中最迅速的一种国际汇兑方式，因为银行不能占用客户的资金，所以电汇汇率最高。

2. 信汇汇率

信汇汇率是在汇出行接受委托并向汇款人卖出外汇以后，用信函方式通知付款地银行转汇给收款人所使用的一种汇率。邮程时间较长，银行可以在邮程期内占用客户的资金，因此与电汇汇率相比信汇汇率较低。

3. 票汇汇率

票汇汇率是指银行在卖出外汇时,开立一张由其国外分支机构或代理行付款的汇票交给汇款人,在由其自带或寄往国外取款时所使用的汇率。因为票汇汇率从银行卖出外汇到支付外汇有一段间隔时间,银行可以在这段时间占用客户的资金,所以票汇汇率一般比电汇汇率低。

(五)从外汇交易交割期限长短来划分,可分为即期汇率和远期汇率

1. 即期汇率

即期汇率又称现汇汇率,是指在买卖外汇双方成交当天或两个营业日内进行交割时使用的汇率。

2. 远期汇率

远期汇率是指在未来一定时期进行交割,事先由买卖双方签订合同,达成协议的汇率。到了交割日期,协议双方按预订的汇率、金额进行交割。与即期汇率相比,远期汇率是有差额的,这种差额叫远期差价。差额用升水、贴水和平价来表示,升水表示远期汇率高于即期汇率,贴水表示远期汇率低于即期汇率,平价表示两者相等。

(六)从汇率是否考虑物价变动来划分,可分为名义汇率和实际汇率

1. 名义汇率

名义汇率是用一种货币所能兑换的其他货币的数量来表示的该种货币的汇率。名义有效汇率(Nominal Effective Exchange Rate)是用若干其他国家货币数量的加权平均值来表示的某种货币的汇率。在外汇市场上,一国货币对某种外币升值的同时也可能对另一种外币贬值,因此要想准确地把握一国货币汇率在国际贸易中的总体竞争力和总体变化趋势,就必须使用有效汇率。

名义有效汇率的计算方法:首先,选定货币篮构成;其次,确定货币篮中每种货币的权重(如以贸易份额计);最后,选定基期,确定基期有效汇率(通常为100)。

视野拓展

货币篮汇率

货币篮汇率是一种中间汇率制度安排,它兼具固定汇率制度和浮动汇率制度的特点。最早成功实行货币篮汇率的是欧洲汇率机制,为了减少在浮动汇率时代汇率大幅波动对各国国内外经济的冲击,欧盟提出并实施了这一机制,且获得了很大的成效,实现了欧洲经济和货币一体化的过渡。新加坡是成功实行货币篮汇率的另一个典范。货币篮汇率的宗旨是减缓本币对某种货币的波动幅度,以达到一定的宏观经济政策目标,政策目标决定了货币篮汇率的设计和调节机制。

---

2. 实际汇率

实际汇率是指以不变的价格计算出来的某国货币的汇率。实际汇率比名义汇率更能真实地反映一国货币在其他国家的购买力。实际有效汇率（Real Effective Exchange Rate）是用不变的价格计算出来的有效汇率，根据两国的通货膨胀率对名义双边汇率进行调整可以得到实际双边汇率，从而计算出实际有效汇率。

第三节　汇率的决定基础

汇率作为两种货币之间的交换比率，其本质是两国货币各自代表或具有的价值的比率，因此各国货币具有或代表的价值是汇率的决定基础。在不同的货币制度下，货币发行基础、货币的种类和形态各异，因此各国货币价值的具体表现形式也不一样。接下来，我们就按照不同的货币制度，对汇率的决定基础进行研究。

一、金本位制度下汇率的决定基础

金本位制度的发展经历了金币本位、金块本位和金汇兑本位三个阶段，以黄金的自由铸造、自由兑换和自由输出/入为特点。

在金币本位制度下，各国都规定了金币的法定含金量，两种不同货币之间的比价，由它们的含金量对比来决定，由两种金属铸币含金量之比得到的汇率被称为铸币平价。例如，1925—1931 年，英国规定 1 英镑所含纯金量为 7.322 38 克，美国立法规定 1 美元所含纯金量是 1.504 63 克，因此 1 英镑等于 4.8665 美元，或者说 1 英镑所含纯金量同 4.8665 美元所含纯金量相等。市场汇率以铸币平价为中心上下波动，波动幅度局限于黄金输送点所规定的范围内。

在金块本位制度和金汇兑本位制度下，由于黄金已经不再充当流通手段和支付手段，黄金的自由输出/入受到一定的限制，此时的汇率由法定的金平价——纸币的含金量来决定。汇率围绕着法定平价（法定平价是金平价的一种）上下波动，其波动幅度由政府来决定和调控，政府通常会设立外汇平准基金来维持汇率的稳定。

视野拓展

外汇平准基金

外汇平准基金又称"外汇平准账户"，是一国货币当局为稳定外汇汇率而设立的专用基金。外汇平准基金是间接管制汇率的一种方式，具体做法是，政府不直接规定汇率

及波动幅度，允许外汇自由买卖和汇率自由波动。当本国货币汇率下跌，低于政府的汇率目标时，中央银行即动用外汇平准基金，抛售黄金外汇，购入本国货币，防止本币汇率继续下跌。当本国货币汇率上升且高于政府的汇率目标时，中央银行则抛售本国货币，平抑本币汇率。

二、纸币本位制度下汇率的决定基础

在纸币本位制度下，纸币的价值基础就是纸币的购买力，即能够买到的商品和劳务的价值。购买力平价决定理论包括两部分：绝对购买力平价理论和相对购买力平价理论。绝对购买力平价理论说明某一时点汇率的决定因素，相对购买力平价理论则说明某一时期影响汇率的主要因素。

在纸币本位制度下，长期汇率以两国货币代表的价值量为基础，然而决定短期汇率的则是外汇市场的供求关系。当外汇供不应求时，外汇汇率上升；当外汇供过于求时，外汇汇率下跌；当外汇供求平衡时，外汇汇率达到均衡。

三、汇率决定理论介绍

（一）购买力平价论

购买力平价论（Theory of Purchasing Power Parity）是一种历史悠久的汇率决定理论，它可以追溯到 16 世纪，瑞典学者卡塞尔于 1922 年在《1914 年以后的货币与外汇》一书中对此进行了系统的阐述。购买力平价论的基本思想是货币的价值在于其具有的购买力，因此不同货币之间的兑换比率取决于它们具有的购买力的对比，也就是说，汇率与各国的价格水平之间具有直接的联系。

1. 购买力平价论的主要内容

1）绝对购买力平价

绝对购买力平价（Absolute Purchasing Power Parity）是指在某一时点上，两国的一般物价水平之比决定两国货币间的比率。绝对购买力平价的前提包括以下两点：第一，对于任何一种可贸易商品来说，一价定律都成立；第二，在两国物价指数的编制中，各种可贸易商品所占的权重相等。

2）相对购买力平价

相对购买力平价（Relative Purchasing Power Parity）是指在一定时期内，汇率的变化与该时期两国物价水平的相对变化成比例。这从动态的角度考察汇率的变动。

相对购买力平价指出，在一定时期内，在其他条件不变的情况下，如果本国通货膨胀率高于外国通货膨胀率，那么外币价格上升，本币价格下跌；如果本国通货膨胀率低于外国通货膨胀率,那么本币价格上升,外币价格下跌。

2. 对购买力平价论的评价

购买力平价论的合理性主要表现在该理论通过物价与货币购买力的关系论证汇率的决定基础,这在研究方向上是正确的。该理论直接把通货膨胀因素引入汇率的决定基础中,这在物价剧烈波动和通货膨胀日趋严重的情况下,有助于合理地反映两国货币的对外价值。该理论把物价水平与汇率联系起来,这对研究一国汇率政策与发展出口贸易具有参考价值。

购买力平价论的缺陷主要表现为该理论认为货币代表的价值是由货币的购买力决定的,这种本末倒置的认识使该理论无法揭示汇率的本质。该理论强调货币数量或货币购买力对汇率变动的影响,忽视了生产成本、投资储蓄、国民收入、资本流动、贸易条件及政治形势等对汇率变动的影响。显然,货币的购买力只是影响汇率变动的重要因素之一,而不是全部。

(二)利率平价论

在开放经济条件下,一个国家与其他国家的金融市场之间的联系更加紧密,国际资本流动的发展使汇率与金融市场上的利率之间也存在密切的关系。汇率的利率平价论(Theory of Interest Rate Parity)是指从金融市场角度分析汇率与利率之间的关系,它可以追溯到19世纪下半叶。该理论由凯恩斯于1923年在《货币改革论》一书中进行了完整的阐述,并且由其他经济学家进一步发展。

1. 利率平价论的主要内容

利率平价论分为抵补利率平价(Covered Interest Rate Parity)与非抵补利率平价(Uncovered Interest Rate Parity),下面分别进行介绍。

1)抵补利率平价

抵补利率平价反映的是在均衡状态下,由抵补套利行为导致的远期汇率与利率差的关系。该理论的基本假设有以下五点。

第一,存在发达的国际金融市场。

第二,所有国际投资者或借款者都厌恶风险。

第三,套利活动的交易成本为零。

第四,套利资金的供给弹性无穷大。

第五,每个国家只有一种金融资产,即不考察多种金融资产之间的差异等。

2)非抵补利率平价

非抵补套利行为与抵补套利行为的差别是前者在将资金由低利货币调往高利货币时并不进行反方向操作,即对其未来的投资收益不进行保值。这时,将未来国外的投资收益折算成本币时所采用的汇率就不是远期汇率,而是未来的即期汇率。

2. 对利率平价论的评价

利率平价论描述了汇率与利率之间的关系。汇率与利率之间是相互作用的关系：利率的改变会影响汇率；汇率的改变也会通过资金流动影响不同市场上的资金供求关系，进而影响利率。更重要的是，利率和汇率可能同时受到基本因素（如货币供求等）的影响而发生变化，利率平价只是在这一变化过程中表现出来的利率与汇率之间的联系。抵补利率平价从资产市场的角度研究远期汇率的决定问题，说明远期汇率取决于两国货币的相对收益，具有重要的理论意义和现实意义。从理论上看，非抵补利率平价将研究对象从远期汇率扩展到即期汇率，许多新汇率理论都在一定程度上沿用了这种研究方法或直接把它作为研究的起点。

然而，利率平价论也存在明显的局限性。首先，利率平价论假定的完全充分流动的金融市场，在现实生活中是不存在的；其次，它对金融资产完全替代性的假定在现实生活中也是不存在的，在现实生活中不同的金融资产的流动性、风险程度和收益率等都有明显的差异；最后，该理论强调了利率差在汇率决定中的作用，忽视了其他因素对汇率的影响，具有片面性。事实上，交易成本、外汇控制、资本流动限制及汇率风险都在不同程度上影响着人们的套利动机和行为。

（三）货币主义汇率理论

汇率理论的货币分析法形成于 20 世纪 70 年代中期，是由以亨利·约翰逊为代表的一批经济学家倡导的，由弗兰克等人加以系统地阐述。该理论的基本研究方法是把货币数量论与购买力平价论结合起来分析汇率决定和变动的主要原因。该理论在绝对购买力平价的基础上强调货币市场在汇率决定过程中的作用，把汇率看成两国货币的相对价格，而不是两国商品的相对价格。汇率是由货币市场上的存量均衡条件决定的，也就是说，是由各国货币供给与需求的存量均衡决定的。

1. 货币主义汇率理论的基本假定

（1）存在自由的资本市场和较强的资本流动性，使国内外资产具有充分的替代性。

（2）存在有效的市场，使人们对未来汇率的预期可以强烈地影响汇率。

（3）存在充分的国际资金和商品套购套买活动，使"一价定律"得以实现，并且各国的名义利率将等于实际利率加预期通货膨胀率，各国的实际利率也将是相同的。

（4）市场参与者能够根据信息和理论模式对汇率进行合理的预测。

2. 对货币主义汇率理论的评价

传统理论将汇率变动的效应局限于国际收支的范围，而货币分析法突破了这种局限，提出了流量分析框架，并且深入研究货币政策的制定与协调问题，强调了货币因素在汇率决定过程中的作用。该理论指出，一国的货币政策和通货膨胀水平与该国的货币汇率走势直接相关，这正是 20 世纪 70 年代实行浮动汇率制度以后，一些西方国家货币汇率不断下跌的主要原因。

货币主义汇率理论的不足之处：在探讨汇率变动的原因时，只偏重于一国国民的总收入，或者在货币市场总量均衡状态下的汇率行为，而对社会经济内部的结构及其变化对汇率的影响没有进行进一步的研究。

3. 货币主义汇率理论的发展——汇率超调模型

货币主义汇率理论假设所有市场都能瞬时进行调节，多恩布什于 1976 年对这一假设进行了重大修正并提出价格黏性货币分析模型。该模型强调商品市场和金融市场调整速度的不对称性，金融市场的调整可瞬时进行，而商品市场的调整由于价格黏性的假定，即价格不能完全、自由、迅速地调整，短期内产出不变。其结论是在发生外生正向冲击（如货币供应量突然增加）的情况下，由于金融市场的调整速度快于商品市场的速度，也就是说，对汇率和利率迅速进行调整，而对商品价格的调整较为缓慢，在这种情况下，短期内汇率会被过度调整，甚至超出其长期均衡所要求的幅度。

因为该模型的结论突出了汇率超调现象，所以该模型又被称为汇率超调模型（Exchange Rate Overshooting Model）。弗伦克尔等人对该模型进行了拓展，得出结论：在发生外生冲击的情况下，决定汇率是否超调的因素有资本流动度、预期形成的方式、产出的可变性、价格行为、货币政策的性质、货币需求的利率弹性等。

该模型从理论上说明了浮动汇率制度的缺点，即汇率超调——汇率变动率大于货币供给变动率。其政策含义是主张政府加强对经济运行特别是资本流动的干预，或者以某种形式的固定汇率制度取代纯粹的浮动汇率制度。

第四节　汇率的变动

一国汇率的变动受国内外诸多因素的影响，并且各种因素之间又相互联系、相互制约。随着世界经济形势的不断变化，影响汇率的决定性因素也在不断发生变化。接下来，我们对影响汇率变动的主要因素进行进一步的分析。

一、影响汇率变动的主要因素

（一）国际收支

国际收支反映了一国对外经济活动的全部外汇收支状态。当一国的国际收支出现顺差时，短期内，在外汇市场上，对该国货币的需求增加与外国货币的供应增加，使该国货币的汇率上升。反之，当一国的国际收支出现逆差时，在外汇市场上，对该国货币的需求小于供给，该国货币的汇率就会下降。

长期来看，国际收支的变化影响着汇率的变动，因此我们还应该关注国际收支结构的变化，特别是经常项目的动态变化。国际收支中的经常项目不仅影响外汇的供求，还在很大程度上反映了一国商品对外竞争能力的强弱，因此它一直都是影响汇率的最主要的因素之一，一国长期的不断增大的经常项目逆差，就必定导致本国货币汇率持续下降。

国际收支中资本项目的差额会在短期内对汇率产生直接的影响。一般而言，在国际一体化较强的外汇市场上，当资本输出时，要将本国货币兑换成外国货币，本国货币汇率会下降；相反，当资本输入时，本国货币汇率则会上升。

（二）通货膨胀率

在纸币本位制下，两种货币之间的比率是由各自代表的对内价值决定的，货币的对内价值就是该货币在法定流通区域内的购买力。通货膨胀发生以后，货币代表的对内价值减小，导致汇率下跌。

通货膨胀率可以通过进出口贸易和资本流动的变化对汇率产生影响。一国发生通货膨胀，出口商品的成本相对提高，这将引起出口商品数量的下降；进口商品则显得较为便宜，这就容易引起进口商品数量的增加。这些变化将使一国的贸易收支恶化，并且对外汇市场上的供求关系产生影响，促使货币汇率下降。另外，如果一国的通货膨胀率高于其他国家的通货膨胀率，那么在名义利率保持不变的情况下，该国的实际利率就会下降，这会导致短期资金输出，在外汇市场上本国货币汇率下降。因此，持续的通货膨胀率的差异将长期影响两种货币汇率的走势，汇率将回归至其实际购买力所决定的价值水平。

（三）相对利率水平

利率作为货币市场的价格，与各种金融资产的价格、成本和利润紧密相关。相对利率水平的高低会影响一国金融资产的对外吸引力，也会直接引起国际上套利资本的流动，使外汇市场产生供求变化，从而使汇率产生波动。

一般来说，一国信贷紧缩、利率上升，将吸引资本输入，该国的货币会升值；反之，该国的货币会贬值。值得注意的是，短期资金在不同货币间流动时，除了受利率影响，还受汇率的影响。国际利差导致套利资金流动，从而促使汇率发生变化，汇率的变化往往会反过来遏制资金的进一步流动。只有综合分析一国的利率和汇率的预期变动率之后，发现有利可图时，才会引起资金的流动。

短期内，相对利率水平对汇率的影响较为明显。

（四）经济增长率

一国持续的较好的经济增长率对该国货币汇率上升的影响是长期的。然而就短期而言，一国的实际经济增长率与汇率之间有着复杂的关系。

首先，经济增长率会对进出口贸易产生影响。如果一国的经济是靠内需拉动的，那么出口基本保持不变，经济的高速增长会刺激总需求并增加该国的进口，导致贸易逆差，该国货币汇率就会下跌。如果一国的经济是出口导向型的，那么经济的高速增长就会受到出口竞争能力提高和出口规模扩大的推动,出口的增长超过进口,经常项目就可能维持顺差,该国的汇率也会上升。

其次,一国经济发展较快,可能意味着国内存在较多的投资机会和较高的利润回报率,这必然会吸引更多的外国投资资金进入,资本项目的顺差会使本国货币汇率上升。

最后,在经济增长的过程中,劳动生产率逐步提高,产业结构不断完善,一国的综合竞争力不断增强,这些都为本国货币价值的提升提供了有力的支持。

(五)财政政策

政府的财政赤字状况经常被当作进行汇率预测的指标。一国庞大的财政赤字意味着政府开支过度,这会导致通货膨胀的加剧和经常项目的逆差,国内经济增长的持续性会面临很大的挑战,最后出现无法按期偿付债务的情况,此时汇率必然会下降。

相反,财政紧缩能降低债务水平,对本国货币汇率可以起到支持的作用。债务水平的降低使该国经济面临外部冲击的风险降低,从而降低了本币的汇率风险。政府债务存量的下降也使人们降低了对最终债务货币化的预期,减小了未来的通货膨胀压力。财政紧缩政策在短期内会使本国货币汇率上升。

然而,在一定时期内,财政政策经常与货币政策、投资政策、贸易政策等交织在一起,共同对汇率产生影响。比如,宽松的财政政策配合紧缩的货币政策,往往会使一定时期内的汇率上升,财政扩张会提高国内需求,总需求上升会产生更大的货币需求;而紧缩的货币政策限制了货币供给,因此货币利率提高,而高利率又会吸引资本输入,弥补经常账户,维持该国货币汇率的稳定。如果政府在采取紧缩财政政策的同时,采取相对宽松的货币政策,那么紧缩的财政政策会抑制总需求,使货币利率下降。资金外流往往会使短期汇率下降,这样经常项目将逐步得到改善。

(六)中央银行干预

无论是在固定汇率制度下还是在浮动汇率制度下,中央银行都会对外汇市场主动或被动地进行不同程度的干预。根据宏观经济调控和稳定经济发展的需要,各国政府往往会发表导向性的言论或与其他国家联合行动,对外汇市场进行干预。中央银行作为外汇市场的参与者,可以利用所拥有的外汇储备在外汇市场上买卖货币,因此对汇率的影响最直接,效果也较为明显。中央银行持有的外汇储备和借款能力表明了一国干预外汇市场和维持汇率的能力。当然,中央银行干预只在短期内对汇率产生影响,无法从根本上改变汇率的走势。

(七)市场心理预期

在外汇市场上,心理预期能对汇率产生重大影响。目前,国际金融市场上存在数额巨大的短期游资,这些资金根据各种信息和投机者对汇率变化的预期,在短期内快速从一种货币向另一种货币流动,以获取投机利润,引起汇率波动。由于心理预期的变化,如果外汇市场上出现集中性抛售某一货币,那么该货币就会大幅贬值。

如果外汇市场是一个有效市场，即汇率水平充分反映了所有可获取的信息，那么市场就能根据这些信息对汇率进行合理预期，这样市场汇率就会围绕长期均衡汇率波动。一旦市场汇率偏离长期均衡汇率，投机者就会迅速做出反应，推动汇率恢复到均衡水平。合理预期的形成需要具备两个前提条件：第一，市场能够得到充分的信息；第二，投资者能够综合理解这些信息的含义并做出正确的判断。事实上，这两点很难做到。外汇市场上经常发生的情况是，市场汇率偏离长期均衡汇率并不断强化使外汇市场汇率的波动幅度增大。

二、汇率变动对经济的影响

汇率变动受上述多种因素的影响，同时汇率变动又反过来对国际经济正常发展、一国的国际收支和经济运行等产生直接的影响。

（一）汇率变动对进出口贸易的影响

一般来说，一国货币汇率的高低与该国贸易商品的竞争力有密切的关系，本币汇率的贬值有利于增加出口、限制进口，改善贸易收支。在其他条件不变的情况下，如果汇率下调以后，该国出口商品的外币价格随之下降，那么对其出口商品的需求就会增加，有利于扩大出口规模；如果本币汇率下调以后，原定出口商品的外币价格没有立即下降，那么出口商在国际市场上销售同样商品所获得的外汇可以换取更多的本币，出口商的利润就会增加，这也能起到刺激出口的作用。相反，本币贬值以后，外国进口商品的本币价格会上升，该国对进口商品的需求会受到抑制，商品进口的规模会逐渐缩小。汇率贬值对改善一国贸易状况具有直接作用。

然而，本币汇率贬值对贸易收支的实际影响，还需要考虑进出口商品在国际市场上的弹性。也就是说，本币汇率贬值最终能否改善一国的贸易收支状况，取决于进出口商品的供给弹性和需求弹性。

需求弹性就是商品单位价格的变动引起的单位进出口商品需求数量的变动。

从出口商品的角度来看，一国汇率下降会使出口商品的外币价格下降，如果出口商品的需求弹性足够大，就意味着汇率贬值会对该国出口商品产生更多的需求。在这种情况下，如果出口商品的供给弹性也足够大，就意味着该国能够组织闲置的生产资源，顺应需求扩大生产，汇率贬值就会起到推动出口的作用。

从进口商品的角度来看，汇率贬值引起进口商品的本币价格上升，如果进口商品的需求弹性足够大，那么该国对进口商品的需求就会大幅减少，外国供应商就会减少生产或降低价格，有助于抑制进口。

由此可见，汇率贬值的效果要看进出口商品的供给弹性和需求弹性。如果商品的供给具有完全的弹性，那么汇率贬值的效果就取决于进出口商品的需求弹性。只有进口商品的需求弹性与出口商品的需求弹性之和大于1，汇率贬值才能改善贸易收支状况，这就是著名的"马歇尔-勒纳条件"。

另外，即使进出口商品的需求弹性满足"马歇尔-勒纳条件"，从一国汇率贬值到贸易收支改善也会有一个"时滞"。

汇率下调以后，该国出口商品的外币价格下降，而外国对其出口商品的需求并不会立即增加，同时本国企业调整生产、组织供给也有一个过程，因此出口的增长会有一个"时滞"。同时，该国进口商品的数量不会因汇率贬值而马上减少，原先签署的进口合同仍要履行。这样，在汇率下调的初期，出口商品的外币价格下降而出口数量增加缓慢，进口商品未见减少，因此贸易收支状况反而会进一步恶化。只有经过一段时间的调整之后，出口不断增加、进口不断减少，贸易收支状况才能得以改善。汇率贬值对贸易收支改善的滞后影响，其过程像英文字母"J"，因此被称为"J曲线效应"。

（二）汇率变动对资本流动的影响

国际资本流动遵循的是风险和收益的原则，即在保证安全的前提下，在外汇市场上国际资本在各种国际货币之间流动，追求资本的增值，尤其是国际短期资本的流动更是如此。在金融市场较为发达、货币兑换限制较少的国家或地区，由于汇率贬值以后，以本币表示的各种金融资产的相对价格下降，投资者为避免损失会将资金调往国外，在外汇市场上把该国货币换成外币，这会加大对该国货币进一步贬值的预期；另外，货币贬值会增加通货膨胀的压力，从而影响该国金融资产的实际收益率，因此在货币贬值后的一段时期内，往往会出现短期资本净输出的局面。

外国直接投资的变动主要取决于一些长期因素，汇率变动对投资决策也会产生一定影响。当汇率贬值时，可以鼓励外国直接投资资金进入，由于投资成本降低，外国投资者会更多地收购土地和其他已经存在的资产，以获取资本利得。如果实际汇率持续地被低估，外国资本就会提高绿地投资的比重，寻求与更加廉价的生产要素相结合。汇率贬值也会对直接投资产生不利的影响，投资本金与收益返回或会计报表合并时，就会产生损失。另外，在外国直接投资中有一部分是为了规避关税，而如果通过汇率贬值改善一国的贸易平衡，那么有可能使贸易保护主义措施放松，并且由此减弱关税规避的动机，减少外资输入。

（三）汇率变动对国内物价水平的影响

对国内经济来说，一国货币汇率变动直接影响的就是物价。汇率变动通过影响进出口商品的价格对一国物价总水平产生影响。一般而言，如果汇率坚挺，那么进口商品就会较为便宜，有助于抑制国内的通货膨胀；如果汇率贬值，就有推动国内物价总水平上升的倾向。

一国货币贬值，有利于扩大出口、减少进口，在国内生产能力被充分利用或国内资源较为有限的情况下，会加剧国内市场的供需矛盾。如果此时出口的商品也是国内短缺的物资，就会进一步引起国内相关商品价格上涨。

在汇率下跌以后，进口商品的本币价格会立刻提高，由于示范效应，国内同类商品的价格也会上涨。另外，如果设备或原料必须从国外进口，国内市场缺乏替代品，那么投入品价格的上涨也会使相关制成品的价格上涨。

最后，如果一国发生严重的通货膨胀，汇率贬值往往会迅速影响国内要素和产出价格，那么从实际汇率的角度来看，汇率贬值是无效的。在这种情况下，汇率贬值只能加剧国内的通货膨胀，反过来又会使本国货币汇率面临新一轮贬值的压力。

（四）汇率变动对经济增长的影响

如果汇率贬值有效地扩大了一国的出口规模，就会带动经济增长和国民收入的增加。对外贸易乘数理论告诉我们，出口收入增加会带来国内消费和储蓄的增加，只有边际储蓄倾向（Marginal Propensity to Saving，MPS）和边际进口倾向（Marginal Propensity to Import，MPM 或 MPI）之和小于 1，即只要增加的出口收入中有一部分用于本国商品的消费，出口收入的增加就会引起国民收入成倍增长，其倍数为 1/（MPS+MPM）。然而，值得注意的是，对外贸易乘数引起国民收入成倍增长的条件是，国内必须有大量闲置资源以供扩大生产。如果一国的闲置资源有限，或者该国资源短缺，其生产能力对外依赖严重，那么汇率贬值就会提高进口原材料价格，使企业生产成本提高，反而会阻碍该国的经济发展。

视野拓展

MPS 和 MPM

储蓄是收入与消费的差值。MPS 是储蓄曲线的斜率，它的数值为 0 和 1 之间的正数，也就是说，储蓄随着收入的增加而增加，而且储蓄增加的幅度小于收入增加的幅度。MPM（一般缩写为 m）指的是国民收入 Y 增加一个单位使进口 M 增加的数量，一个国家的 MPM 越高，当该国的国民收入增加时，就越倾向于进口国外商品。

另外，如果汇率贬值使本国出口增加、进口减少，贸易伙伴国的出口收入减少会抑制进口继续增加，那么汇率贬值引起的出口增加就无法持续。

最后，汇率贬值一方面使本国货币购买外币金融资产和商品的能力下降；另一方面使偿债负担加重。如果一国的对外负债较为沉重，那么货币贬值以后，偿还相同数额的外债就会需要更多的本国货币，两者都会使国内总需求下降。

（五）汇率变动对产业结构的影响

一国货币贬值后，有助于提高本国商品的国际竞争力，对于出口商品而言，货币贬值有利于企业扩大出口规模，增加利润，抢占国际市场；对于进口商品而言，货币贬值使进口商品的国内销售价格上涨，使一部分需求由进口商品转向国内商品，提高了国内同类商品的竞争能力，有助于实现进口替代战略。

汇率贬值也会带来一些问题，它鼓励高成本、低效益的出口商品和进口替代品的生产，在一定程度上保护了落后的产能，扭曲了资源配置的功能。同时，国际市场上的一些先进技术和原材料过于昂贵，加重了企业的负担，不利于产业升级和劳动生产率的提高。

近年来，在全球经济一体化的过程中，汇率波动过于频繁或波动幅度过大，特别是世界主要货币的汇率不稳定，使汇率风险不断加大，严重影响了世界经济的正常有序发展，因此各国应加强合作，促使汇率稳定。

本章小结

1. 动态外汇是指把一个国家的货币兑换成另一个国家的货币以清偿国际债权债务关系的资金经营活动。

2. 静态外汇是指以外国货币表示的可用于国际结算的支付手段。

3. 外汇是货币当局以银行存款、财政部国库券、长短期政府债券等形式持有的在国际收支逆差时可以使用的债权。

4. 汇率是一国货币同另一国货币兑换的比率，是以一种货币表示另一种货币的价格，因此也称汇价。

5. 买入汇率又称买入价，是外汇银行向客户买进外汇时使用的价格。

6. 卖出汇率又称卖出价，是外汇银行向客户卖出外汇时使用的价格。

7. 中间汇率是买入价与卖出价的平均值。媒体报道汇率消息时常用中间汇率。

8. 现钞买入汇率是外汇银行向客户买进外汇现钞时使用的价格。

9. 由两种金属铸币含金量之比得到的汇率被称为铸币平价。

10. 需求弹性就是商品单位价格的变动引起的单位进出口商品需求数量的变动。

复习思考题

1. 简述外汇主要具有的特征。
2. 简述外汇的主要类型。
3. 简述汇率的概念及其标价方法。
4. 从外汇交易支付通知方式的角度划分，汇率可以分为哪几种？
5. 从外汇交易交割期限长短来划分，汇率可以分为哪几种？
6. 汇率变动对产业结构有什么影响？

第二章

汇率制度与外汇管理

知识框架图

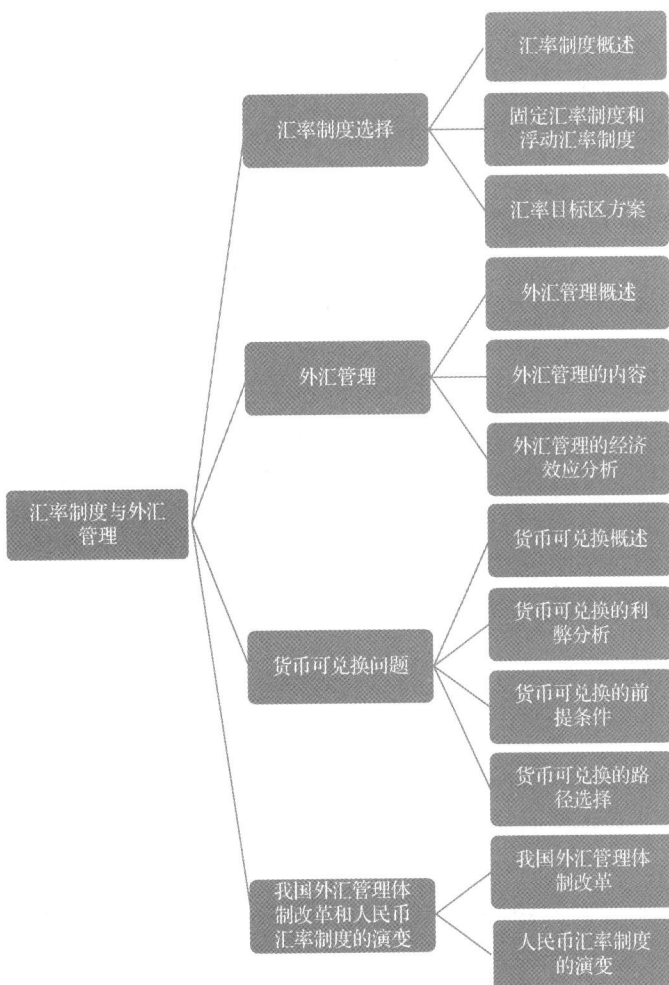

汇率制度与外汇管理

- 汇率制度选择
  - 汇率制度概述
  - 固定汇率制度和浮动汇率制度
  - 汇率目标区方案
- 外汇管理
  - 外汇管理概述
  - 外汇管理的内容
  - 外汇管理的经济效应分析
- 货币可兑换问题
  - 货币可兑换概述
  - 货币可兑换的利弊分析
  - 货币可兑换的前提条件
  - 货币可兑换的路径选择
- 我国外汇管理体制改革和人民币汇率制度的演变
  - 我国外汇管理体制改革
  - 人民币汇率制度的演变

知识目标

- 了解汇率制度的含义
- 了解固定汇率制度和浮动汇率制度
- 了解外汇管理的内容
- 理解货币可兑换的含义
- 了解货币可兑换的利与弊
- 了解人民币汇率制度的演变

第一节　汇率制度选择

在我国逐步走向开放经济、经济体制转轨的背景下，现行的钉住汇率制度降低了货币政策的独立性，制约了利率市场化改革的进程，降低了应对外部冲击的能力，进一步提高了外汇储备的内生性和汇率风险。我国现实的经济条件决定了人民币汇率制度改革的方向——建立汇率目标区制度。汇率目标区制度符合我国金融市场渐进式的开放路径，选择汇率目标区可以避免人民币汇率单向运动带来的负面影响，增强汇率政策的有效性和灵活性。因此，我国需要构建合理的人民币汇率目标区体系，并进行相应配套政策措施的改革。

一、汇率制度概述

（一）汇率制度的含义

汇率制度又称汇率安排（Exchange Rate Arrangement），是指各国或国际社会对于确定、维持、调整与管理汇率的原则、方法、方式和机构等做出的系统规定。从传统上来讲，根据汇率变动的幅度，汇率制度被分为两大类：固定汇率制度和浮动汇率制度。20 世纪 70 年代以前，西方各国实行的是固定汇率制度，后来由于美元危机、布雷顿森林体系崩溃，各国开始采用浮动汇率制度。

（二）汇率制度的内容

第一，确定汇率的原则和依据。比如，以货币本身的价值为依据，或以法定代表的价值为依据等。

第二，维持与调整汇率的方法。比如，是采用公开法定升值或贬值的方法，或是采用任其浮动或官方有限度干预的方法。

第三，管理汇率的法令、体制和政策等。比如，各国外汇管制中有关汇率及其适用范围的规定。

第四，制定、维持与管理汇率的机构。比如，外汇管理局、外汇平准基金委员会等。

汇率制度的研究包括两个方面：汇率制度是如何形成和决定的及如何选择汇率制度，前者属于实证问题，后者属于规范分析。汇率制度的分类是研究汇率制度优劣性和选择汇率制度的基础。除此之外，对汇率制度与宏观经济关系的考察也要基于对汇率制度的分类，分类不同，结论也会不同。因此，汇率制度的选择将成为宏观经济领域最有争议性的问题。

视野拓展

平准基金

平准基金又称干预基金（Intervention Fund），是政府通过特定的机构（证监会、财政部、交易所等）以法定方式建立的基金。平准基金对证券市场进行逆向操作，熨平非理性的剧烈波动，主要目的是防止股市暴涨暴跌，稳定证券市场。

二、固定汇率制度和浮动汇率制度

（一）固定汇率制度

固定汇率制度（Fixed Exchange Rate System）是指以某些相对稳定的标准或尺度为依据来确定汇率水平的一种制度。固定汇率制度是在金本位制度和布雷顿森林体系固定汇率制度下通行的汇率制度，这种制度规定本国货币与外国货币之间要维持一个固定比率，汇率波动只能在一定范围内，由官方干预以保证汇率的稳定。固定汇率制度有两层含义：一是货币汇率的平价是相对固定的，二是汇率变动的幅度也是相对固定的。

从金本位体系在西方一些国家确立到 1973 年布雷顿森林体系崩溃，世界各国的汇率制度基本上都实行固定汇率制度，具体包括金本位体系下的固定汇率制度和布雷顿森林体系下的固定汇率制度。

（二）浮动汇率制度

浮动汇率制度（Floating Exchange Rate System）是指汇率完全由市场的供求决定，政府不进行任何干预的汇率制度。也就是说，一国货币当局不再规定本国货币与外国货币之间的比率，汇率波动也不再被限制在一定的范围内，货币当局不承担维持汇率波动界限的义务，而是听任汇率随外汇市场供求变化而自由波动。其实，完全凭市场供求自发形成汇率而不采取任何干预措施的国家很少或几乎没有，各国政府往往都会根据本国的实际情况，对外汇市场进行不同程度的干预。

随着全球国际货币制度的不断改革，国际货币基金组织于 1978 年 4 月 1 日修订了国际货币基金组织条文，实行"有管理的浮动汇率制度"。因为新的汇率协议使各国在汇率制度的选择上很自由，所以现在各国实行的汇率制度多种多样，有单独浮动、钉住浮动、弹性浮动、联合浮动等。

（三）固定汇率制度和浮动汇率制度的优点和缺点

1. 固定汇率制度的优点和缺点

固定汇率制度有很多优点，由于汇率稳定，它便于国际贸易、国际信贷与国际投资的经济主体进行成本和利润的核算，也会使这些进行国际经济交易的经济主体面临汇率波动的风险减小，有利于国际经济交易的发展，从而促进世界经济的发展。

然而，固定汇率制度也有一些缺点。一方面，固定的汇率无法发挥调节国际收支的作用，一国的货币政策往往是缺乏效力的。一旦国际收支失衡，国际收支的调节就会以牺牲国内经济增长为代价。另一方面，在一体化的国际金融市场上，金融资产的交易量远远超过商品、劳务的交易量。银行财团、投资基金等大型金融集团利用所占有的实际资源，操纵市场价格，垄断市场信息。一些国家的固定汇率制度容易受到投机资本的攻击，导致中央银行稳定汇率的成本提高，并且相关干预措施基本上是无效的。

2. 浮动汇率制度的优点和缺点

在新的国际经济背景下，国际货币的运动形式发生了变化，浮动汇率制度可以更好地发挥它的作用。

1）浮动汇率制度的优点

首先，浮动汇率制度能提高外汇资源配置的有效性。在浮动汇率制度下，均衡汇率水平完全由市场供求决定，外汇资源的配置遵循边际成本等于边际收益的原理，从而更有效率。

其次，浮动汇率制度提高了货币政策的独立性。因为汇率决定于市场供求，资本的输入与输出只会引起汇率水平的升降，而不会改变货币供给量，所以货币政策有了更大的独立性。同时，浮动汇率使一国中央银行摆脱了稳定汇率的义务，恢复了对货币的控制权，从而可以自主地采用货币政策来熨平经济波动。

再次，在浮动汇率制度下，市场能发挥对国际收支的自动调节机制。当一国出现国际收支逆差时，外汇汇率上升，本币贬值，这就使本国商品价格相对便宜，外国商品价格相对昂贵，从而改善该国的国际收支状况。

最后，浮动汇率可以使本国经济活动免受国外经济扩张和收缩的影响。当国外经济出现通货膨胀或通货紧缩时，本国货币亦随之升值或贬值，由此补偿由国外经济扩张或通货紧缩对价格变化的影响，使贸易项目恢复平衡。

2）浮动汇率制度的缺点

首先，在完全靠汇率自动调节的外汇市场中，外汇资源的配置可能并非处于最佳状态。其次，汇率的过度浮动，给国际经济交易带来了更大的外汇风险，加剧了国际金融市场的动荡与混乱，给世界经济带来了不利影响。

上述两种汇率制度在没有危机时，都能够发挥各自的作用。频繁出现的国际金融危机使国际社会必须正视汇率制度的改革，必须建立能有效防范和抵御国际游资对国际金融秩序产生破坏性冲击的新机制，各国要根据自身的实际情况对汇率制度进行选择。

三、汇率目标区方案

汇率目标区方案是 1987 年由威廉姆森和 M. H. 米勒对汇率目标区制从政策协调角度进行扩展而形成的，它还被称为"扩展的汇率目标区方案"（Extended Target Zone Proposal）或 "蓝图方案"（Blueprint Proposal）。作为国际间政策协调方案之一的汇率目标区方案与汇率制度中分析的汇率目标区是不完全相同的。

（一）汇率目标区方案的内容

汇率目标区方案与麦金农方案有明显的区别。麦金农方案主张实行固定汇率制度，而汇率目标区方案则主张实行更有弹性的汇率制度，汇率变动范围达中心汇率上下 10%。除此之外，汇率目标区方案的内容还包括以下几点。

第一，中心汇率的确定不应当依据购买力平价，而应该依据威廉姆森提出的基本均衡汇率。威廉姆森认为将购买力平价作为政府制定汇率政策的指导是非常不合理的，因为这种指导思想没有考虑到实际的宏观经济运行状况。从宏观调控的角度出发，威廉姆森认为政府追求的应该是在中期内（一般为 5 年）实现经济内外均衡的汇率，即基本均衡汇率。基本均衡汇率的理论渊源可以追溯到国际货币基金组织在 20 世纪 70 年代对汇率合理水平的分析，经威廉姆森发展以后，这种分析方法在国际货币基金组织的汇率政策确定中发挥了主导作用。

第二，在对汇率目标区的维持上，汇率目标区方案提出了各国都沿着"以货币政策为手段实现外部均衡、以财政政策为手段实现内部均衡"这一搭配思路进行宏观调控上的政策协调。

具体来说，这一政策协调方案包括以下几点

（1）各国以利率政策来维持相互之间的汇率。对于 n 个国家来说，存在（n-1）种汇率，这就要求有相应的（n-1）种利率差价使外汇市场维持平衡。

（2）在 n 个国家之间的利率差价确定以后，只要一国确定具体的利率水平，其他各国的利率水平也就随之确定了。该国利率水平确定的原则是，在此基础上推算出的平均利率水平要刚好在足以控制各国通货膨胀的前提下达到最高的产出水平。

（3）上述确定了具体利率水平的这个国家应独立采取财政政策控制国内的产出，使各国经济的运行保持在均衡状态。因为汇率可以在一定区域内波动，所以各国的货币政策就获得了一定的自主性，该国可以在汇率变动处于目标区内时根据国内需要对货币政策进行调整，而在汇率变动超过目标区范围时再利用利率政策实现外部目标。

（二）对汇率目标区理论的评价

我们先来看一下汇率目标区理论的优点。首先，如果汇率目标区体系本身具有较高的可信度,货币当局有能力使市场参加者相信,它可以调整货币政策使汇率保持在目标区内,那么汇率目标区理论就能为汇率的中期预测提供一个比较可靠的依据,从而降低汇率风险,有利于国际贸易的发展。其次,因为汇率目标区具有稳定性和灵活性,对经济发展水平、国际收支状况各异的国家来说参与国际货币体系有一定的好处,所以这一领域的理论研究也就特别重要。

然而,汇率目标区理论也存在严重缺陷。比如,至今无法找到可以科学精确计算均衡汇率的方法,这从根本上影响了汇率目标区的稳定性和可操作性;该理论在内部逻辑上缺乏一致性,在计算均衡汇率时采用中长期观点,在政策工具上却采用以短期观点为基础的货币政策和外汇市场干预政策;关于目标区体系应包括哪些、货币目标区的宽度和修订频率应根据什么标准来确定、目标区的公开性、参与国在经济政策上如何协调等一系列问题都未进行理论阐述。

(三)汇率目标区理论运用中的关键性问题

从实际操作层面来看,汇率目标区主要涉及两个方面的应用性问题:第一个是汇率目标区应如何确定,包括目标区内的货币选择、目标区中心汇率的确定和目标区的宽窄等内容;第二个是汇率目标区应如何维持和调整,涉及汇率目标区的政策干预问题和汇率目标区的调整问题。

1. 汇率目标区的确定

1)目标区内的货币选择

这是汇率目标区在应用中首先要考虑的问题。判断什么样的货币应包括在汇率目标区内时,可从三个方面考虑。第一,优先考虑主要货币国的货币,为实现汇率的稳定,原则上应使这些主要货币国的货币接受目标区内汇率限制的安排。第二,进一步考虑潜在成员国的货币,那些经济开放程度高、经济规模小、高度多样化、要素流动充分、通货膨胀率相近的国家的货币更应该包含在汇率目标区内。第三,从目标区管理效率这个角度来选择,货币种类少一点比较好。

2)目标区中心汇率的确定

汇率目标区应用中有一个隐含的假设:管理当局可以有效地估计均衡(实际)汇率。在实际操作中,主要采用 3 种汇率估计的方法和技术,分别是购买力平价法、估计的结构性方法和潜在平衡法。其中,购买力平价法的计算最方便。

3)目标区的宽窄

明确了汇率目标区中心汇率以后,有一个关键的问题,那就是确定实际汇率围绕中心汇率波动的控制范围,即确定目标区的宽窄。一般来说,汇率目标区的宽度与以下四个方面密切相关。

(1)汇率目标区必须足够宽,以提供一种缓冲,使那种不会改变长期均衡实际汇率水平的暂时性的汇率扰动可以处于区内。按照克鲁格曼的目标汇率区理论,管理当局只在实际汇率波动接近边界时进行干预,因此这一缓冲区域为管理当局提供了一个将汇率的长期趋势与短期冲击隔离开的调整空间。

（2）汇率目标区应足够宽，以反映目标区中心均衡汇率自身的不确定性。这是因为，在多种计算均衡汇率的模型中，参数都具有某种程度的不确定性，而且均衡汇率能否被准确预计本身还是一个问题。出于这方面的考虑，应为目标区设立一个较宽的初始区域，威廉姆森建议的初始区域是 10。

（3）汇率目标区的宽度受投机因素的影响。众所周知，固定汇率制度的一个缺陷就是使投机者能够对汇率变化的方向进行"单向赌博"。为避免过度投机，目标区必须足够宽，以允许中心汇率的随机波动。

（4）汇率目标区的宽度与目标区内包涵的货币种类有关。那些包含多种货币的目标区显然不同于只包含两种货币的区域，一般来说，前者应比后者宽。

2. 汇率目标区的维持和调整

使用政策工具使汇率置于目标区内，直接关系到目标区的成功；对目标区进行调整，则关系着汇率目标区的长期可持续性。

1）汇率目标区的政策干预问题

使用货币政策工具来维持汇率，意味着目标区内的各参与国不得不寻求更多货币政策方面的合作，使一国货币政策的独立性降低。能让汇率处于目标区内的政策工具可能是稳定的外汇市场干预。稳定干预是指对外汇市场的干预不改变货币供应的基础，即管理当局在保持对本国货币供应控制的条件下，通过对外汇市场进行干预来影响汇率水平。稳定的外汇市场干预对减少汇率的短期波动而言，是一种快速、有效的工具，可是通常它只能在短期内奏效，并且频繁的外汇市场干预会影响汇率变化的市场行为。在实际应用中，可以通过对资本的控制来影响汇率的波动，这是一种权宜之计，不能成为基本的控制手段。

2）汇率目标区的调整问题

汇率目标区不可能是固定不变的，在那些影响目标区中心汇率确定和目标区范围设定的因素发生根本性的变化时，就要及时对汇率目标区进行调整。对汇率目标区频繁地修正会降低目标区本身的可信度，从而减少其对汇率预期价值的影响，因此应在两者之间寻求平衡。

第二节　外汇管理

《中华人民共和国外汇管理条例》是外汇管理的基本行政法规，主要规定了我国外汇管理的基本原则与制度。《中华人民共和国外汇管理条例》由国务院于 1996 年 1 月 29 日发布，1996 年 4 月 1 日起实施，根据 1997 年 1 月 14 日《国务院关于修改〈中华人民共和国外汇管理条例〉的决定》修订，2008 年 8 月 1 日国务院第 20 次常务会议修订通过。

一、外汇管理概述

（一）外汇管理的含义与目的

外汇管理是指一个国家通过法律、法令、条例等形式授权有关管理机构运用各类手段对境内的外汇收付、交易、借贷、转移及汇率等实施管理的过程。管理措施中既有限制性的要求，又有鼓励性的内容，限制性的要求是主要的，经常被称为外汇管制。

一国实行外汇管理的目的包含改善国际收支、稳定汇率、增加储备资金、避免受到国际市场价格巨大变化的影响等。另外，严格的外汇管理有时还可以作为外交谈判的筹码，当对本国输出不利时，可以采用外汇管制或贸易额度等方法使对方做出让步；有时，只有对方国家接受某些条件以后，本国才批给外汇，允许对方货物的输入等。

（二）外汇管理的主体与客体

外汇管理的主体是国家指定和授权进行外汇管理的机构，可以分为决策主体和管理主体。决策主体专门制定政策法规，管理主体则专门执行各项条款。在不同的国家，其操作方式不同，在某些国家两者是分开的，而在大多数国家两者是合并的，即通过中央银行、财政部或专门设立的外汇管理局来对外汇进行管理。

外汇管理的客体即外汇管理的对象，主要有人、物、地区等。

1. 对人的管理

根据外汇管理的有关规定，人可以分为居民和非居民。居民是指长期定居（一般指一年以上）在本国境内的自然人（包括本国人和外国人）和依法设立在本国境内的法人（包括本国人和外国人），以及派驻外国的本国公民。非居民是指长期居住（一年以上）在本国境外的自然人、依法设立在本国境外的法人、外国派驻在本国的外交人员及其他工作人员。各国在外汇管理中会区别对待居民和非居民，一般对居民的管理比较严格，而对非居民的管理比较宽松。

2. 对物的管理

对物的管理主要包括：对外国纸币和铸币的管理；对外币表示的各种有价证券的管理，如公债、债券、股票、银行存折等；对外币表示的各种支付凭证的管理，如汇票、支票、本票、旅行支票、信用卡等；对贵金属的管理，如黄金、白银等；对本国货币出境的管理。

3. 对地区的管理

对地区的管理包括两个方面：一是对国内不同地区采取不同的外汇管理方式，如对出口加工区、自由贸易区、经济特区等采取较为宽松的外汇管理，而对其他地区采取较为严格的外汇管理；二是对不同国家和地区采取不同的外汇管理方式，如美国根据一些管制条例和裁定条例，对有关国家的贸易、信贷、投资、汇款等进行严格的管理，而对其他国家或地区的管理较为宽松。

二、外汇管理的内容

实行外汇管理的国家主要是对外汇资金输入、外汇资金输出、货币兑换、外汇交易、银行外汇账户、汇率，以及黄金、现钞输出和输入等进行管理。

（一）对外汇资金输入的管理

外汇资金输入主要通过贸易外汇收入、非贸易外汇收入和资本输入等渠道实现。

1. 贸易外汇收入

贸易外汇收入是一个国家重要的外汇来源。国家实行外汇管理通常会采取一些鼓励性措施，包括政府出面对某些出口商品给予现款补贴、对某些出口商给予优惠贷款、减免出口收入或允许推迟支付部分货款、以优惠利率贴现出口商品的票据等。

2. 非贸易外汇收入

非贸易外汇收入涉及范围较广，包括运输费、保险费、佣金、利息、专利费、许可证费、版税、稿费、特许权使用费、技术劳务费、对外劳务工程承包费、旅游费等。外汇管理比较宽松的国家往往对外汇携带数量及结汇等不加以限制，而外汇管理比较严格的国家主要采取直接限制、登记限制等措施。

3. 对资本输入的管理

发展中国家对资本输入的管理比较严格，常常对长、短期资本输入进行管制，主要采取以下措施。

第一，规定输入资本的额度、期限与投资部门。

第二，从国外借款的一定比例要在一定期限内存放在管汇银行。

第三，银行从国外借款不能超过其资本与准备金的一定比例。

第四，规定借款部门的利率和附加的水平。

第五，规定接受外国投资的最低额度。

（二）对外汇资金输出的管理

外汇资金的输出主要是贸易用汇、非贸易付汇、资本输出等。

1. 对贸易用汇的管制

这里的贸易用汇主要是指进口用汇。为了节约外汇，减少国际收支逆差，一般规定进口商只有经过外汇管理机构批准以后才可到指定外汇银行买汇。除了加强外汇核批，各国还规定了一些其他的相应措施。

第一，进口存款预交制。进口商在进口某些商品时，应先在指定银行预存一定数额的货款，银行不计利息。存款数根据进口商品的类别、进口商品所属国别来确定。

第二，提高或降低开出信用证的押金额，以控制进口。

第三，对进口商品颁发许可证、配额证等。

2. 对非贸易付汇的管理

非贸易付汇是指境外企业或机构在我国境内发生劳务收入或取得来源于我国境内的利润、利息、租金、特许权使用费等其他所得及与资本项目有关的收入时，由境内企业对其支付外汇的一种行为。非贸易外汇是指贸易以外所收付的外汇，包括侨汇、旅游外汇、劳务外汇、驻外机构经费等。我国对交通、民航、邮电、铁路、金融、保险、外交等方面的外汇收支均属于非贸易外汇。发展中国家对非贸易外汇的支付有相当严格的限制，主要措施有设定限额、实行登记和批汇制度。对境外居民的外汇支出有一个最高限额，在这一限额内允许自由携带或汇出外汇，如果超过最高限额就需要审批；另外，还规定出国旅游购买限额和购买间隔期，以限制外汇支出。

3. 对资本输出的管理

资本输出会影响国际收支的稳定和国内投资状况。各国在经济发展的不同时期会适时采取一些对资本输出的限制。比如，20世纪60年代的美国为了减缓国际收支逆差采取过以下措施：征收利息平衡税、对直接投资进行限制、规定银行贷款最高额等。而发展中国家由于外汇资金较为短缺，一般不允许个人和企业自由输出外汇资金。

（三）对货币兑换、外汇交易的管理

外汇资金的输入和输出都必须经过本、外币的兑换过程。根据国际货币基金组织的有关规定，如果一国能实现贸易账户和非贸易账户下的货币自由兑换，即不对经常项目下的国际往来的付款和资金转移加以限制，那么该国货币可被列为可兑换货币。成员方政府保证通货的兑换权是国际货币基金组织规定的成员方政府对基金组织承担的义务，由于外汇的短缺和金融秩序的混乱，绝大多数国家在不同时期采取了不同的货币兑换管理制度。比如，第二次世界大战以后，直到1985年英国政府才取消了对非居民英镑兑换的限制。

（四）对银行外汇账户的管理

在非现金结算条件下，大部分的国际结算最后都是通过银行账户存款的调拨转账进行的。而银行账户的存款在居民与非居民之间及在非居民与非居民之间的调拨转账，都同外汇收付有直接的关系，从而在一定程度上影响了账户所在国的外汇收支。对银行外汇账户管理的主要措施有外汇账户的开立、外汇账户中存款的支付、外汇账户存款的利息支付等。

（五）对汇率的管理

汇率管理涉及汇率制度的管理、汇率水平的管理等，一国在外汇管理中应明确指出采取哪种汇率制度。任何一种汇率制度都有利和弊，每个国家应根据国内经济金融秩序、国内外物价体系的差异、出口商品的种类结构及贸易地理方向、外汇市场的干预能力、对国际市场的依赖性、国内外经济渗透程度等状况，选择一种有利于本国经济稳定发展的汇率制度。对汇率水平的管理就是对本国货币与外国货币的比价水平的管理，包括合理水平的确定和比价的调整等。

（六）对黄金、现钞输出和输入的管理

实行外汇管理的国家一般禁止私人输出黄金，有的国家还禁止私人输入黄金。如果因国际收支关系需要输出或输入黄金，就只能由中央银行办理。实行外汇管理的国家对本国现钞的输出规定了最高限额，在最高限额内可以自由携带出国，如果超过最高限额就要经外汇管理机关审批。比如，美国规定，5000 美元以上的现钞输出必须向海关申报登记。

三、外汇管理的经济效应分析

（一）外汇管理的积极影响

1. 优化经济结构

外汇作为一种有限的资源，在一国经济结构调整或经济恢复时期需要相对集中，以促进经济目标的实现。实行外汇管理，由政府及外汇管理机构制定鼓励或限制外汇收入、使用的一些政策措施，甚至采取严格的集中管理，能使外汇资金输入最需要发展的产业、行业，从而更快地实现国家宏观经济结构的调整或经济的复苏。比如，发展中国家实施各种优惠政策鼓励长期资本输入，较好地解决了国内基础设施建设、产业结构的调整等方面的资金短缺问题。

2. 提高商品的国际竞争力

商品出口是一国外汇资金的主要来源，商品出口的稳定增长反映出一国商品在国际经济中竞争力的提高。为了提高出口创汇能力，保持商品在国际竞争中的优势，政府需要在外汇管理的政策上给予有效的支持。比如，在主要出口商品需要升级换代时，保证技术、设备等用汇的优先；在进一步开拓国际市场的过程中，需要及时给予外汇资金的融通；对高新技术产品的研究、开发给予相当规模的外汇资金支持。国家通过外汇管理的政策导向，发挥资本的规模效益。

3. 稳定国内金融秩序

目前，世界各国经济交往日益密切，资本在国与国之间的流动日益频繁，大量的短期资本的输入与输出会造成国内货币金融秩序的混乱，从而影响国内经济稳定发展。各国在逐步放松对外汇的直接管理的同时，加强了对外汇的间接管理，增强了对资本流动的监控及管理，建立多层次的监控体系，避免大量的资本流动给国内经济带来冲击，保持国内金融秩序的稳定。

（二）外汇管理的消极影响

一国应随着国内外经济状况的变化而对外汇管理措施进行调整，如果只是简单地进行过严或过松的外汇管理，就会对经济发展产生消极的影响。

1. 对外汇市场的影响

一国实行严格的外汇管理，往往会直接制约外汇供给，限制外汇需求，使外汇供求信息失真。外汇市场的汇率严重扭曲，无法进行国际成本比较，自然也无法在国际上实现对各种资源的最优利用。实行外汇管理使外汇银行经营的业务单调，并且由国家承担外汇风险的损失，外汇银行在外汇市场中的参与功能弱化。另外，在外汇管理严格的条件下，外汇汇率通常会被高估，出现逃汇现象。如果通过限制外汇的持有及交易控制汇率，就会造成黑市的出现和外汇资金的渗漏，使外汇供给短缺。

2. 对国际贸易的影响

实施外汇管理，限制外汇自由买卖和支付，自然会对不同国家进行多边结算上的限制，影响正常的贸易交往，增加各国之间的贸易摩擦，阻碍国际贸易发展。

3. 对国内经济的影响

企业用汇审批制、结售汇采取复汇率制度等很容易滋生腐败。另外，购汇、用汇中应办理的手续提高了对外贸易业务中的成本，使进出口商品的价格上升，从而使企业利润减少。实行固定汇率制度也容易使一批企业缺乏风险意识，从而削弱其在国际市场上的竞争力。因此，当经济发展到一定程度以后，国家应逐渐放松外汇管理，从直接管理转变为间接管理，加强对外汇的监督。调控职能使外汇管理的措施更具灵活性，能更好地促进经济的进一步发展。

第三节　货币可兑换问题

国际货币基金组织认为，货币可兑换是指居民和非居民用本币兑换外币，并且在实际经济和金融交易中使用外币的能力。这意味着不对国际交易的支付及以此为目的用本币兑换外币实施限制。货币的完全可兑换是指既不对支付或收入进行限制，又不对经常项目或资本项目进行限制。

一、货币可兑换概述

（一）货币可兑换的含义

货币可兑换是指一国货币持有者可以为任何目的将所持有的货币按市场汇率兑换成另一国货币的权利。

按照这个定义，货币可兑换分为经常项目可兑换和资本项目可兑换，并且有相应的划分标准。国际货币基金组织在《国际货币基金组织协定》第八条中对经常项目可兑换进行了明确的定义：经常项目可兑换是指一国对经常项目国际支付和转移不予限制，并且不得实行歧视性货币安排或多重货币制度。而对于资本项目可兑换,国际上迄今为止尚无严格、标准的定义。

(二)货币可兑换的特征

货币可兑换的核心问题是货币兑换权。货币兑换权是无限制的,是国家有关法律保证的权利。

实现货币完全可兑换的阶段如下:不可自由兑换货币(经和资管);经常账户的有条件可兑换(经有限管、资管制);经常账户的可自由兑换(经不管、资管制);资本与金融账户的有条件可兑换(经不管、资有限管);完全可自由兑换(经和资不管),货币国际化。

二、货币可兑换的利弊分析

货币可兑换是一把"双刃剑",对货币可兑换的利弊分析可以从经常项目可兑换和资本项目可兑换两个层次来进行。

实行经常项目可兑换并取消贸易限制会给一个国家的供给带来巨大的好处。当然,经常项目可兑换也会由于更频繁和更大幅度的经常项目失衡或汇率压力而为国内就业、实际收入水平和宏观经济的不稳定方面带来一些风险,这种风险很可能在短期内出现。不过,在经济全球化和金融化的背景下,对于急需参与国际分工和竞争的发展中国家而言,经常项目可兑换带来的收益可能要远远大于付出的成本。目前,国际货币基金组织的大多数成员方都已经实现了本国(地区)货币的经常项目可兑换。

资本项目可兑换的有利之处主要体现在以下四个方面。一是从国际分工和比较优势的理论出发,资本项目可兑换所促成的资本自由流动有利于更高效地实现在全球范围内的配置,提高全球范围内资源的使用效率。二是从宏观经济层面和总供给出发,资本项目可兑换可以增强外国投资者的信心,鼓励外国私人资本输入,有利于弥补发展中国家储蓄和外汇不足的"双缺口",从而促进经济增长。三是从微观经济层面出发,资本项目可兑换特别是允许外国直接投资,将加快本国技术的进步和管理水平的提高,缓解技术和管理等生产要素的短缺。四是资本项目可兑换将促使本国居民借助资本的合理流动,在国际范围内追求资产更高的预期收益,并且在各种不稳定的情况下使其资产构成多样化。

然而,资本项目可兑换也有一些弊端。一是影响货币政策独立性效率。根据蒙代尔的开放经济"三角不可能"理论,在资本项目可兑换、国际资本流动的情况下,一国货币政策的独立性与汇率稳定两者之间将发生明显的冲突,如果要坚持准固定汇率,就势必影响货币政策的独立性。二是影响国际收支平衡:一方面,资本项目开放会使资本输入大量增加,造成实际汇率升值,刺激进口,不利于出口,增加了经常项目逆差的风险;另一方面,取消资本项目兑换限制可能引起资本大量外逃,在国际收支逆差的情况下,还会加剧资本外流,并且可能使正常的经济滑坡恶化为金融危机。三是引起经济和金融的不稳定。如果一国的经济规模不大、金融市场不发达、金融机制不健全,那么短期资本的急剧流动就会造成经济和金融的不稳定。此外，对发展中国家而言，资本项目可兑换本来应该带来的正面影响可能还会被一些相关的负面影响抵消。

三、货币可兑换的前提条件

实现货币可兑换究竟需要什么样的前提条件？国际货币基金组织根据有关国家货币可兑换的历史经验，将一国实现货币可兑换的前提条件归纳为四点：第一，合理的汇率机制及汇率水平；第二，充足的国际清偿手段，主要包括充足的外汇储备和获得融资的能力；第三，稳定的宏观经济环境及完善的宏观调控体系，包括消除供给过多的货币；第四，公众的信心。发展中国家实现货币可兑换还应考虑微观经济的分析，比如健全的市场价格机制和国内微观经济主体对国内外市场价格变化做出灵敏反应的能力等。

一个国家在现实中很难同时具备以上条件，可能在某段时间同时具备但很难永远同时具备，而且对于实现货币可兑换而言，这些条件事实上也并不是必不可少的，很多国家都是在不完全具备以上条件的情况下实现了货币的可兑换，有些条件和实现货币可兑换是共同推进的。比如，只有实现了货币可兑换才能进行外汇的自由买卖，才能形成合理的汇率机制及汇率水平，也就是说，如果没有实现货币可兑换，那么要形成合理的汇率机制及汇率水平是不大可能的。虽然一个国家并不一定要在完全满足以上条件的情况下才能实现货币可兑换，但是在这些条件的保证下，货币可兑换的风险会降低。

四、货币可兑换的路径选择

对于实现货币可兑换的路径选择，业内一直存在争论，争论主要集中在速度上，有人主张采取渐进的方式，有人主张采取激进的方式。

麦金农主张采取渐进的方式并认为，对于实行经济市场化而言，客观上存在一个如何确定最优次序的问题，财政政策、货币政策和外汇政策如何排序是极其重要的。政府不能也不该同时实行所有的市场化措施。经济市场化的次序虽然由于各种类型经济的初始条件不同而有所区别，但也存在一些共同特点。如果能正确地排好次序，就能得到丰厚的经济回报；如果排错了次序，就会导致金融和经济灾难。同时，在汇率自由化改革中，同样存在一个次序正确、步调适当的问题，经常项目的自由兑换应大大早于资本项目的自由兑换。只有在国内借贷能按均衡的（不受限制的）利率自由进行，国内通货膨胀率受到控制使不断发生的汇率下调再无必要时，资本项目自由兑换的条件才算成熟了。否则，过早取消对外资输入的汇率控制会导致未经批准的资本外逃或无偿还保证的外债堆积，或者两者兼有。资本项目的自由兑换通常是经济市场化次序的最后阶段。

也有人主张采取激进的方式实现货币可兑换，他们通过实证研究发现，对货币兑换尤其是资本项目兑换进行限制借以保护发展中国家的国际收支是难以奏效的。在实现经常项目可兑换以后，由于人们躲避各项控制及外汇黑市的存在，货币可兑换的水平实际上已经很高了，继续保持对资本项目的控制只能突出国际收支统计数据的差异，这样会使对潜在经济趋势的解释复杂化并使国内和外部金融状况之间的相互关系变得模糊。相反，货币兑换的限制所带来的成本没有相应的减少。因此，应该迅速或一步到位（也就是采取激进方式）实现货币可兑换。

从各国的实践来看，在实现货币可兑换的速度选择上，大多数发展中国家都采用了渐进的方式并取得了成功。

第四节　我国外汇管理体制改革和人民币汇率制度的演变

汇率是一国对外经济贸易联系的纽带，汇率制度是一国经济制度的重要组成部分，恰当的汇率制度是一国经济增长的重要保证之一。多年来，人民币汇率改革经过了"一篮子货币计划调节"、双轨制、汇率并轨、"钉住单一货币的固定汇率制度"、参考一篮子货币调节的有管理浮动汇率制度等阶段，走出了一条渐进改革的道路。从 2005 年至今，汇率形成机制改革取得了一定的成效，同时也面临诸多问题。人民币汇率制度问题仍是国内外学者争论的焦点，争论的核心是我国在进一步迈向开放经济的过程中，选择何种汇率制度才是正确的。

一、我国外汇管理体制改革

随着我国对外开放程度的进一步加大和综合国力的进一步增强，外汇管理措施也进行了相应的调整改革，总趋势是由紧到松，最终促使我国融入国际经济体系。我国外汇管理体制的变化大致可以分为三个阶段。

1. 第一个阶段（1949—1978 年）：严格外汇管理时期

1）中华人民共和国成立初期的外汇管理（1949—1952 年）

中华人民共和国成立前夕，国内物价飞涨，通货膨胀严重，同时进口货物价格低廉，出现了巨大的国际收支逆差。货币贬值过快，金融秩序混乱，外汇黑市交易猖獗，资金外逃严重。中华人民共和国成立后，华北、华东、华中、华南各大行政区分别颁布了外汇管理办法和实施细则。当时，外汇管理的主要任务是建立独立自主的外汇管理制度和汇率体系。

2）计划经济时期的外汇管理（1953—1978 年）

从 1953 年起，我国进入社会主义改造和建设时期，随着私营金融业和私营出口商的社会主义改造的完成，对外贸易由国营外贸专业公司统一经营，外汇业务开始由中国银行统一经营，这一时期的外汇管理采取"集中管理，统一经营"的方针。对外汇收支实行全面的指令性计划管理，外贸用汇实行计划管理，加强对非贸易外汇的管理，我国国内禁止外币流通、使用、质押等，禁止私自买卖外汇，禁止任何形式的套汇、逃汇。

这一时期的汇率较为稳定。1953—1972 年，主要产品价格纳入国家计划，国内物价全面稳定，而国际货币体系所确定的以美元为中心的汇率也相对稳定，因此人民币对外币的比价也较稳定，汇率也大致稳定。从 1973 年起，世界经济激烈动荡，布雷顿森林体系崩溃，人民币汇率原则上采用钉住汇率制，货币的构成按 1975 年 11 月在美元集团和西德马克集团货币汇率的中间线上选用的 13 种货币加权平均，美元和西德马克的比重较大。这一时期人民币对美元升值，由 1972 的 1：2.24 升为 1979 年的 1：1.55。

2. 第二个阶段（1979—1993 年）：由紧到松的外汇管理体制改革时期

1980 年，我国在国际货币基金组织和世界银行席位的恢复要求外汇管理与国际规范相适应。随着 20 世纪 70 年代我国与一些发达国家恢复正常交往，对外开放程度逐渐加大，国际交往增强，在贸易、投资领域的交流越来越多，原来集中的外汇管理体制表现出应变能力差、缺乏灵活性、不利于鼓励出口创汇的积极性等缺陷。随着我国经济体制改革步伐的加快，外汇管理体制的改革也启动了。

黄金制品、白银制品入境不受限制，但入海关时必须申报；携带金银和金银制品出境时，携带者必须提交入境时的申报单或人民银行开出的准带证明。非居民可在专门的商店购买金银和金银制品，带出境时要提交购买发票。

3. 第三个阶段（1994 年至今）：外汇管理体制的重大改革时期

1993 年 12 月，国务院发布了《国务院关于进一步改革外汇管理体制的通知》，中国人民银行也于 1993 年 12 月对外公布了《关于进一步改革外汇管理体制的公告》，我国外汇管理的根本性改革开始了，通过采取一系列举措，构建了外汇运作市场机制的框架。

（1）人民币实行以市场供求为基础单一的、有管理的浮动汇率制度。

1994 年 1 月 1 日，官方汇率和调剂市场汇率并轨，使用单一汇率，汇率为 1 美元兑换 8.7 元人民币。1994 年 4 月，我国在上海建立了全国统一的银行间外汇市场，使人民币汇率形成机制发生了根本性的变化，汇率产生不是由国家外汇管理局挂牌的，而是由外汇市场上外汇指定银行间的外汇买卖所决定的。中国人民银行根据前一日银行间外汇市场交易的加权平均价公布人民币对美元交易的中间价，并且参照国际外汇市场变化，同时公布人民币对其他主要货币的汇率。各外汇指定银行在此汇率的基础上，在中国银行规定的上下 2.5% 的浮动幅度内补充自行挂牌，对客户买卖外汇。中国人民银行参与外汇市场吞吐外汇，适时调控，使人民币汇率稳定在一个合理的水平上。

（2）实行银行的结汇、售汇制。

对外汇收支体制做出了重大改革的外汇管理体制取消了外汇上缴的额度和现汇留存制度，实行新的结汇、付汇和售汇办法及相应的外汇账户管理制度，并且为此发布实施《结汇、售汇及付汇管理的暂行规定》。

（3）从 1994 年 1 月起停止发行外汇券，已发行流通的外汇券可继续使用逐步兑回。

从 1995 年 1 月 1 日起，外汇兑换券停止在市场上流通，境内机构、外商投资企业及来华的外国人、华侨、港澳台同胞和境内居民个人均不得用外汇兑换券标价、收付、结算。1995 年 6 月 30 日，中国银行兑换结束，就这样曾在我国对外开放初期起到特殊作用的外汇券退出了历史舞台。

（4）人民币在经常项目下的有条件可兑换发展为经常项目下的可兑换。

1996 年 1 月，国务院颁布了《中华人民共和国外汇管理条例》，此条例于 1996 年 4 月 1 日起正式实施，取代了 1980 年的暂行条例，使外汇管理步入了规范化和法制化的轨道，管理方式从以直接管理为主过渡到以间接管理为主。通过 1994 年的改革，汇率稳中有升，外汇储备快速增长，使我国对取消经常性国际支付和转移的汇兑限制有了坚定的信心。1996 年 11 月 27 日，时任中国人民银行行长的戴相龙致函国际货币基金组织，宣布从 12 月 1 日起接受《国际货币基金组织协定》第八条规定的义务，取消对经常项目汇兑环节上还存在的部分限制，实现人民币经常项目可兑换。1997 年 1 月 14 日《国务院关于修改〈中华人民共和国外汇管理条例〉的决定》发布，这为人民币经常项目可兑换提供了法律保障。

二、人民币汇率制度的演变

人民币汇率制度指的是我国货币当局对人民币汇率变动的基本方式所做的基本安排和规定，它同其他汇率制度一样，包括确定汇率的依据、汇率波动的界限、维持汇率应采取的措施和规定汇率应怎样调整。我国人民币汇率制度的内容是随着我国经济环境的演变而不断变化的，在不同的经济时期，人民币汇率制度的内容也不同。

（一）改革开放以后的人民币汇率安排

改革开放以后，我国人民币汇率安排大致经历了四个发展阶段。

1. 第一个阶段（1979—1984 年）

1979 年，我国开始对外贸管理体制进行改革，对外贸易由国营外贸部门一家经营改为多家经营。我国的物价一直由国家计划规定，长期没有变动，许多商品价格偏低且比价失调，形成了国内外市场价格相差悬殊且出口亏损的状况，这就使人民币汇率不能同时照顾到贸易和非贸易两个方面。为了加强经济核算并适应外贸体制改革的需要，国务院决定从 1981 年起实行两种汇率制度，即另外制定贸易外汇内部结算价，并且继续保留官方牌价用作非贸易外汇结算价。这就是所谓的"双重汇率制"或"汇率双轨制"。

1980 年，人民币官方牌价为 1 美元=1.50 元人民币。1981 年 1 月至 1984 年 12 月，我国实行贸易外汇内部结算价，贸易外汇 1 美元=2.80 元人民币；官方牌价，即非贸易外汇 1 美元=1.50 元人民币。前者主要适用于进出口贸易及贸易从属费用的结算；后者主要适用于非贸易外汇的兑换和结算，并且仍沿用原来的一篮子货币加权平均的计算方法。

随着美元在 20 世纪 80 年代初期逐步升值，我国相应调低了公布的人民币外汇牌价，

使之同贸易外汇内部结算价接近。1984 年年底公布的人民币外汇牌价已调至 1 美元=
2.7963 元人民币，与贸易外汇内部结算价持平。

2. 第二个阶段（1985—1990 年）

在人民币双重汇率制下，外贸企业政策性亏损，加重了财政补贴的负担，而且国际货
币基金组织和外国生产厂商也对双重汇率制提出了异议。1985 年 1 月 1 日，我国又取消
了贸易外汇内部结算价，重新恢复单一汇率制，1 美元=2.80 元人民币。

事实上，1986 年随着全国性外汇调剂业务的全面展开，又形成了统一的官方牌价与
千差万别的市场调剂汇率并存的新双轨制，而且当时全国各地的外汇调剂市场在每一时点
上的市场汇率水平不尽相同。这种官方汇率与市场汇率并存的多重汇率制一直延续到
1993 年年底。20 世纪 80 年代中期以后，我国物价上涨速度加快，西方国家控制通货膨胀
取得一定的成效。在这种情况下，我国政府有意识地运用汇率政策调节经济与外贸，对人
民币汇率进行了持续的下调。1995 年 8 月 21 日，人民币汇率调低至 1 美元=2.90 元人民
币，同年 10 月 3 日人民币汇率再次调低至 1 美元=3.00 元人民币，同年 10 月 30 日人民币
汇率又调低至 1 美元=3.20 元人民币。

自 1986 年 1 月 1 日起，人民币放弃盯住一篮子货币的做法，改为管理浮动，目的是
使人民币汇率适应国际价值的要求且能在一段时间内保持相对稳定。

自改革开放开始至 1991 年 4 月 9 日这段时间，人民币汇率政策的特点表现在以下几
个方面：一是分别实施过贸易外汇内部结算价与官方牌价并存的双重汇率体制，以及官方
汇率与市场汇率并存的多重汇率体制；二是公布的人民币官方汇率按市场情况调整且呈大
幅贬值趋势，这与同期人民币对内实际价值大幅贬值及我国的国际收支状况是基本相适应
的；三是在人民币官方汇率的调整机制上，进行过多种有益的尝试，如盯住一篮子货币的
小幅逐步调整的方式及一次性大幅调整的方式，这些为以后实施人民币有管理的浮动汇率
制度奠定了基础；四是市场汇率的机制逐步完善；五是市场汇率的调节作用在我国显得越
来越重要。

3. 第三个阶段（1991—1993 年）

自 1991 年 4 月 9 日起，我国开始对人民币官方汇率实施有管理的浮动运行机制。国
家对人民币官方汇率进行适时适度、机动灵活、有升有降的浮动调整，改变了以往阶段性
大幅度调整汇率的做法。实际上，人民币汇率实行公布的官方汇率与市场汇率（外汇调剂
价格）并存的多重汇率制度。

我国人民币有管理的浮动汇率制度主要指人民币官方汇率的有管理的浮动，其基本特
点是我国的外汇管理机关，即国家外汇管理局根据我国改革开放与发展的状况，特别是对
外经济活动的要求，参照国际金融市场主要货币汇率的变动情况，对公布的人民币官方汇
率进行适时适度、机动灵活、有升有降的浮动调整。在两年多的时间里，虽然官方汇率数
十次小幅调低，但仍赶不上水涨船高的出口换汇成本和外汇调剂价。

4. 第四个阶段（1994—2005 年）

自 1994 年 1 月 1 日起，我国实行人民币汇率并轨。1993 年 12 月 31 日，官方汇率为 1 美元兑换 5.80 元人民币，调剂市场汇率大约为 1 美元兑换 8.70 元人民币。自 1994 年 1 月 1 日起，我国将这两种汇率合并，实行单一汇率，人民币对美元的汇率定为 1 美元兑换 8.70 元人民币；同时取消外汇收支的指令性计划，取消外汇留成和上缴，实行银行结汇、售汇制度，禁止外币在境内计价、结算和流通，建立银行间外汇交易市场，改革汇率形成机制。在这次汇率并轨以后，我国建立的是以市场供求为基础的、单一的、有管理的浮动汇率制度。

随着改革开放的不断深入，我国外汇管理体制相继进行了一系列重大改革。1996 年 11 月 27 日，中国人民银行正式致函国际货币基金组织，我国将不再适用《国际货币基金组织协定》第十四条第 2 款所规定的过渡性安排，并且正式宣布，自 1996 年 12 月 1 日起，我国将接受《国际货币基金组织协定》第八条第 2 款、第 3 款和第 4 款的义务，实现人民币经常项目可兑换，从此不再限制不以资本转移为目的的经常性国际交易支付和转移，不再实行歧视性货币安排和多重汇率制度。

（二）人民币汇率安排的新阶段

2005 年 7 月 21 日，中国人民银行发布《关于完善人民币汇率形成机制改革的公告》，其主要内容如下。

（1）自 2005 年 7 月 21 日起，我国开始实行以市场供求为基础、参考一篮子货币进行调节、有管理的浮动汇率制度。人民币汇率不再盯住单一美元，而是形成更富有弹性的人民币汇率机制。

（2）中国人民银行于每个工作日闭市以后公布当日银行间外汇市场美元等交易货币对人民币汇率的收盘价，将其作为下一个工作日该货币对人民币交易的中间价格。

（3）2005 年 7 月 21 日 19 时，美元对人民币交易价格调整为 1 美元兑换 8.11 元人民币，作为次日银行间外汇市场上外汇指定银行之间交易的中间价，外汇指定银行可自此时起调整对客户的挂牌汇率。

（4）现阶段，每日银行间外汇市场美元对人民币的交易价，仍在中国人民银行公布的美元交易中间价的上下 0.3% 的幅度内浮动，非美元货币对人民币的交易价在中国人民银行公布的该货币交易中间价上下一定幅度内浮动。

（5）中国人民银行将根据市场发育状况和经济金融形势，适时调整汇率浮动区间。同时，中国人民银行负责根据国内外经济金融形势，以市场供求为基础，参考一篮子货币汇率变动，对人民币汇率进行管理和调节，维护人民币汇率的正常浮动，保持人民币汇率在合理、均衡水平上的基本稳定，促进国际收支基本平衡，维护宏观经济和金融市场的稳定。

人民币汇率安排改革的核心是放弃盯住美元，参考一篮子货币，以建立调节自如、管理自主、以市场供求为基础、更富有弹性的人民币汇率机制。从短期来看，人民币的升值将有利于降低进口技术、设备和引进管理人才的成本，促进企业调整产品结构，从而提高综合竞争力。从长远战略来看，人民币汇率新机制的建立将有利于推进人民币汇率安排的市场化改革进程，建立健全以市场供求为基础的、有管理的浮动汇率体制，保持人民币汇率在合理、均衡水平上的基本稳定。

本章小结

1. 汇率制度又称汇率安排，是指各国或国际社会对于确定、维持、调整与管理汇率的原则、方法、方式和机构等所做出的系统规定。

2. 固定汇率制度是指以某些相对稳定的标准或尺度为依据来确定汇率水平的一种制度。

3. 浮动汇率制度是指汇率完全由市场的供求决定，政府不进行任何干预的汇率制度。

4. 汇率目标区方案是 1987 年由威廉姆森和 M. H. 米勒对汇率目标区制从政策协调角度进行扩展而形成的，它还被称为"扩展的汇率目标区方案"或"蓝图方案"。

5. 外汇管理是指一个国家通过法律、法令、条例等形式授权有关管理机构运用各类手段对境内的外汇收付、交易、借贷、转移及汇率等实施管理的过程。

6. 外汇管理的主体是国家指定和授权进行外汇管理的机构，可以分为决策主体和管理主体。

7. 实行外汇管理的国家主要是对外汇资金输入、外汇资金输出、货币兑换、外汇交易、银行外汇账户、汇率，以及黄金、现钞输出和输入等进行管理。

8. 非贸易外汇收入涉及范围较广，包括运输费、保险费、佣金、利息、专利费、许可证费、版税、稿费、特许权使用费、技术劳务费、对外劳务工程承包费、旅游费等。

9. 货币可兑换是指一国货币持有者可以为任何目的将所持有的货币按市场汇率兑换成另一国货币的权利。

10. 汇率是一国对外经济贸易联系的纽带，汇率制度是一国经济制度的重要组成部分，恰当的汇率制度是一国经济增长的重要保证之一。

复习思考题

1. 简述汇率制度的内容。
2. 什么是固定汇率制度？

3. 什么是浮动汇率制度?

4. 外汇管理包括哪些内容?

5. 外汇管理具有哪些积极影响?

6. 货币可兑换的利和弊分别是什么?

第三章

国际收支与国际储备

知识框架图

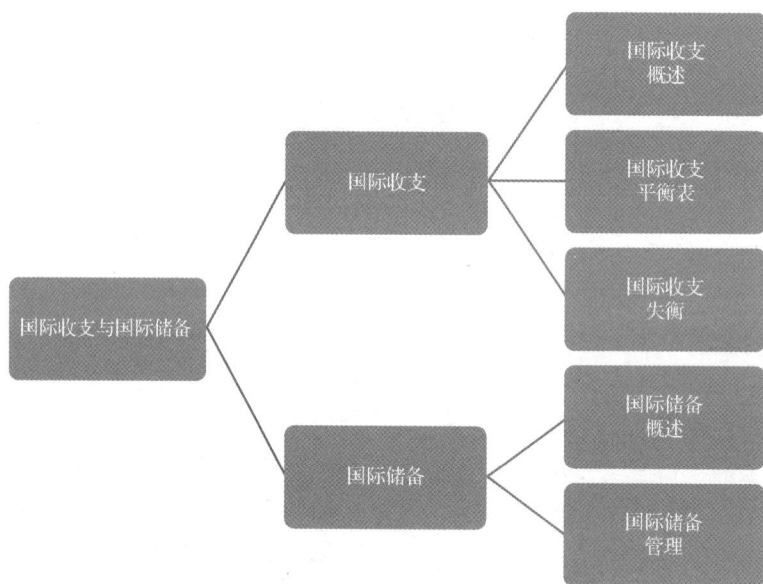

学习目标

- 了解国际收支的概念
- 掌握国际收支的性质
- 熟知国际收支失衡对经济的影响
- 了解国际储备的概念
- 熟知国际储备资产的特征
- 熟知国际储备的作用

第一节　国际收支

随着国家间经济交往的不断加强，国家收支的含义也不断变化。在金本位制度崩溃以后，国际收支的含义逐渐被扩展为反映一国外汇收支。凡是涉及一国外汇收支的各种国际交易都属于国际收支的范畴，并且把外汇收支作为国际收支的全部内容，这就是国际收支的狭义概念。这一定义以现金支付为基础，即只将以现金支付的国际经济交易计入国际收支，对其他的债权、债务则不予理会。然而，在一国的对外交易中，并非所有的交易都涉及货币的支付，有些交易根本不需要支付，如以实物形式提供的无偿援助和投资等。这些不涉及货币支付的对外交易在国际交易中的比重不断增加，以跨国公司为载体的国际资本流动日益频繁。在这种情况下，国际收支的概念又有了新的变化，由狭义的概念逐步发展为各个国家使用的广泛概念，即国际货币基金组织确定的概念。

一、国际收支概述

（一）国际收支的概念

国际收支是指一个国家在一定时期内由对外经济往来、对外债权债务清算引起的所有货币收支，它有狭义与广义两个方面的含义。狭义的国际收支是指一个国家或地区在一定时期内，由于经济、文化等各种对外经济交往而发生的必须立即结清的外汇收入与支出。广义的国际收支是指一个国家或地区内居民与非居民之间发生的所有经济活动的货币价值之和。

世界各国在经济、政治和文化等方面的交往中，必然产生债权和债务关系。各国之间的债权债务到期就要进行结算，从而产生货币的收支。国际收支反映的就是一个国家或地区在一定时期对外货币收支的综合状况，它是一定时期内一国居民与非居民间的所有交易的系统记录。因此，国际收支被界定为在一定时期内一国居民与非居民之间进行的全部经济交易活动。

（二）国际收支的性质

一个国家与其他国家的净金融交易的账目表，通常被分成以下几种。第一，经常账户，它包含有形贸易差额（净货品的出口和进口之间的差异）和无形贸易差额（如航运、银行和旅游服务的支出和收入）。第二，资本账户，是指该账户的短期和长期资本的流入和流出（如来自直接投资、证券、地产等收入）。有形贸易及无形贸易、经常账户和资本账户都有机会出现盈余（如出口大于进口）或赤字（如进口大于出口），可原则上整体国际收支应该没有盈余或赤字。

（三）居民与非居民的界定

（1）凡是在某个国家（或地区）居住期满一年和一年以上的个人，无论其国籍如何都是这个国家的居民，外国的外交使节、驻外军事人员等除外。

（2）凡是在一个国家领土上从事经营活动的企业，不论是公有还是私有，也不论是本国的还是外国的或是本国与外国合资、合作的，都是这个国家的居民。

（3）一个企业的国外子公司是其所在国的居民，是其母公司所在国的非居民。

（4）一个国家坐落在别国领土上的使领馆、军事机构和其他的政府驻外机构，都是这个国家的居民。

（5）国际性机构，如联合国、国际货币基金组织、世界银行等不是某一个国家的居民，而是所有国家的非居民。

（四）经济交易的分类

根据转移的内容和方向，经济交易可以分为以下五类。

（1）金融资产与商品和劳务之间的交换，即商品和劳务的买卖。

（2）商品和劳务与商品和劳务之间的交换，即物物交换。

（3）金融资产与金融资产之间的交换。

（4）无偿的、单向的商品和劳务转移。

（5）无偿的、单向的金融资产转移。

（五）国际收支的概念和特点

国际货币基金组织出版的《国际收支手册》第四版对国际收支的描述如下所述。国际收支是特定时期内的一种统计报表，它反映了以下内容：第一，一国与他国之间的商品、劳务和收益等的交易行为；第二，该国所持有的货币、黄金和特别提款权的变化，以及与他国债权债务关系的变化；第三，凡不需偿还的单方转移的项目和相对应的科目，财务上必须用来平衡的尚未抵销的交易，以及不易互相抵销的交易。

国际收支具有以下几个特点。

（1）国际收支是一个流量概念，流量反映的是两个时点之间存量的变化额。因此，国际收支能反映该年资本流入或流出的流量，而并不反映该国在某一时点利用外资总额的存量。

（2）国际收支记录的是本国居民与外国居民之间进行的交易。居民是指长期（一年或一年以上）居住在本国或本地区的自然人与法人，包括个人、政府、非营利性团体和企业。

（3）国际收支是以经济交易为统计基础的，经济交易是指商品、劳务和资产的所有权从一方或一国转移到另一方或另一国的行为。国际收支反映的经济交易可概括为以下五种。

① 金融资产与商品、服务之间的交换。

② 商品、服务彼此之间的交换。

③ 金融资产之间的交换。

④ 商品和服务的单方转移。

⑤ 金融资产单方转移。

（六）国际收支概念的演变

国际收支的发展变化过程实际上就是各国国际收支的实践发展过程和人们对国际收支的认识深化过程。

国际收支的概念产生于 17 世纪，由于当时国际经济发展的局限性和国际信用关系的不发达，国际经济交易的主要形式是国与国之间的有形商品的贸易交往，黄金是国际经济交易中的主要支付手段。因此，人们把国际收支简单地理解为对外贸易收支，即一国在一定时期内的进口与出口的差额，而且仅限于立即结清的现金或黄金收支。第二次世界大战以前，西方学者对国际收支的理解仅局限在狭义范围内，即一国在国际经济交往中所产生的借贷关系，到了一定的时期必然要进行货币清算，这样就发生了货币或财富在国际上转移的现象，而这种转移是以外汇为主要计价、支付和清算手段的，因此可以说国际收支实际上是一定时期内外汇收支的综合。可是，这一范围只包括了外汇收支，并不包括无外汇收支的交易，如无偿的对外援助、其他单方面转移、易货交易等。因此，这种理解没有涵盖国际收支的全部。随着世界经济的发展，资本输出在国际经济交易中占据越来越重要的地位。第一次世界大战以后，出现了较大规模的国际短期资本流动和大量的战争赔款转移，使国际收支的内容和范围不断扩大，不仅有贸易收支、劳务收支，还有资本项目。

第二次世界大战以后，国际经济交往迅速发展，国际贸易和国际资本流动相互渗透、相互推动，一些发达国家的无外汇交易的对外经济、军事援助增长很快，对世界经济影响很大。因此，国际收支包含的内容更加广泛，不仅有易货贸易，还有补偿贸易、政府援助、赠予等，侨民汇款、旅游、运输、保险等非贸易收支也越来越重要。如果国际收支仅从外汇收支的角度来统计国际经济概念，就难以包括全部的国际经济交易，于是就出现了以经济交易为统计基础的国际收支概念，它被各国普遍采用，成为分析各国对外经济状况和世界经济形势的重要工具。

目前，对国际收支的评判和分析大部分是依据广义的国际收支概念来进行的。国际收支概念的发展反映了国际经济交往和货币关系的不断发展与扩大，说明了国际收支的重要性日益增强。

（七）国际收支与国际借贷的关系

国际借贷又称国际投资状况，是指一个国家或地区在一定日期对外资产和对外负债的汇总记录，它反映的是在某一时点上一国居民对外债权债务的综合状况。国际借贷是因，国际收支是果，它们之间是一种因果关系。一般来说，国际上的债权债务关系发生以后，必然会在其国际收支平衡表上有所反映。但有时国际收支又会反作用于国际借贷，即国际收支的某些变化会引起国际借贷活动的展开，因此两者之间相辅相成、互为因果。两者的区别表现在以下几点。

（1）国际收支反映的是货币收支的综合状况，国际借贷反映的是债权债务的综合状况。

（2）国际收支反映的是一定时期的流量，是一个动态的概念；国际借贷反映的是在一定日期的存量，是一个静态的概念。

（3）国际收支的范围比国际借贷的范围大，如对外捐赠属于国际收支范畴，但并未体现国际借贷关系。

二、国际收支平衡表

（一）国际收支平衡表的概念

国际收支平衡表是指按照一定的编制原则和格式，对一个国家在一定时期内的国际经济交易进行分类、汇总，以反映和说明该国国际收支状况的统计报表。

（二）国际收支平衡表的结构

编制国际收支平衡表，是为了方便人们对一国国际经济关系的有关问题进行分析。根据分析问题的不同，各国编制的具体格式不同，一般包括经常项目、资本和金融项目、错误与遗漏项目，每类项目又分为若干二级项目和明细项目，分别表示性质各异的经济交易。

1. 经常项目

经常项目（Current Account）是本国在与外国交往中经常发生的国际收支项目，它反映了一国与另一国之间资源的转移状况，在整个国际收支中占据重要地位，往往会影响和制约国际收支的其他项目。经常项目包括货物项目、服务项目、收入项目和经常转移项目四个子项目。

1）货物项目（Goods Account）

货物又称贸易收支或有形收支，包括进口与出口，它不仅是经常项目，还是整个国际收支平衡表中最重要的项目，对国际收支状况起着决定性作用。货物包括一般商品、用于加工的货物、修理的货物、各种运输工具、在港口购买的货物和非货币黄金。一国进出口货物的种类、数量和价格水平，对其贸易收支具有重要的影响。出口记贷方，表示外汇收入增加；进口记借方，表示外汇收入减少。

在国际收支平衡表中，不同国家的货物收支统计数据的来源及商品价格计算的方式不尽相同。按国际货币基金组织的规定，货物进出口统计一律以海关统计为准，商品价格一律按离岸价格计算。可是，实际上有许多国家对出口商品按离岸价格计算，而对进口商品按到岸价格计算。这两种不同的价格条件在计算进出口总值时，会产生一定的差额。

2）服务项目（Service Account）

服务又称劳务收支或无形收支，主要记录劳务的输出和输入。随着世界经济交往的发展，尤其是第三产业在一些国家的迅速发展，劳务收支的重要性日益突出。不少国家的劳务收支在该国的国际收支中占据重要地位，有的甚至超过了该国的贸易收支。

服务项目包括以下具体内容。

第一，运输通信收支，包括海陆空运商品和旅客运费的收支。有些国家将运输工具的修缮费、港湾费与码头的使用费、船舶注册费等纳入运输收支的项目。在通信方面，国际电报、电话、电传、卫星通信等服务项目引起的外汇收支都记在服务项目中。

第二，保险收支。如果本国人向外国保险公司投保，就成为保险费的支出；如果外国人向本国保险公司投保，就成为保险费的收入。

第三，旅游收支，指本国居民到国外旅游或外国居民到本国旅游而产生的食宿费、交通费等服务性费用的收支。

第四，其他服务收支，如专利权使用费、广告宣传费、办公费、手续费、使领费等项目收支。

3）收入项目（Income Account）

收入是反映劳动和资本流动引起的生产要素报酬的收支，包括职工报酬和投资收入两项内容。职工报酬是指非居民因工作而获得的现金或实物形式的工资和福利，本国向外国居民支付报酬即借方，外国向本国居民支付报酬即贷方。投资收入包括直接投资收入、证券投资收入和其他形式的投资收入，其中其他形式的投资收入是指其他资本，如贷款所产生的利息。需要注意的是，资本损益是不作为投资收入的，所有由交易引起的现已实现的资本损益都包括在金融项目内。

4）经常转移项目（Current Transfer Account）

经常转移是指发生在居民与非居民之间无等值交换物的实际资源或金融项目所有权的变更，经常转移又称无偿转移、单方面转移，这类经济交易无须等价交换或偿还，只反映一国单方面的收支状况。外国向本国转移记贷方，本国向外国转移记借方。经常转移包括所有非资本转移的转移项目，但以下三项除外：第一，固定资产所有权的资产转移；第二，与固定资产收买或放弃相关的或以其为条件的资产转移；第三，债权人不索取回报而取消的债务。经常转移又可以分为政府转移和私人转移，政府转移是指政府间的经济和军事援助、战争赔款、捐款、向国际组织交纳的会费等，私人转移包括侨民汇款、年金、奖金、赠予、赞助、稿费等。

2. 资本和金融项目

资本和金融项目（Capital and Financial Account）是指对资产所有权在国际上流动的

行为进行记录的项目，包括资本项目和金融项目。本国资本流出，即本国对外进行投资，记入借方；外国资本流入，即本国吸收外国资本，记入贷方。

1）资本项目（Capital Account）

资本项目反映了资产在居民与非居民之间的转移，即国际资本流动。随着资本国际化的发展，国际资本流动的规模不断扩大，资本项目在国际收支中占据越来越重要的地位。资本项目包括资本转移和非生产、非金融资产的收买或放弃。资本转移涉及固定资产所有权转移、同固定资产买进卖出联系在一起或以其为条件的资金转移，以及债权人不索取任何回报而取消的债务。这一项目可细分为各级政府的转移和其他转移。非生产、非金融资产的收买或放弃是指各种无形资产，如专利、版权、商标、经销权、租赁和其他可转让合同的交易。

2）金融项目（Financial Account）

金融项目反映的是居民与非居民之间投资与借贷的增减变化，包括一国对外资产和负债所有权变更的所有交易。根据投资类型或功能分类，金融项目可分为直接投资、证券投资、其他投资和储备资产。

第一，直接投资（Direct Investment）。直接投资是指投资者对另一个经济体的企业拥有永久利益，包括直接投资者和直接投资企业之间的所有交易，即直接投资包括两者之间开始的交易、以后的交易及它们与公司型和非公司型的附属企业之间的交易。直接投资的投资者对在国外投资的企业拥有10%或10%以上的普通股权或投票权，从而对该企业拥有有效的发言权。直接投资项目又包括股本投资、其他资产投资及利润收益再投资等。

第二，证券投资（Portfolio Investment）。证券投资也称间接投资，是指为了取得一笔预期的固定货币收入而进行的投资。证券投资资本交易包括股票、中长期债券、货币市场工具和衍生金融工具。投资的利息收支记录在经常项目中，本金还款记录在金融项目中。

第三，其他投资（Other Investment）。其他投资是指所有直接投资、证券投资或储备资产未包括的金融交易，包括长期和短期贸易信贷、贷款货币和存款，以及其他可收支项目。

第四，储备资产（Reserve Assets）。储备资产是指一国拥有的可以直接用于对外支付的黄金储备、外汇储备、特别提款权、在国际货币基金组织中的储备头寸和对基金信贷的使用。货币当局利用这部分资产通过直接融资的方式调整国际收支失衡，通过干预外汇市场的方式影响汇率从而间接地调整国际收支失衡或用于其他目的。

3. 错误与遗漏项目

按照复式记账原则，国际收支账户的借方总额和贷方总额应该相等，借贷双方的净差额应该为零，可实际上并非如此。错误与遗漏项目（Errors and Omissions Account）是一个人为设立的项目，用于抵销国际收支平衡表中借贷双方因不可避免的统计误差、错漏而出现的差额，使平衡表在形式上平衡。由于不同账户的统计资料来源不同、记录时间不同，以及一些人为因素，国际收支账户会出现净的借方或贷方余额，这就需要人为设立一个平衡账户——错误与遗漏账户，它在数量上与该余额相等，而方向与该余额相反，能与之相抵销。如果经常项目、资本和金融项目总计贷方总额大于借方总额，从而出现贷方余额，就在错误与遗漏项目下的借方记入与该余额相同的数额；反之，如果出现借方余额，就在错误与遗漏项目下的贷方记入与该余额相同的数额。

三、国际收支失衡

（一）国际收支失衡的概念

国际收支均衡是一国政府所要着力实现的外部均衡目标，但在大部分情况下，国际收支均衡是一种特例或偶然现象，而国际收支失衡是一种常态或必然现象。导致国际收支失衡的原因是多种多样的：有经济因素，也有非经济因素；有内部因素，也有外部因素；有实物方面的因素，也有货币方面的因素……根据发生原因的不同，我们可将国际收支失衡分为以下六种类型。

1. 临时性失衡

临时性失衡（Accidental Disequilibrium）是指由短期的、非确定的或偶然的因素引起的国际收支不平衡，一般程度较轻，持续时间不长，带有可逆性。在固定汇率制度下，一般不需要采用政策措施，只需要动用官方储备就能克服。在浮动汇率制度下，这种性质的国际收支失衡有时根本不需要政策调节，市场汇率的波动就能将其纠正。

2. 结构性失衡

结构性失衡（Structural Disequilibrium）是指国内经济、产业结构不能适应世界市场的变化而发生的国际收支失衡，通常反映在经常项目上。结构性失衡有两层含义。第一层含义是指由经济和产业结构变动的滞后和困难引起的国际收支失衡。一国的国际贸易在一定的生产条件和消费需求下处于均衡状态，当国际市场发生变化时，如果该国不能及时根据形势对生产结构加以调整，那么其原有的贸易平衡就会遭到破坏，贸易逆差就会出现。第二层含义是指一国的产业结构比较单一，或者其出口需求的收入弹性小，或者虽然出口需求的价格弹性大但进口需求的价格弹性小，由此引起国际收支失衡。这层含义的结构性不平衡在发展中国家表现得极为突出。

3. 周期性失衡

周期性失衡（Cyclical Disequilibrium）是指由一国经济周期波动引起的国际收支不平衡。如果一国经济处于衰退期，那么社会总需求下降，进口需求也相应下降，国际收支产生盈余；反之，如果一国经济处于扩张和繁荣时期，那么国内投资与消费需求旺盛，进口需求也相应增加，国际收支便产生逆差。

4. 货币性失衡

货币性失衡（Monetary Disequilibrium）是指由一国国内货币供应量增长率变化引起的国家物价水平变化导致的国际收支失衡。一国在一定的汇率水平下，由于通货膨胀，物价普遍上涨，使其商品成本与物价水平相对高于其他国家，该国的商品输出必受抑制，而输入会受到鼓励，使国际收支产生逆差。相反，由于通货紧缩，商品成本与物价水平相对低于其他国家，这样有利于出口，抑制进口，使国际收支产生顺差。

5. 收入性失衡

收入性失衡（Income Disequilibrium）是指国民收入的变化使一国的进出口贸易发生变动，从而造成国际收支的不平衡。国民收入变动的原因可能是经济周期的变化，也可能是经济增长率的高低不同，前者引发的收入性失衡属于周期变动性失衡，后者引发的收入性失衡属于持久性失衡。当国际收入相对快速增长导致进口需求的增长超过出口增长或其他方面的国际支付增加时，国际收支容易产生逆差；相反，当国民收入减少时，居民消费和投资的需求都会下降，进口也会减少，国际收支容易产生顺差。

6. 冲击性失衡

冲击性失衡（Hot Money Disequilibrium）是指由游资流动引起的国际收支不平衡，这是 20 世纪 90 年代以后出现的新现象。目前，世界上存在因追逐高息而流动的高达数万亿美元的短期资本，这些游资大多数时候并非为了躲避风险而流动，而是有意"狙击"一个或几个国家和地区，使这些国家和地区金融秩序动荡，从而使国际收支严重失衡。

（二）国际收支失衡对经济的影响

1. 逆差对经济的影响

持续的、巨额的逆差意味着大举向外借债，加重对外债务负担，甚至有发生债务危机的可能；黄金、外汇储备大量流失，削弱本国对外金融实力，国际信誉下降，甚至有发生国际支付危机的可能；被迫压缩必需的进口，影响国内经济建设和消费利益；本币对外贬值引起进口商品价格和国内物价上涨；资本外逃影响国内投资建设和金融市场的稳定。持续的、大量的国际收支逆差通常会带来以下不利影响。

（1）导致外汇储备大量流失。一国发生持续性逆差时，一般都会采取三种方式来弥补：一是动用外汇储备，二是对外举债，三是调整经济结构。如果主要以动用外汇储备来弥补，就必然会消耗该国的储备资产，削弱其对外支付能力。

（2）使经济增长受阻，主要表现在三个方面。一是本币贬值或汇率下浮引起进口商品价格和国内物价上涨，加重通货膨胀。严重的通货膨胀还会引起资本大量外逃，国内资金短缺，影响国内投资和金融市场稳定，阻碍经济增长。二是一国由于存在长期的巨额逆差，外汇储备减少，国际清偿能力降低，这必然会影响发展经济所必需的生产资料的进口，使经济增长受到抑制，导致失业的增加和国民收入增长率的相对与绝对下降。三是逆差会使该国货币汇率承受下跌的压力，货币当局如果要维护本币的地位，就要对外汇市场进行干预，抛售外汇而买进本币，形成国内货币紧缩，促使利率上升，使投资受到抑制，进而影响经济增长。

（3）不利于对外经济交往且损害国际信誉。在浮动汇率制度下，存在持续逆差的国家会增加对外汇的需求，促使外汇汇率不断上升，本币不断贬值，使本国国际地位日益下降，进而对本国的对外经济交往产生消极的影响。与此同时，长期的国际收支逆差使一国的偿债率降低，如果陷入债务困境不能自拔，就会影响本国的经济和金融实力，损害本国的国际信誉。

2. 顺差对经济的影响

良好的世界经济秩序是建立在国与国之间正常的、相对平衡的贸易和资本往来的基础上的。持续、大量的国际收支不平衡容易引起逆差国与顺差国的经济对立，双方矛盾的激化还可能导致贸易保护主义的抬头、外汇管制的出现和盛行，或者使贸易战加剧。世界范围内的国际收支不平衡会直接威胁到国际金融体系的稳定，严重影响世界经济的发展，甚至导致政治上的冲突。持续的、大量的国际收支顺差会产生以下影响。

（1）本币持续坚挺，出口受到影响。长期的巨额顺差会使外汇供过于求，迫使本国货币汇率上升。本币过于坚挺会引发大规模的套汇、套利和外汇投机活动，破坏国内和国际金融市场的稳定；同时会使出口处于不利的竞争地位，影响出口贸易的发展，从而加重国内的失业问题。

（2）导致通货膨胀。持续的顺差使外汇储备急剧上升，外汇占款大幅度增加；同时会增加外汇的供给和对本币的需求，货币当局不得不在外汇市场上购入大量外汇进行干预。这两种情况都会迫使国内货币投放量增加、物价上涨，从而引发通货膨胀。此外，巨额国际储备的囤积使持有外汇的机会成本增加，外汇资金的使用缺乏效率。

（3）不利于发展国际经济关系。一国的国际收支出现大量的顺差意味着有关国家国际收支产生逆差，常常表现为出口和进口的失衡，因此容易引起贸易摩擦，影响国际经济关系。

第二节　国际储备

国际储备是国际收支平衡表中一项十分重要的内容。国际收支不平衡是对外经济交往中常见的现象，如果一国是国际收支顺差，那么其黄金、外汇储备就会增加；如果一国是国际收支逆差，那么该国必须以黄金、外汇储备来弥补。黄金、外汇储备是国际储备的重要组成部分，国际储备一方面来自一国自有的黄金和外汇储备，另一方面来自其向国外的借款。而一国向国外借款规模的大小和借款条件的优劣，一般又与其黄金和外汇储备规模密切相关。因此，每个国家都必须持有一定数额的黄金和外汇储备。

一、国际储备概述

（一）国际储备的概念

国际储备（International Reserve）是指一国货币当局持有的、能随时用于弥补国际收支逆差、维持本币汇率稳定，以及用于应付紧急支付、作为对外偿债的信用保证，并且为世界各国所普遍接受的各种形式的资产。

在经济文献中，常常出现"国际清偿能力"的概念，国际清偿能力是指一国货币当局用以支持本国货币汇率、支付国际收支逆差和偿付到期外债的能力，具体可分为现实能力和潜在能力两部分。现实能力是指在国际清偿时可动用的国际储备资产（自有储备）；潜在能力是指在国际清偿时可以通过调配、借贷或动员等方法获得的国际储备资产，即该国在国外筹措资金的能力，向外国政府或中央银行、国际金融组织和商业银行借款的能力。因此，国际清偿能力又可分为自有储备和借入储备两部分。

（二）国际储备的性质

国际储备仅仅是一国具有的现实的对外清偿能力，而国际清偿能力则是该国具有的现实的和可能的对外清偿能力的总和，国际清偿能力常常被理论学界和外汇市场交易者视为一国货币当局维持其汇率水平能力的重要依据。不同类型的国家所拥有的国际清偿能力有很大的差距，一般来说，发达国家拥有的国际清偿能力要比发展中国家拥有的国际清偿能力强，因为发展中国家进入国际金融市场进行应急性筹资的能力受到极大的限制。如果一国对外筹资的能力受到完全的限制，那么该国的国际清偿能力就等同于其国际储备。

国际储备资产应具备以下四个特征。

1. 官方持有性

国际储备资产必须是掌握在该国货币当局手中的资产，非官方金融机构、企业和私人持有的黄金和外汇虽然也是流动资产，但不能算国际储备资产。

2. 充分流动性

国际储备资产必须是随时可以动用的资产，如存放在国外银行的活期存款、随时可以变现的有价证券、国库券及黄金等，这样的资产才能随时被用来弥补国际收支逆差或干预外汇市场等。

3. 普遍接受性

国际储备资产在计价、结算、支付等方面应被世界各国普遍接受。

4. 稳定性

国际储备资产的货币价值必须相对稳定，不能因汇率、利率的变化而产生大幅度的价值下跌或损失。

（三）国际储备的构成

目前，根据国际货币基金组织的表述，一国（地区）国际储备的具体形式包括黄金储备、外汇储备、成员方在国际货币基金组织的储备头寸和国际货币基金组织分配给成员方尚未动用的特别提款权四种。不同形式的国际储备在不同的历史时期所处的地位各不相同。

1. 黄金储备

黄金储备是一国货币当局持有的货币性黄金。在国际金本位制度下，黄金是最主要的储备资产，充当世界货币和平衡国际收支的最后手段。金本位制度崩溃以后，虽然纸币不再兑换黄金，黄金也不再作为纸币发行的准备金，但黄金仍然是主要的国际储备资产和国际结算的支付手段。与其他储备资产相比，黄金具有保值、可靠的优点，因此许多国家仍然持有大量的黄金储备。1978 年 4 月 1 日生效的《国际货币基金组织协定第二次修正案》规定黄金"非货币化"，黄金作为货币的作用趋于淡化。然而，黄金作为一般财富的社会化身，可以比较容易地转化为任何所需要的支付手段，因此它仍是国际储备的重要形式。

2. 外汇储备

外汇储备是指一国政府所持有的可以自由兑换的外币及其短期金融资产，其具体形态表现为政府在国外的短期存款及其他可以在国外兑现的支付凭证和有价证券，如商业汇票、银行支票、外国政府国库券和长短期债券等。外汇储备是当今国际储备的主体，是最主要、最活跃的部分，同时也是各国国际储备资产管理的主要对象。

在金本位制度下，外汇储备处于极其次要的地位。在布雷顿森林体系创立以后，外汇储备的地位虽有提高，但同黄金储备相比，仍处于次要地位，仅占总额的 30.8%。之后，外汇储备在国际储备总额中的比重迅速提高，1970 年达 48.6%，超过黄金储备的比重，占据首要地位。1980 年，外汇储备的比重提高到 82.5%，1995 年提高到 91.4%，截至 2001 年年底外汇储备比重达到了 93.74%。第二次世界大战以前，英镑长期是世界各国主要的储备货币；第二次世界大战以后，美元取代英镑成为主要的储备货币。20 世纪 70 年代以来，德国马克、瑞士法郎、法国法郎和日元也成为重要的储备货币。进入 21 世纪以后，欧元也成为重要的储备货币。

视野拓展

最佳国际储备水平

最佳国际储备水平除了应满足对于储备的需求，还应使"持有储备的直接收益和间接收益等于持有储备的机会成本"，或者"持有储备的边际收益（直接+间接）等于持有储备的边际机会成本"。二者的区别在于，前者是总体的绝对量度，后者是增量的相对量度。

---

3. 成员方在国际货币基金组织的储备头寸

成员方在国际货币基金组织的储备头寸也称普通提款权，是指成员方在国际货币基金组织普通提款权账户中的债权头寸，它是成员方可以自由提取和使用的资产。其资金来源主要是成员方缴存在国际货币基金组织的相当于份额25%的黄金与外汇，还有国际货币基金组织用去的本国货币持有量部分而产生的对国际货币基金组织的债权。

按照国际货币基金组织的规定，加入国际货币基金组织的国家须按一定份额缴纳一笔钱，这笔钱称为份额。份额中的 25%用可兑换货币和特别提款权（《牙买加协议》生效前是黄金）缴纳，另外的75%用本国货币缴纳。当成员方产生国际收支困难时，有权向国际货币基金组织申请可兑换货币贷款，它被称为普通贷款，即成员方拥有普通提款权，普通提款权可用于解决成员方国际收支不平衡的问题，但不能用于成员方贸易和非贸易的经常项目支付。最高限额为成员方向国际货币基金组织缴纳份额的 125%，期限为 3~5 年。

4. 特别提款权（Special Drawing Right，SDR）

特别提款权是国际货币基金组织创设的无偿分配给成员方用以补充国际储备、弥补国际收支逆差的一种记账单位和储备资产。

特别提款权从 1970 年开始第一次分配给成员方，作为原有普通提款权以外的一种使用资金的特别权利。特别提款权可用于成员方政府或中央银行国际货币基金组织特别提款权账户之间的结算及成员方对国际货币基金组织的某些支付，也可用作政府对外承担金融债务和缔结互惠协定的保证金或向其他成员方换取外汇，但不能直接用于国际贸易和非贸易支付。私人企业和商业银行不能持有和使用特别提款权。

特别提款权作为各国国际储备资产的补充，与其他储备资产相比，具有以下四个特点。

第一，特别提款权更容易获得，普通提款权的获得要以成员方的缴足摊额（份额）为条件，而特别提款权是由国际货币基金组织按成员方的摊额"分配"的，不需要缴纳任何款项，并且这项权利的动用也不必事先定协议或审查。

第二，普通提款权需要按期偿还，而特别提款权无须偿还，它是一种额外的资金来源。

第三，特别提款权是一种有名无实的资产，虽然被称为"纸黄金"，但不像黄金那样具有内在价值，也不像美元、英镑那样以一国政治、经济实力作为后盾，而只是一种用数字表示的记账单位。

第四，特别提款权只是一种计价结算工具，不能直接用于流通。

（四）国际储备的作用

我们可以从两个层次来理解国际储备的作用。第一个层次是从世界范围来考察国际储备的作用。随着世界经济和国际贸易的发展，国际储备也相应增加，它发挥着促进国际商品流动和世界经济发展的作用。第二个层次是具体到每一个国家来考察。从一国角度来看，持有国际储备的主要目的有以下几种。

1. 弥补国际收支逆差

这是大多数国家持有国际储备最主要的目的。当一国产生短期性的、轻微的国际收支逆差时，可以通过动用国际储备进行弥补，而不必采取影响国内经济的财政货币政策来调节。当一国产生长期的、巨额的或根本性国际收支逆差时，调整政策是必不可少的。这时，国际储备可以起到一种缓冲的作用，它使政府能够渐进地推进其财政货币调节政策，避免猛烈的调节措施带来国内经济震荡。

2. 维持本国汇率稳定

如果本国货币在外汇市场上出现较大波动，就会对本国经济产生不良影响。一国货币当局可利用国际储备来干预外汇市场，影响外汇供求，将汇率维持在一国政府所希望的水平上。如果本国货币的汇率在外汇市场上呈下降趋势，那么为维护本国货币的国际地位，货币当局可以出售外汇储备购入本币，增加外汇供给，从而使本国货币汇率上升。如果本国货币的汇率在外汇市场上呈上升趋势，那么为了避免本国货币过度升值带来不良影响（如出口下降等），货币当局可以抛出本币购入外汇，增加本币供给，从而使本国货币汇率下降。因此，一国持有国际储备的多少表明了一国干预外汇市场和维持汇率稳定的实力。需要指出的是，外汇市场干预是试图改变外汇市场上本币与外币的供求关系来调节汇率，它无法从根本上改变决定汇率的基本因素，而且各国货币当局持有的外汇储备总是有限的。因此，外汇市场干预只能对汇率产生短期且有限的影响。

3. 维护国际资信

国际储备对维护国际资信的作用包括两点：一是可以用来支持本国货币价值稳定性的信心，二是可以作为政府向外借款的信用保证。首先，一国拥有的充足的国际储备不仅使货币当局拥有较强的调控外汇市场的能力，还可以增强外汇市场上投资者对该国货币的信心。其次，一国的国际储备状况是国际金融机构和国际银团提供贷款时评估其国家风险和借款资信的重要指标之一。如果一国拥有充足的国际储备，就表明该国的偿债能力较强，对外借款就比较容易；反之，对外借款就比较困难。

4. 应付突发事件的需要

如果一国突发自然灾害，引起粮食短缺，就会增加对进口粮食的外汇支付；如果一国突发金融危机，就会引起资本外逃，本币贬值。为了稳定国内经济金融秩序，国家需要动用大量国际储备对外汇市场进行干预。其他突发事件，如战争、意料之外的债务增加等，也会使一国临时的对外支付增加。

5. 促进国内经济发展

对许多发展中国家而言，国际储备并不仅仅是干预外汇市场的手段，还是整个经济发展战略的重要组成部分。大多数发展中国家的出口结构均以初级产品为主，出口收入受国际市场需求的制约，数量有限，而其进口又存在较强的依赖性。因此，其国民经济的发展依赖于一定规模的国际储备。

二、国际储备管理

国际储备管理是一国政府或货币当局根据一定时期内本国的国际收支状况和经济发展的要求，对国际储备的规模、结构和储备资产的使用进行调整、控制，从而实现储备资产的规模适度化、结构最优化和使用高效化的整个过程。一个国家的国际储备管理包括两个方面：一是对国际储备规模的管理，以求得适度的储备水平；二是对国际储备结构的管理，使储备资产的结构得以优化。通过国际储备管理，一方面可以维持一国国际收支的正常进行，另一方面可以提高一国国际储备的使用效率。

（一）国际储备管理的重要性

随着布雷顿森林体系的崩溃和浮动汇率制度的实行，国际储备管理问题变得更加突出和重要。

1. 国际储备资产的汇率风险加大

在浮动汇率制度下，西方国家的关键货币之间汇率波动频繁，而且波动幅度较大，从而使国际储备资产的汇率风险增大，具体表现在以下两个方面。

第一，在世界各国普遍实行浮动汇率制度的条件下，各国中央银行持有的外汇储备货币面临汇率频繁波动的风险。如果一国中央银行保持的外汇储备币种不当，就可能受到损失。因此，国家需要密切关注主要外汇市场的汇率变化趋势，根据情况不断变化储备资产的形式，加强对储备资产的管理。

第二，在储备货币币种不断增加的情况下，各国对外贸易用于计价结算货币的汇率风险大大增加。

在浮动汇率制度下，各种可自由兑换的西方国家货币都已成为储备货币，这就使国际储备资产的汇率风险复杂化。因此，各国必须加强对储备资产的管理，根据各种货币不断变化的汇率和国际贸易支付结算的需要，调整储备货币的结构。

2. 国际储备资产的利率风险增大

因为西方各国本身经济目标的重点不同，经济政策的理论依据不同，所以其利率水平也各不相同。各国利率水平会相互影响，导致利率经常波动。因此，国际储备管理还必须比较各种货币的利率差距，同时要充分考虑各种货币的名义利率与剔除通货膨胀以后的实际利率之间的关系，选择调配储备货币的币种，以确保国际储备资产的安全性和营利性。

3. 国际储备资产日益多元化

国际储备资产的投资选择和选择风险使国际储备资产日益多元化，为各国的储备资产保值增值和投资选择提供了更多的机会，同时也带来了更大的投资选择风险。随着以欧洲货币市场为主的国际金融市场的迅速发展，信用方式日趋多样化，借贷凭证种类繁多且可以随意转让，资金调拨灵活方便。另外，各种有价证券的币种、面额、期限、利率、费用、收益等各不相同，这就使储备资产的投资选择变得更加重要和复杂。资产的投资选择直接关系到储备资产的盈利和安全性。因此，各国在管理国际储备资产时不仅要注意汇率、利率的变化，还必须研究证券市场的变化和投资对象的特点等，这就加大了储备资产管理的难度和复杂性。

4. 黄金价格的剧烈波动对黄金储备价值的影响

黄金价格的剧烈波动影响黄金储备的价值，因此各国需加强对黄金储备的管理。在1971年8月美国宣布停止向外国中央银行按35美元兑换一盎司黄金以后，国际市场黄金的价格就开始不断上涨。在西方各国通货膨胀加剧、货币汇率和利率动荡的情况下，黄金便成了人们抢购的对象，这就使黄金价格经常暴涨、暴跌。许多国家换算黄金储备经常要参考国际市场黄金价格，因此黄金价格的涨跌会影响储备资产的价值。黄金虽不像其他储备资产那样可供投资生息，但黄金价格涨跌所带来的收益或损失还是会影响中央银行的黄金买卖决策。

5. 保持适度的国际储备规模与结构

一国国际储备资产结构及外汇储备的币种结构必须与该国的贸易流向和债务结构相适应，并且保持适度的国际储备量，这样做才能满足国际贸易及国际经济往来的需要。

（二）国际储备总量管理

1. 国际储备总量管理的含义

一国持有的国际储备越多，越能满足弥补国际收支逆差、稳定汇率、资信保证等需要，然而持有国际储备是有代价的，因此并非持有的国际储备越多越好。国际储备的总量管理就是要合理确定一个最适度的量，使持有国际储备的成本最低，同时又能达到最佳的使用效果。

2. 最适度国际储备量的确定方法

国际货币基金组织用来确定适度的国际储备量的指标主要有以下三个。

第一，过去实际储备的趋势，即过去一年一国的国际储备量与其国内生产总值的比率，该指标反映了一国的经济增长对国际储备量的需求。在正常情况下，国际储备量与国内生产总值之比约为10%。

第二，过去储备对国际收支综合差额趋势的比率，即过去一年一国的国际储备量与其国际收支总差额的比率，该指标反映了一国国际收支不平衡对国际储备量的需求。

第三，过去国际储备与进口额的比率，即过去一年一国的国际储备量与其年进口额的比率，该指标反映了一国对外贸易对国际储备量的需求。国际上一般认为，一国最适度的国际储备量应以满足该国3个月的进口支付额为标准，即国际储备量与当年进口额的比率为25%，否则成本将会过高。这个指标对不同类型的国家并不是平均分布的：发达国家的国际储备量与其年进口额的比率较低，为18%左右；石油输出国的国际储备量与其年进口额的比率较高，为 50% 左右；非产油国家的国际储备量与其年进口额的比率为 25% 左右。

在这三个指标中，第三个指标最重要，应用也最广。由于国际储备的最基本用途是弥补国际收支逆差，而贸易收支是国际收支最重要的项目，加之此方法简单、易于操作。因此，这一指标目前不仅是国际货币基金组织和国际银行在衡量各国国家风险时考虑的，还是各国衡量该国国际储备是否充足的最常用的指标。

（三）国际储备结构管理

国际储备的结构管理是指如何使各项储备资产实现最佳的组合搭配，以及如何使外汇储备的各种储备货币保持合适的比例，以满足其经济发展和对外经济往来的需要。

一般来说，储备结构管理主要遵循安全性、流动性和营利性原则。安全性原则是指储备资产的价值必须具有稳定性，不能频繁波动，大起大落；流动性是指储备资产能够迅速地兑现并用于支付；营利性是指储备资产能够产生较高的收益并不断增值。这三个原则之间是具有矛盾冲突的。收益较高的储备资产运用方式，如投资于外国证券，往往有风险，流动性也较低；流动性较高也较安全的方式，如存入外国活期存款账户，收益较低。因此，必须在三者之间进行权衡，合理配置。

国际储备结构管理的内容就是合理安排国际储备的构成，最大限度地发挥各种储备资产的作用。国际储备包括黄金储备、外汇储备、在国际货币基金组织的储备头寸和特别提款权四种，由于一国所持有的在国际货币基金组织的储备头寸和特别提款权的数额是由该国在国际货币基金组织所缴纳的份额、国际货币基金组织的分配和使用决定的，一国很难通过经济政策和管理手段主动进行增减。因此，对国际储备的结构管理主要集中在对黄金储备和外汇储备的管理上。

对黄金储备来说，由于其安全性很高，大多数国家都以一定量的黄金储备作为保值手段，但其流动性和营利性较差，而且其价格受多种因素影响，变化令人捉摸不定。因此，黄金储备量不宜过多，也不宜频繁进行调整，应以保持稳定为宜。事实上，自 20 世纪 80 年代以来，黄金在各国储备中的数量一直都是比较稳定的。外汇储备作为国际储备的主体，占国际储备的比例一直在上升。在通常情况下，当一国出现国际收支逆差进行外汇干预时，首先动用的就是外汇储备，其他储备资产主要用于保值和最后的支付。因此，对国际储备结构的管理重点是对外汇储备结构的管理。

对外汇储备结构的管理包括两个方面：对储备币种的结构管理和对储备资产流动性的结构管理。

1. 对储备币种的结构管理

外汇储备币种的结构管理是指合理选择储备货币并确定它们在一国外汇储备中所占的比重。

在储备币种的选择上，各国应遵循以下原则。

（1）营利性原则，一国应尽可能选择有升值趋势的货币（硬币），这样可以保证储备资产价值的增值。

（2）安全性原则，一国应尽可能选择汇率波动较小的货币，这样可以保持外汇储备资产价值的稳定；或者尽可能选择经常使用的货币，如选择与对外贸易支付、对外债务、弥补国际收支逆差和干预外汇市场等相一致的货币，这样可以降低货币兑换产生的交易成本、避免汇率风险。此外，还要使储备货币多样化，这样可以分散外汇风险，因为当某些货币贬值而遭受损失时，能从另一些货币升值带来的好处中得到补偿。需要注意的是，不同储备货币的软硬度（汇率）是不断变化的，因此一国要根据汇率的变化对储备币种结构及时进行调整，目前可作为储备货币的主要有美元、欧元、日元、英镑、瑞士法郎等。

目前，在储备货币比例的安排上，世界上大多数国家都是实行以某种最重要的国际货币或该国使用最多的货币为主、其他货币为辅的多元储备货币结构。20 世纪 70 年代以来，虽然美元的储备地位有所下降，但目前仍是国际贸易和国际借贷中使用量最大的货币，而且美国的货币市场和证券市场居世界之首，美国又是活跃的国际投资中心。因此，美元在国际储备货币中仍占主导地位。欧元自产生以来，储备地位就不断上升。日元和英镑的储备地位虽然也在不断上升，但远小于美元和欧元。因此，目前在大多数国家的储备货币中美元占最大比重，其次是欧元，然后是日元、英镑、人民币和其他储备货币。

2. 对储备资产流动性的结构管理

对外汇储备币种的结构管理，需要考虑的是安全性和营利性之间的关系，为了降低外汇风险，提高安全性，大多数国家采取的是储备货币多元化的策略。那么，当币种确定以后，每种货币的投资结构，即存款和各种证券的比例又该如何呢？这就涉及流动性和营利性的关系问题了。我们知道，流动性和营利性是反方向变动的：流动性越强，营利性越低。

储备资产按照流动性的高低可以分为三个档次：首先是一级储备资产，它是指流动性最高但收益率最低的储备资产，如现金、活期存款、短期国库券、短期商业票据等，期限不超过 3 个月；其次是二级储备资产，它是指收益率高于一级储备资产，而流动性低于一级储备资产，但仍具有很高流动性的储备资产，如各种中期债券等，偿还期限为 1～10年；最后是三级储备资产，它是指收益率最高但流动性最低的储备资产，如各种长期债券等，偿还期限为 10 年以上。

由于不同的储备资产的流动性和收益率不同，各国应根据具体情况合理安排三个档次的储备资产的比例。由于国际储备本身的性质，各国货币当局在安排其储备资产结构时通常比私人投资者更注重资产的流动性，不那么积极追求营利性。因此，就总体而言，各国通常持有较多的一级储备资产来弥补国际收支逆差和干预外汇市场等交易性需求；在满足了交易性需求后，再将剩余的储备资产用在二级储备与三级储备之间进行分散组合投资，在保持一定流动性的条件下获取更高的预期收益率。就投资工具而言，各国大多尽量限制将储备资产投资于国际银行、存在国家风险的国家及公司证券，而愿意投资于信誉较高的国家的政府债券和 AAA 级的欧洲债券。

本章小结

1. 国际收支是指一个国家在一定时期内由对外经济往来、对外债权债务清算引起的所有货币收支。

2. 国际收支的发展变化过程实际上就是各国国际收支的实践发展过程和人们对国际收支的认识深化过程。

3. 国际借贷又称国际投资状况，是指一个国家或地区在一定日期对外资产和对外负债的汇总记录。

4. 国际收支平衡表是指按照一定的编制原则和格式，对一个国家在一定时期内的国际经济交易进行分类、汇总，以反映和说明该国国际收支状况的统计报表。

5. 经常项目是本国在与外国交往中经常发生的国际收支项目，它反映了一国与另一国之间资源的转移状况，在整个国际收支中占据重要地位，往往会影响和制约国际收支的其他项目。

6. 货物又称贸易收支或有形收支，包括进口与出口，它不仅是经常项目，还是整个国际收支平衡表中最重要的项目，对国际收支状况起着决定性作用。

7. 职工报酬是指非居民因工作而获得的现金或实物形式的工资和福利。

8. 经常转移是指发生在居民与非居民之间无等值交换物的实际资源或金融项目所有权的变更，经常转移又称无偿转移、单方面转移，这类经济交易无须等价交换或偿还，只反映一国单方面的收支状况。

9. 资本和金融项目是指对资产所有权在国际上流动的行为进行记录的项目，包括资本项目和金融项目。

10. 临时性失衡是指由短期的、非确定的或偶然的因素引起的国际收支不平衡。

11. 国际储备是指一国货币当局持有的、能随时用于弥补国际收支逆差、维持本币汇率稳定，以及用于应付紧急支付、作为对外偿债的信用保证，并且为世界各国所普遍接受的各种形式的资产。

复习思考题

1. 什么是经常项目？

2. 简述国际储备管理的重要性。

3. 简述国际储备总量管理的含义。

4. 国际货币基金组织确定适度的国际储备量的指标有哪些?

5. 什么是国际储备结构管理?

6. 什么是外汇储备币种的结构管理?

第四章

国际金融市场

知识框架图

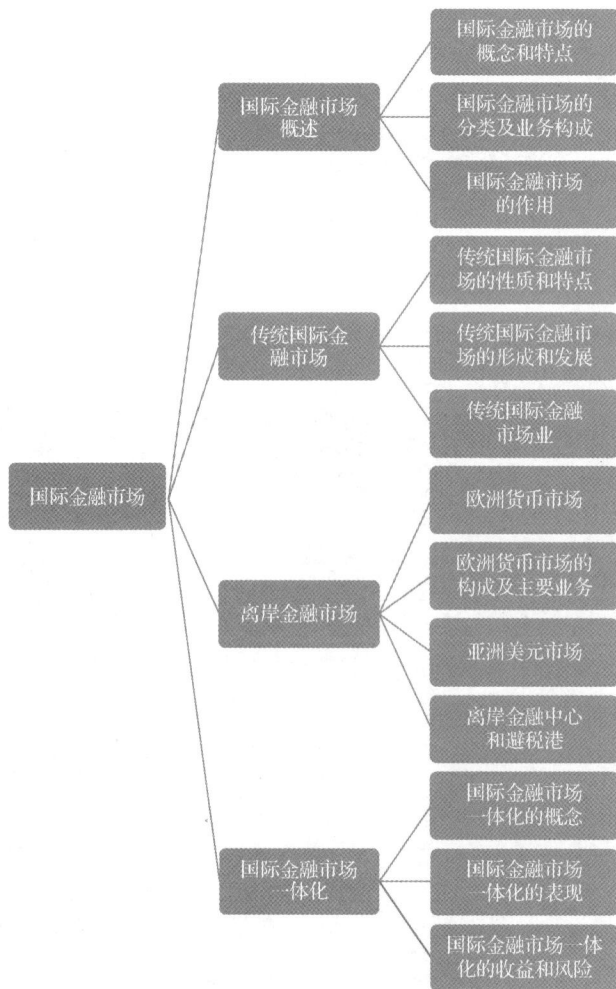

学习目标

- 理解国际金融市场的概念
- 掌握传统国际金融市场的性质和特点
- 了解欧洲货币市场的形成与发展
- 了解欧洲货币市场的构成及主要业务
- 了解离岸金融中心和避税港
- 了解国际金融市场一体化的收益和风险

第一节　国际金融市场概述

国际金融市场是国际资本流动和债权债务结算的场所,是国际金融产品交易关系和运行机制的总和。在国际领域中,国际金融市场十分重要,商品与劳务的国际性转移、资本的国际性转移、黄金输出/入、外汇的买卖及国际货币体系运转等各方面的国际经济交往都离不开国际金融市场,在国际金融市场上新的融资手段、投资机会和投资方式层出不穷,金融活动也居于传统的实质经济之上,成为推动世界经济发展的主导因素。

一、国际金融市场的概念和特点

（一）国际金融市场的概念

国际金融市场（International Financial Market）是指在国际上资金供应者和资金需求者双方通过信用工具进行交易而融通资金的市场,是居民与非居民之间交易金融资产并确定金融资产价格的一种机制。广义的国际金融市场是指进行长短期资金的借贷、外汇与黄金的买卖等国际金融业务活动的场所,包括货币市场、资本市场、外汇市场和黄金市场。狭义的国际金融市场是指在国际上经营长短期资金业务的市场,也称为国际资金市场,包括货币市场和资本市场。货币市场是短期资金国际经营的场所,而资本市场是长期资本国际运行的市场。

（二）国际金融市场的特点

与国内金融市场相比,国际金融市场的特点包括以下几个方面。第一,其交易活动发生在本国居民与非居民或非居民与非居民之间。第二,其业务范围不受国界限制。第三,交易的对象不仅有本国货币,还包括国际主要可自由兑换的货币及以这些货币标价的金融工具。第四,业务活动比较自由、开放,较少受某一国家政策、法令的限制。

国际金融市场与国内金融市场的联系表现在以下几个方面。第一,国内金融市场是国际金融市场得以发展的基础,世界上主要的国际金融市场都是在国内金融市场的基础上发展而成的,如伦敦、纽约、东京等,这些国际金融市场中的金融机构、银行制度及涉外业务与国内金融市场都有着密切的联系。第二,国内金融市场的货币资金运动与国际金融市场的货币资金运动互相影响,国内金融市场的利率发生变动,会影响国际金融市场上利率的变动;国内金融市场上货币流通发生变化或币值变动,也同样会影响国际金融市场上汇率的变动。第三,国内金融市场上的某些大型金融机构同样也是国际金融市场运作的主要参与者,并且成为推动国际金融市场发展的重要力量。

二、国际金融市场的分类及业务构成

按照不同的标准,国际金融市场可分为不同的类型。从时间上区分,期限在一年或一年以下的资金融通业务划入货币市场的范畴,而期限在一年以上的资金融通业务则划入中长期资本市场的范畴。从货币和授受者的身份来讲,非居民的境外货币存贷业务划入离岸金融市场的范畴,非居民的境内货币存货业务和居民的境外货币存贷业务划入在岸金融市场的范畴,通常所说的欧洲货币市场主要是指离岸金融市场。根据国际金融市场的具体业务,可分为外汇市场、货币市场、资本市场、黄金市场、商品期货市场和衍生金融产品市场等。

(一)按照市场功能划分

1. 国际货币市场

国际货币市场的主要业务包括银行短期信贷市场、短期证券市场及票据贴现市场。在美国,短期货币市场以银行短期信贷和短期债券为主,商业银行占据重要地位。在伦敦,短期货币市场以贴现业务为主,贴现银行占据重要地位。一般来说,国际货币市场的中介机构包括商业银行、票据承兑行、贴现行、证券交易商和证券经纪人。

2. 国际资本市场

国际资本市场是指一年以上的中长期借贷市场,市场参与者主要有银行、公司、证券商和政府机构,业务包括银行贷款和证券交易。

1)信贷市场

信贷市场是政府机构(包括国际经济组织)和跨国银行向客户提供中长期资金融通的市场。政府贷款一般期限长、利率低、附有一定的条件,如规定贷款只能用于购买授贷国的商品或只能用于发展某些产业,因此政府贷款属于约束性贷款。商业银行贷款一般是无约束贷款,贷款利率视市场行情和借款人的信誉而定。对于数额比较巨大的贷款,银行一般采用银团贷款或辛迪加贷款的方式进行,即几家甚至十几家银行共同向某一客户提供贷款,一家银行为牵头行,若干家银行为管理行,其余银行为参与行,这样有利于分散风险,也有利于大额资金的筹集。银团贷款曾在 20 世纪 80 年代债务危机期间有所减少,自 1986 年走出低谷,其规模在之后的几年中迅速增长。

2）证券市场

国际证券市场主要由债券业务构成，债券发行人可以是政府机构、国际组织、企业、公司或银行。债券发行的中介一般为大型投资银行，由它来承销发行。

3. 外汇市场

外汇市场是从事外汇买卖的场所，参与者由买卖货币的所有机构和个人组成，主要包括中央银行、商业银行、外汇经纪人、外汇交易商等。外汇市场交易品种繁多，主要有即期交易、远期交易、期货交易、期权交易等，伦敦、纽约、东京和新加坡是全球主要外汇交易中心。伦敦依然是全球最大的外汇交易中心，排在第二、第三、第四位的依然是纽约、东京和新加坡，其他重要的外汇交易中心还包括法兰克福、苏黎世、悉尼、巴黎及中国香港等。

4. 国际租赁市场

国际租赁是国际资金融通的一种方式，它使承租人不必购买短期或季节性需要使用的设备，从而变相为企业提供了资金融通。从另一个意义上讲，租赁费用一般是分期（如每月一次或每半年一次）支付的，这等同于出租人向承租人提供了信贷。国际租赁的形式多种多样，主要有操作租赁（Operating Leases）、金融租赁（Financial Leases）、货币加成租赁（Money-Over-Money Leases）、减税租赁（Tax Credit Leases）、杠杆租赁（Leveraged Leases）和双重租赁（Double Leases）。自 20 世纪 70 年代以来，国际租赁业务发展迅速，租赁物小到办公用品，大到军用飞机，包罗万象。美国、英国和德国是世界上主要的租赁市场所在地，租赁公司大部分由银行经营或控制。据估计，20 世纪 70 年代末到 80 年代初，美国公司使用的耐用设备中 30% 采用的是租赁设备，英国所有资本开支的 15%～20% 是通过租赁来实现资金融通的。

5. 黄金市场

黄金市场是集中进行黄金买卖的交易场所。黄金交易与证券交易一样，都有一个固定的交易场所，黄金市场就是由位于世界各地的黄金交易所构成的。黄金交易所一般设在国际金融中心，是国际金融市场的重要组成部分。在黄金市场上买卖的黄金形式多种多样，包括各种成色和重量的金条、金币、金丝和金叶等，其中最重要的是金条。大金条量重价高，是专业金商和中央银行买卖的对象；小金条量轻价低，是私人和企业买卖、收藏的对象。金价按纯金的重量计算，即金条的重量乘以金条的成色。

国际黄金市场的参与者包括国际金商、银行、对冲基金等金融机构，以及各种法人机构、私人投资者，还包括在黄金期货交易中有很大作用的经纪公司。伦敦是世界上最大的黄金场外交易中心，其次是纽约、苏黎世、东京、悉尼和中国香港；黄金的市场交易主要在纽约商业交易所、东京工业品交易所和印度近年来崛起的多种商品交易所中进行。

（二）按照业务涉及交易主体不同划分

按照业务涉及交易主体不同划分，国际金融市场可分为传统国际金融市场（在岸金融市场）和新型国际金融市场（离岸金融市场）。传统国际金融市场是指从事市场所在国货币的国际借贷，并且受当地市场相关法规约束的市场。这类市场的发展通常是以市场所在国强大的经济、金融实力为基础的。新型国际金融市场是指 20 世纪 50 年代后期逐渐形成的欧洲货币市场。同传统国际金融市场相比，欧洲货币市场有自身明显的特点：经营的对象可以是任何主要货币，借贷活动不受任何国家政府相关政策与法令的管辖。这类市场的形成不再以所在国强大的经济实力和巨额的资金积累为绝对基础，只要所在国或地区政局稳定、地理位置优越、基础设施完善，并且实行较为优惠的金融、税收政策，就有可能发展成欧洲货币市场等新型国际金融市场。这样区分国际金融市场的主要依据是其营运管理机制的不同，并不一定在场所上完全分开，如伦敦国际金融市场、纽约国际金融市场、东京国际金融市场等，都既是传统国际金融市场，又是新型国际金融市场，当然也有完全提供离岸金融功能的金融中心，如开曼群岛、百慕大群岛等。

（三）按照交易对象性质的不同划分

按照交易对象性质的不同，国际金融市场可分为现货市场和衍生市场。现货市场是以基础资产（Underlying Assets）或称金融资产为交易对象的市场，又称基础市场；衍生市场则是以从各种基础资产交易中派生出来的衍生工具为交易对象的市场，如以股票为基础的股票价格指数期货，以债券市场为基础的利率期货、利率期权，以住房抵押贷款为基础的住房抵押贷款支持债券及相关产品等。衍生市场主要包括金融期货市场、期权市场、互换市场和远期利率协议市场等。

三、国际金融市场的作用

国际金融市场是世界经济和市场的重要组成部分，它的产生和发展是世界经济发展的客观要求，同时减少了交易成本并提高了国际贸易和国际经济的效率。国际金融市场的发展也产生了新的风险，给世界经济的发展带来了不确定性。

（一）促进世界经济的发展

国际金融市场是世界各国资金的周转中心，为国际贸易和跨国公司提供了充足的资金，也为资金短缺的国家利用外资发展本国经济提供了便利的融资渠道。比如，欧洲货币市场促进了第二次世界大战后原联邦德国和日本经济的复兴，国际银团贷款促进了墨西哥的经济发展，亚洲美元市场对亚太地区的经济建设也起到了积极作用，一些发展中国家和新兴经济体更是通过建立国际金融中心带动了整体经济的发展，如新加坡。

（二）有利于灵活调节国际收支

如果没有开放的国际金融市场，那么一国在发生国际收支逆差时，只能利用本国储备或向国际货币基金组织借款来弥补缺口；而拥有巨额国际收支顺差的国家，外汇资金盈余的投放也会受到限制，收益率下降。这不仅对一国灵活调节国际收支极为不利，还会间接限制国际贸易的发展。现在，越来越多的国家通过国际金融市场筹集和运作资金，这样既弥补了国际收支逆差，又实现了石油美元的再循环，甚至还能弥补本国财政赤字缺口。

（三）促进生产和资本国际化的发展

第二次世界大战以后，跨国公司的迅速发展是生产和资本国际化的重要表现之一，国际金融市场为跨国公司提供了便利的投资和融资渠道。1996 年 4 月 9 日的《华尔街日报》报道，通用电气公司仅用了 15 分钟就筹集了 40 亿法国法郎，并且立刻通过国际互换市场兑换成所需要的美元资金。通用电气公司声称这笔交易将为其"在今后的九年中每年节省 40 万美元"。国际金融市场不仅为跨国公司在全球范围融通调拨资金提供了便利，还为跨国公司存储闲置资金并投资获利提供了条件。而跨国公司控制了世界生产的40%左右、国际贸易的 50%～60%，发达国家 40%的国内生产总值来自跨国公司的海外收益。因此，国际金融市场促进了跨国公司的发展，推动了国际投资的扩大，加速了生产和资本的国际化。

（四）通过金融资产价格实现全球资源的合理配置

国际金融市场是一个高度竞争的市场，资金总是流向经济效益最好、资金收益最高的国家或地区，这就使国际金融市场的有效性大大增强，特别体现在国际金融市场的定价机制上。比如，伦敦同业拆借利率、浮动汇率的形成，主要基于众多的交易者对未来市场走势和经济发展的预期，这些价格信息充分反映了金融资产的供求关系，并且为全球资源的最优配置提供了有效的价格机制。可以说，国际金融市场的表现就是全球经济的"晴雨表"。

（五）为交易者提供规避风险和套期保值的场所

随着国际金融市场自由化趋势的发展，利率、汇率和资产价格的波动越来越频繁且剧烈，参与国际经济交易的主体纷纷寻找转嫁风险的新途径。在这样的背景下，产生了各种各样的金融衍生产品，国际金融市场中的期货、期权等产品为投资者提供了有效的风险管理手段，实现了风险的有效配置。

国际金融市场在积极促进世界经济发展的同时，也产生了一些消极作用。从国际资本的构成及增长速度来看，短期资本增长快于长期资本增长。巨额短期国际资本流动性大、投机性强，在国际金融市场上频繁进出进行套利，对利率和汇率水平产生了重要的影响。这些投机资本往往游离于实体经济之外，追逐短期收益，它们在涌入某些国家或地区时，容易形成这些国家或地区的资产价格泡沫，而且不利于有关国家国内货币政策的执行。资本的快速撤出又会引起东道国外汇市场的剧烈波动，引发货币危机。除此之外，短期资本聚集在初级产品和资源类产品市场还会抬高初级产品价格，引发并加剧世界性通货膨胀。可以说，墨西哥金融危机、欧洲货币危机、东南亚金融危机等都和国际短期资本有重大关联，世界石油、粮食价格的大起大落也受到游资的巨大影响。

第二节　传统国际金融市场

传统国际金融市场是国内金融市场的延伸，从纯粹的本国居民之间的金融业务发展到居民与非居民之间的国际金融业务，同时传统国际金融市场受到当地政府法令的限制。国际金融市场又称在岸金融市场，其中居民主要是投资者，非居民主要是筹资者，也可以是相反的情形。

一、传统国际金融市场的性质和特点

国际金融市场是从事国际借贷的信用市场，是以信用为基础的借贷资本国际运动的表现形式和结果，它反映了借贷资本的国际移动，所以说国际金融市场本质上是国际信贷关系产生和国际借贷资本移动的中介。在传统国际金融市场上，货币可以自由兑换，非居民可以发行债券、筹集资金等，经营的货币是市场所在国货币，市场的资金来源是由市场所在国提供的，即使有一些外国资金参加市场交易，也都是利用外国存放于该国的资金。概括地说，传统国际金融市场主要从事居民与非居民之间的国际借贷和货币交易，以及市场所在国货币的借贷和交易，同时又是市场所在国的国内市场，市场活动受有关国家政府的政策、法令的管制，受当地市场规则、管理的约束。传统国际金融市场所在国一般是资本净提供国，该国必须拥有巨额剩余资金和源源不断的海外利润，传统国际金融市场的典型代表是伦敦、纽约等金融中心。传统国际金融市场上的所有交易活动都是为所在国的政治、经济、宏观经济发展战略及政策目标服务的，市场上的资金筹集和再分配都以维护所在国的利益为出发点，虽然非居民在这些国际金融市场上进行贷款、债券发行等筹集资金的活动，但这些对于市场所在国而言，只是资金运用或资本输出的不同方式。

二、传统国际金融市场的形成和发展

第一次世界大战以前，英国的经济和金融发展得最快，其经济跃居资本主义世界首位。与此同时，英国从海外殖民地掠夺了巨额利润，积累了强大的资金实力，英镑成为当时世界上主要的国际结算货币和国际储备货币。英格兰银行年久资深，有一套比较完备的金融制度，这一切使伦敦率先成为国际金融市场。第一次世界大战爆发以后，英国的经济遭到了打击，英镑作为主要国际结算货币和国际储备货币的地位随之下降。第一次世界大战战争期间及战后，英国进一步加强了外汇管理，伦敦这一资本主义世界最大的国际金融市场有所萎缩。

第二次世界大战以后，世界经济中心由英国移至美国，美国在战争中积累了巨额资本，成为世界上最大的资金供应者，美元自然成为各国重要的国际结算货币和国际储备货币，并且与黄金挂钩。纽约与伦敦匹敌，同时成为世界上最大的国际金融市场。与此同时，瑞士、德国、卢森堡等欧洲国家的国际金融市场也相继发展起来。

20世纪70年代以后，亚太地区的国际金融业有了巨大发展，特别是日本，随着经济的飞速发展，国内资金十分充裕，成为资本的净输出国。20世纪80年代中期，日元国际化和日本金融自由化以后，资金流动更加活跃，东京一举成为继伦敦、纽约之后的世界第三大国际金融市场。

三、传统国际金融市场业

（一）伦敦国际金融市场

1. 伦敦国际金融市场的概况和特点

自14世纪起，来自意大利北部伦巴第地区的银行家和商人在伦敦泰晤士河北岸的一条大街上设立字号，经营放款业务，为英国银行业的兴起奠定了基础。这条大街名为伦巴第街，这几乎成为伦敦货币市场的同义词。英格兰银行、各大商业银行的总行、商人银行、外国银行的分行、贴现行、证券交易所、保险公司、专营海上保险的劳埃德保险社，以及黄金、外汇和商品市场，都集中开设在这条大街及其附近总面积不到2.59平方千米的地区内，形成了举世闻名的"伦敦城"。

19世纪，英国在国际贸易和海洋运输方面已居世界各国之首，英镑也成为国际结算和各国外汇储备的主要货币，英国的银行体制日趋完善，"伦敦城"成为世界最主要的金融中心。经过两次世界大战，伦敦金融中心的重要性曾一度受到削弱。20世纪50年代，美国国际收支不断出现逆差，导致美元大量外流。自1957年起，欧洲美元市场应运而生，伦敦凭借其原有的优越条件，逐渐成为这个市场的中心。外国银行为了发展欧洲货币业务，纷纷涌入"伦敦城"并设置机构。到1982年年底，外国银行在伦敦开设的分支机构达449家，世界上100家大银行中已有94家在伦敦设立分支机构，"伦敦城"的地位得以大大提高，重新成为世界上最重要的金融中心之一，至今仍是与纽约金融市场并列的重要的国际金融市场。

伦敦金融市场交易活动中心集中于"伦敦城"，由英格兰银行、13家清算银行、6家海外银行及贴现公司、商业银行、财务公司和保险公司等构成。1958年，在英镑恢复部分自由兑换、西欧国家放松外汇管制、美国限制资金输出的情况下，伦敦在英镑资金市场以外，又形成了欧洲美元与其他欧洲货币的借贷市场。1979年，英国全面取消外汇管制，为居民的资金流动提供了方便。伦敦金融市场按货币种类可分为英镑资金市场和欧洲货币市场，前者主要侧重于短期资金的借贷及证券交易、外汇交易和黄金交易，后者则涉及欧洲美元等外币的同业拆放、工商贷款和欧洲债券等内容。

伦敦金融市场有四大特点：第一，聚集了以英格兰银行为中心的众多历史悠久、实力雄厚的金融机构，市场规模在当时堪称世界第一；第二，拥有完备的金融组织结构及完善的金融市场管理体系，服务性设施发达齐备；第三，经营方式灵活多样，金融创新层出不穷，金融服务完善周到，业务遍及全球；第四，通信发达，设备先进，交易手段现代化，拥有高水准的金融管理及从业人员，金融市场的整体实力名列前茅。

2. 伦敦国际金融市场的业务类型

1）伦敦短期资金市场

（1）贴现市场。第一次世界大战之前，贴现市场在英国就占据了特殊的地位。英国一直是西欧的贸易和航运中心，信用票据成为主要结算工具，因此通过贴现票据融通资金是市场交易的主要形式。目前，贴现市场的主体由 11 家贴现行组成，主要经营政府债券业务，有些也参与银行存单市场的交易，经营外汇期票和美元存单业务。

（2）银行同业拆放市场。银行之间的拆放业务发展于 20 世纪 60 年代，一部分通过货币经纪人进行，另一部分由银行直接交易，每笔交易额最低为 25 万英镑，交易额高的可达数百万英镑。还款期限一般为 1 天至 3 个月，也有长达半年至一年的。银行同业拆放无须提供抵押品，利率一般比国库券利率略高，但低于地方政府债券利率。

（3）地方政府借贷市场。房地产税是英国地方政府财政收入的主要来源，一般每年分两次征收，但政府开支是经常性的，因此地方政府当局需要不时地到资金市场上借款。贷款人以银行为主，此外还包括投资信托公司、养老金机构、房地产抵押公司等一些金融机构。虽然海外资金有时也进入这一市场，但一般都由银行经手办理。贷款额低的为 10 万～100 万英镑，最高可达 5000 万英镑。

（4）银行可转让英镑定期存单市场。存单面额最低为 5 万英镑，期限一般为 1～12 个月，也有长达 2～5 年的。存单利率一般较即期同业拆放利率高，同时还可以在市场贴现，因此深受市场欢迎，业务发展较快。

2）伦敦长期资金市场

（1）伦敦证券交易所，由 169 家证券经纪商和 21 家证券交易商的 3600 个会员组成，目的是汇集国内外存储的资金并安排其投资去向。伦敦证券交易所成立于 1773 年，1802 年获英国政府正式批准，业务主要是买卖英国中央及地方政府和其他公共部门的债券、外国政府债券、工商企业和公司的股票与债券等，共计 7000 余种，每日成交额达 7 亿多英镑，是世界最大的证券交易中心之一。交易所按不同类型的证券业务分为 16 个交易点，参与交易活动的主要是证券经纪人和证券交易商。

（2）伦敦发行市场，包括政府发行债券市场和公司发行证券市场，政府发行债券市场是伦敦资本市场中最重要的一环。政府债券能保证按期付息还本，风险较低，因此被通称"金边债券"。英格兰银行代表财政部发行和管理政府债券，发行后未被认购的剩余新债券则由该行发行部持有，并且通过经营政府债券的经纪人随时供应市场，按市价出售。英国公司发行的股票和债券一般是通过商人银行和股票经纪人办理的，债券分为固定利率和浮动利率，有的债券还可换成股票。

（3）伦敦国际债券市场。伦敦是重要的国际债券市场，到 1983 年年初，这类债券发行总额已经超过 300 亿美元。

3）伦敦外汇市场

伦敦外汇市场由近 300 家经英格兰银行批准的"外汇指定银行"和 14 家经纪公司组成，是世界上最大的外汇市场。伦敦外汇市场并没有具体的交易场所，从事外汇交易的银行和经纪公司通过该市场巨大的通信网络，迅速、灵活地处理各种即期和远期外汇交易及外汇兑换业务。1983 年年初，伦敦外汇市场每日成交额达 600 多亿美元。英格兰银行作为英国中央银行，时刻关注着伦敦外汇市场的动向，并且利用外汇平准基金随时进行干预，以稳定汇率，维持市场秩序。

4）伦敦黄金市场

伦敦黄金市场是世界上最重要的黄金现货市场，由 5 家大黄金交易公司组成，即罗特希尔德父子公司、塞缪尔·蒙塔古公司、夏普·皮克斯利公司、约翰逊·马瑟公司和莫卡泰·戈德史密斯公司。5 家公司每天上午 10 点半和下午 3 点在罗特希尔德公司集会，根据各公司供应及需求的数量进行协商，分别定出当天上午和下午的定价。这两次定价是整个市场大宗交易的市价基础，也是其他黄金市场国际金市的"晴雨表"。1982 年 4 月 19 日，伦敦远期黄金交易所开始营业，投资者可以经营长达 6 个月的黄金期货交易，该交易所成为欧洲第一个远期黄金交易市场。

5）伦敦保险市场

伦敦保险市场是世界上最大的保险业中心，通过劳埃德保险社和伦敦保险协会所管理的许多保险公司和保险经纪人，经营来自世界各地的多种类型的保险业务。劳埃德保险社是世界上历史悠久的一个保险组织，由许多个体的承包会员组成。每个会员根据其拥有的资产和经营的业务量缴纳数额不等的保证金，保证金由劳埃德保险社的管理委员会保管。只要提供拥有 10 万英镑的证明，并且缴纳 2.5 万英镑的保证金，出资者就可以承做保险费不超过 10 万英镑的生意，成为会员。这些会员按各自承保的险别组成联合小组（辛迪加），各小组的成员数量不同，有的小组会员达 1000 人以上。

1982 年，劳埃德保险社属下的会员已由 1962 年的 5126 人增至 20 156 人，联合小组由 271 个增至 429 个。1982 年，伦敦共有保险公司 442 家，其中 363 家为英国公司，其余为英联邦和其他国家的公司。伦敦保险业务的 2/3 来自海外，1/3 来自英国。根据 1967 年的英国的公司法，英国保险业分为长期业务和短期业务。长期业务包括人寿险和长期健康险，短期业务包括水险、航空险、火险、汽车险、个人意外险和财产险等，此外还有再保险。伦敦保险市场是伦敦中长期资本市场的重要支柱，保险公司把大量资金投放到政府债券和公司股票上，从而向国内外市场提供大量资金，并且为英国政府的财政收入带来很大好处。

（二）纽约国际金融市场

1. 纽约国际金融市场的发展

纽约国际金融市场与伦敦国际金融市场相比发展较晚，第一次世界大战以后，美国从债务国变成了最大的债权国。第一次世界大战以前，美国对外国的投资为 35 亿美元，而外国对美国的投资为 68 亿美元；1930 年，美国对外国的投资为 172 亿美元，外国对美国的投资为 84 亿美元。资本输出促进了美国商品输出，使美国超过了英国，居世界商品输出的首位。资本输出和国际贸易的发展，使纽约成为世界上主要的国际金融中心之一。美国的黄金储备从 1934 年的 82 亿美元增长到 1939 年的 176 亿美元，1949 年又增长到 245 亿美元。美元作为世界货币居于霸权地位，纽约金融市场在国际金融市场中的地位得到进一步提高。

纽约金融市场以巨大的国际金融业务为重点，参加市场活动的有纽约联邦储备银行、商业银行、储蓄银行、投资银行、保险公司、外汇经纪人和股票经纪人等。纽约联邦储备银行是纽约州的中央银行，在纽约金融市场居领导地位，是联邦储备局各项政策的执行和监督机关。美国的投资银行是纽约金融市场的代表，华尔街是全球资本运作的中心。

2. 纽约国际金融市场的主要业务活动

1）纽约外汇市场

参与外汇市场的有居中央银行地位的纽约联邦储备银行，它干预市场、稳定美元汇率，还代理外国中央银行保管美元储备，参与外汇市场的还有美国商业银行的外汇部、外国银行的纽约分支机构、外汇经纪人等。美元兑其他西方国家货币的汇率主要由欧洲的金融市场决定，纽约外汇市场的外币汇率只不过是欧洲金融市场的反映。世界各地金融市场的美元交易必须在美国（主要在纽约）的商业银行账册上进行收付、划拨和清算，因此纽约是世界美元交易的清算中心。

2）纽约短期资金市场

纽约短期资金市场无固定交易场所，包括联邦资金市场、政府国库券市场、银行大额定期存单市场、商业票据市场等。联邦资金市场是纽约市商业银行之间拆借资金的市场；政府国库券市场是美国联邦政府为弥补财政赤字而发行的各种债券的交易市场；银行大额定期存单市场是进行大银行发行的面额在 10 万美元以上，并且期限为 3～6 个月可以自由转让的存单交易的场所；商业票据市场是美国企业和银行发行的期限为 3～6 个月的商业票据进行交易的市场。

3）纽约长期资金市场

纽约长期资金市场包括政府债券市场、公司债券市场、房地产抵押贷款市场、银行中长期信贷市场等。

4）纽约股票市场

纽约股票市场是纽约资本市场的一个组成部分，在美国有 10 多家证券交易所按证券交易法注册，被列为全国性的交易所。其中，纽约证券交易所、纳斯达克证券交易所和美国证券交易所最大，它们都设在纽约。如果公司的股票想取得在某一证券交易所进行交易的资格，就必须在该交易所注册。在美国全国性证券交易所中，纽约证券交易所的注册条件最为严格，它规定：只有那些被广泛持有并已表明具有生息能力的大公司股票，才有资格注册；只有取得了注册资格的股票，才能正式上市。因此，在纽约证券交易所正式上市的股票只是一小部分，有4万多种股票没有在该交易所正式上市，而是在"场外交易市场"进行交易。

公司股票的日常交易由股票经纪人在股票交易所中每天代客买卖。纽约证券交易所和美国证券交易所各有600多家股票经纪人，场外交易市场的股票经纪人大约有4000多家。美国的投资银行在股票市场十分活跃，它们代表公司发行和销售股票。

第三节　离岸金融市场

离岸金融市场又称新型国际金融市场、境外金融市场，是主要为非居民提供境外货币借贷或投资、贸易结算、外汇黄金买卖、保险服务及证券交易等金融业务和服务的国际金融市场，其特点是这种市场交易以非居民为主，基本不受所在国法规和税制限制。比如，一家信托投资公司将总部设在巴哈马群岛，其业务活动却是从欧洲居民或其他非美国居民那里吸收美元资金，再将这些资金投放给欧洲居民或非美国居民，该公司就是在从事离岸金融活动。进一步说，离岸金融是不受当局国内银行法管制的资金融通，无论这些活动是发生在境内的还是发生在境外的，如美国的国际银行业设施（International Banking Facility，IBF）和东京离岸金融市场的业务活动等。离岸金融市场在20世纪60年代兴起，它的出现使国际金融市场进入了一个全新的发展阶段，目前离岸金融市场已经成为国际金融市场的主体。

一、欧洲货币市场

欧洲货币是指由货币发行国境外银行体系所创造的该种货币存贷款业务，而非特指欧洲某个国家的货币。最早的欧洲货币形式是欧洲美元，即出现在欧洲国际金融市场上的美元存贷款业务。在形式和购买力上，欧洲美元与美国美元完全相同，都是美联储发行和流通的货币，可是欧洲美元不由美国境内金融机构经营，不受美联储相关银行法规、利率结构的约束。欧洲美元从20世纪50年代诞生以来发展迅速，进而又出现了欧洲英镑、欧洲马克、欧洲瑞士法郎、欧洲法国法郎、欧洲日元，甚至欧洲欧元等。经营这些欧洲货币金融业务的市场则被称为欧洲货币市场或境外货币市场。

（一）欧洲货币市场发展的原因

欧洲货币市场逐渐发展起来，原因主要有以下两点。

1. 美国国际收支产生逆差

美国国际收支产生逆差是欧洲美元迅速发展的最根本原因。欧洲美元存在的形式首先是美元存款，私人公司或其他经济实体在欧洲银行存入一笔欧洲美元，归根到底只能是把原来在美国银行里的一笔活期存款转存到欧洲银行。同样，一家欧洲银行贷出一笔欧洲美元，也只能是把这笔原来存在美国银行里的活期存款转贷给借款人。因此，欧洲美元的实质是美国银行对外负债的转移，这种对外流动性负债的转移与美国国际收支逆差有直接的关系。20 世纪 50 年代，美国海外军事开支庞大、海外投资增加，美元大量外流，国际收支产生巨额逆差，相应地，境外美元数量明显增加。

2. 美国政府的限制措施促使大量美元外流

由于美国国际收支不断产生逆差，趋势日益恶化，从 20 世纪 60 年代开始美国政府就采取了一系列限制美元外流的措施。比如，美国政府从 1963 年起实施利息平衡税，对外国政府与私人企业在美国发行的债券利息，一律征收平衡税，以限制美国企业对外直接投资，同时限制设立海外分支机构和银行对外信贷。1968 年，美国政府的金融管制当局正式停止美国企业汇出美元到国外投资。同时，根据 20 世纪 30 年代美国联邦储备银行制定的《Q 条例》规定，美国商业银行对活期存款不付利息，对定期与储蓄存款利率规定最高限额，而在国外的欧洲美元存款则不受此限制。另一项联邦储备银行的相关条款规定，美国银行对国外银行的负债，包括国外分支在总行账面的存款，必须缴存累进的存款准备金，而国外的欧洲美元存款则可以不缴存任何存款准备金。这些措施引起美国国内商业银行的不满，它们纷纷向国外寻求吸收存款的出路。全世界的跨国公司也不得不转向欧洲货币市场，以满足其资金融通的需求，这些因素都大大地促进了欧洲货币市场的发展。

目前，欧洲货币市场规模日趋增大。在进行实际统计时，人们一般用银行的欧洲货币负债额来测定欧洲货币市场的规模，而不用资产额。这是因为银行的资产除了金融资产，往往还包括有形资产，而银行的负债主要是存款，从是否缴存存款准备金上就可以看出某笔外币存款是否为欧洲货币存款。关于欧洲货币市场规模有多种统计资料，其中国际清算银行、摩根保证信托公司和英格兰银行的统计比较可靠。国际清算银行根据与欧洲美元市场有联系的大多数银行的报告，对这一市场的资金总额和净额进行估计，其总额只限于报告银行的外币负债的总计，它没有把所有有关国家和地区都包括进去，如巴林、拿骚等地；而且，它只计算呈报银行对非居民的外币负债，而呈报银行对本国居民，包括本国银行和本国金融当局的外币负债则忽略不计。因此，国际清算银行对欧洲货币市场规模是低估的。摩根保证信托公司的资料在统计方法上和国际清算银行相同，但范围更大。欧洲货币市场总额是通过商业银行所有外币负债汇总而得出的，总额中剔除银行间负债的数字就是净额。不过，摩根保证信托公司用各国官方关于本国银行的外币资产负债的资料对国际清算银行的估计进行补充和核实，差别不太大。

（二）欧洲货币市场的作用和弊端

1. 欧洲货币市场的作用

第一，欧洲货币市场促进了资金国际转移的顺利实现，缓解了资金供求之间的矛盾。

第二，欧洲货币市场扩大了信用资金来源，扩充了欧洲银行的存贷业务，为各国跨国公司筹措外汇资金提供了条件，促进了国际贸易发展。

第三，欧洲货币市场促进了金融创新业务的发展。

第四，欧洲货币市场促进了各国经济、金融的国际化。

2. 欧洲货币市场的弊端

第一，欧洲货币市场损害了各国货币政策自主权。对参与欧洲货币市场的国家来说，当本国中央银行根据经济过热的信号采取加息政策时，本国企业可以通过欧洲货币市场融入资金，继续投资，抵消加息带来的紧缩影响。反之，当一国采取降息措施刺激经济时，本国资金会调往欧洲货币市场赚取更多的套利收益。因此，一国对欧洲货币市场依赖越多，该国金融政策的效力和货币政策自主权就会越小。该国银行或大企业一旦在市场上遭受巨额倒账，就很可能引起连锁反应，造成该国货币金融体系的紊乱，甚至威胁到该国的外汇储备体系，引发货币危机。

第二，欧洲货币市场已成为发达国家向外转嫁通货膨胀的主要渠道。20 世纪 60 年代，在境外美元急剧增加的情况下，美国政府实行了严格限制资金外流的政策，结果使美国国内货币供应量和货币流通速度降低，在一定程度上抑制了国内的通货膨胀，即通过欧洲货币市场向外转嫁通货膨胀。此外，虽然欧洲货币市场借贷方便，但利率往往多变，借款国的债务总额中如果浮动利率债务所占比重过大，就可能由于利率的波动引发债务危机，借款国就会丧失对债务负担控制的主动权。

第三，欧洲货币市场影响国际金融的稳定。到处流窜的巨额游资正是利用欧洲货币市场实现其频繁的国际转移，时而抢购黄金，时而抢购硬通货，还通过套汇、投资股票和债券等冲击世界金融体系的稳定。可以说，每一次国际金融危机都有国际游资在欧洲货币市场上活跃的身影。1987 年 10 月，纽约市场引发的西方股市风暴，主要是由于欧洲货币市场的资金横冲直撞，到处兴风作浪，当股市下跌以后，这些资金时而冲向国库券，时而套购硬通货，造成国际金融市场剧烈动荡，甚至迫使西方国家暂时关闭外汇市场。

第四，欧洲货币市场自身存在结构性缺陷，经营欧洲货币业务的欧洲银行需要承担更大的风险。

第五，银行的资金来源多为居民或非居民的短期美元存款或同业拆放的款项，而资金运用多为中长期信贷，这种"短借长贷"的结构性矛盾一旦出现在经济衰退周期或信贷过度集中于某一国家和地区时，就很容易引发债务偿还危机。20 世纪 80 年代初，西方国家陷入严重的经济危机，美国又实行高利率政策，使一些借款国和企业无力偿债，甚至无力付息，最终引发了一场严重的国际债务危机，使许多从事欧洲货币业务的大银行遭受巨额损失。

二、欧洲货币市场的构成及主要业务

（一）欧洲资金市场

欧洲资金市场又称欧洲短期信贷市场，它主要是欧洲银行间的借贷市场，接受短期外币存款并提供一年期以内的短期贷款。

欧洲资金市场的资金来源：银行间存款，包括跨国公司在内的工商企业、个人或非银行金融机构的外币存款；各国中央银行为保持外汇储备多元化而存入欧洲银行的外汇储备资金；国际清算银行的存款。

欧洲资金市场的资金运用主要包括：商业银行间的借贷，这是最主要的资金运用去向，其中大商业银行对中小银行的转贷款占相当大的比重；跨国公司和工商企业，这是欧洲资金市场的最终使用者，当这些企业的本国利率水平明显高于欧洲资金市场利率水平时，它们从欧洲货币市场贷款，再兑换为本币使用，以减轻利息负担；各国政府和公用事业贷款。

（二）欧洲资本市场

1. 欧洲中长期信贷市场

欧洲资本市场由欧洲银行中长期信贷和欧洲债券市场组成，按照传统将 1～5 年期贷款称为中期贷款，将 5 年期以上的贷款称为长期贷款。第二次世界大战以后，在国际金融市场上已不再将两者严格区分，而是将其统称为中长期贷款。欧洲银行中长期信贷根据资金提供者的不同，可分为欧洲银行信贷和欧洲银团贷款。前者是由一家欧洲银行单独向境外的筹资者提供以欧洲货币为面额的中长期贷款，金额通常为 1000 万～2000 万美元，手续较简便，又称双边贷款。后者则是由一家或数家声誉卓著的大银行牵头，联合几家甚至几十家银行组成银团，联合向某国、某企业或某大型工程提供欧洲货币的中长期贷款，又称国际辛迪加贷款和多边贷款。这种贷款期限长，一般为 10～20 年；贷款金额多，可贷几千万美元到几十亿美元；贷款手续比较复杂，各种费用比欧洲银行信贷多。

欧洲中长期信贷利率在伦敦同业拆放利率基础上加一个附加利率，并且根据市场利率变动情况定期调整，又称浮动利率贷款。借款人除了支付利息，还要承担与借款相关的各种费用。中长期信贷的用途由借款人自行安排，贷款人不加以限制。

2. 欧洲债券市场

国际债券可分为欧洲债券和外国债券两大类，欧洲债券是指借款人在本国之外的欧洲货币市场上发行的以市场所在国以外的货币为面值的债券。这种境外债券通常由一些国家的银行和金融机构建立的国际承销辛迪加出售并由有关国家向投资人提供担保，其特征是借贷双方均具有国际性。第一笔欧洲债券于 1961 年 2 月 1 日在卢森堡发行，市场建立的初期主要是美元债券，后来由于美元汇率动荡不定，美元债券的发行减少，而德国马克、法国法郎、卢森堡法郎、加拿大元、澳大利亚元、丹麦克朗、荷兰盾等货币发行的债券相继出现。欧洲债券也称"将军债券"，欧洲债券市场的中心在卢森堡。20 世纪 80 年代以后，欧洲债券发展迅速，发行额远远超过外国债券的发行额。外国债券是指借款人在国外资本市场发行的以发行国货币标价的债券。

外国债券的发行者是一个外国主体，重要的外国债券市场有苏黎世、纽约、东京、法兰克福、伦敦和阿姆斯特丹等。外国债券也有有趣的别称，如在美国市场承销和发行的非美国公司的美元债券被称为扬基债券（Yankee Bond）、在日本市场承销和发行的非日本公司的日元债券被称为武士债券（Samurai Bond）、在英国市场承销和发行的非英国公司的英镑债券被称为猛犬债券（Bulldog Bond）。

视野拓展

猛犬债券

猛犬债券是指非英国借款人在英国市场上发行的英镑债券，因英国的标志性动物——斗牛犬而得名。1979 年英国外汇管制条例被撤销以后，英国外国债券市场得以重新恢复。在英国发行的英镑外国债券被称为猛犬债券，发行者可以是外国政府，也可以是外国私人企业。发行方式分为公募和私募两种，前者由伦敦市场的银行组织包销，后者由管理集团包销。

三、亚洲美元市场

（一）亚洲美元市场的概念

亚洲美元市场是指由亚洲、太平洋地区的美元存贷业务形成的国际金融市场。亚洲美元市场是欧洲货币市场的一个组成部分，除美元外，亚洲美元市场也经营日元、港元和人民币等其他离岸货币业务，其交易中心是新加坡、东京和中国香港。

（二）亚洲美元市场的形成

受时差的影响，传统国际金融市场不能做到每日 24 小时不停运转，这就在客观上产生了当伦敦金融市场停业时将交易转至亚太地区继续进行的要求。第二次世界大战以后，美国在亚太地区的活动使巨额的美元滞留在亚太地区，为形成亚洲美元市场创造了资金条件。日本直到 1964 年才宣布日元可自由兑换，而且对外国金融机构进入日本开业和资本输出、输入管理十分严格，因此难以在当时形成离岸货币中心。当时的中国香港和新加坡都处于战略性地理位置，交通通信设施先进，是传统的地区性贸易中心，而且都具有以华人聚居为主、自然资源贫乏、熟练而廉价的劳力充裕、经济发展程度高于周围国家或地区等特点，并且两地时差仅为半小时。可是，新加坡是独立国家，新加坡元的稳定性超过港元的稳定性，新加坡金融业务的经营成本低于香港地区金融业务的经营成本。更重要的是，新加坡政府在充分分析了各方面情况以后，对在新加坡建立和发展亚洲美元市场提供了一系列的优惠政策，包括豁免对亚洲美元存款收益的利息预扣税；而香港地区政府则不愿提供相应的鼓励措施，不愿豁免对离岸货币交易所得的 15%的利息预扣税，并且担心在香港地区从事离岸金融业务以后，香港地区居民能获得收益而政府不能获得收益，担心离岸货币会冲击港元的稳定性。最终，新加坡超越了日本东京、中国香港地区，一跃成为亚洲美元的离岸金融中心。

四、离岸金融中心和避税港

（一）离岸金融中心的概念

任何国家、地区及城市，凡主要以外币为交易（或存贷）目标的，以非本国居民为交易对象的，其本地银行与外国银行所形成的银行体系都可称为离岸金融中心。广义的离岸金融中心包括一切开办了离岸金融业务的地区，但在伦敦、纽约、东京等世界主要金融中心，居民业务和非居民业务之间并无截然区分（尽管某些从事非居民业务的机构为获取税收优惠或其他目的，进入了专门的纽约国际银行设施和日本离岸市场），因此国际货币基金组织又将这些地区称为"国际金融中心"，与狭义的离岸金融中心（离岸金融业务与国内业务分离并对离岸金融业务给予特殊税收优惠的地区）相区别。目前，比较知名的离岸金融中心有英属维尔京群岛、开曼群岛、巴哈马群岛、百慕大群岛、萨摩亚、安圭拉群岛等。

按资产规模衡量，狭义的离岸金融中心落后于主要国际金融中心，据国际货币基金组织不完全统计，截至 1999 年 6 月末，特定离岸金融中心表内跨境资产总额为 4.6 万亿美元，其中 9000 亿美元分布在加勒比海离岸金融中心，1 万亿美元分布在亚洲，其余 2.7 万亿美元多数分布在伦敦、美国国际银行设施和日本离岸市场等主要国际金融中心。对现行国际金融秩序的困扰主要来自狭义的离岸金融中心，加勒比海离岸金融中心几乎成为离岸金融中心的代名词。因此，我们通常所说的离岸金融中心指的是狭义的离岸金融中心，尤其是避税港型离岸金融中心。

（二）离岸金融中心的分类

1. 伦敦型

伦敦离岸市场始于 20 世纪 50 年代末，属于"自然形成"的市场，它既经营银行业务，又经营证券业务。非居民除获准自由经营各项外汇、金融业务外，其吸收的存款也不需缴纳法定准备金。过去，这类市场业务因受外汇管制等限制，与国内业务截然分开，自 1979 年 10 月外汇管制取消以后，对外汇金融业务的管理与国内金融业务同等对待。"离岸"本身的含义便发生了变异，伦敦离岸市场实际上已经成为兼具境内和离岸业务的"内外一体式"金融市场。中国香港自 1972 年废除外汇管制以后，也逐渐演变成亚太地区主要的伦敦型离岸市场。

2. 纽约型

纽约离岸市场最大的特点就是"人为创设"和"内外分离"，并且没有证券买卖。1981 年 12 月，美国联邦储备委员会同意设立国际银行业设施之后，纽约离岸金融业务迅速发展，它的主要交易对象是非居民，筹资只能吸收外国居民、外国银行和公司的存款，但开办国际银行业设施则不限于外国银行，任何美国的存款类金融机构和外国银行在美分行皆可申请开办。存款不受美国国内银行法规关于准备金比率和存款比率的限制，贷款必须在美国境外使用。这种国际银行业设施可使用包括美元在内的任何一种货币计价，因为美元是最主要的国际通货，而该离岸市场的主要交易货币也是欧洲美元，所以纽约离岸市场以本国货币为主要交易货币。美国政府除了把在美国境内流通的外国货币视为欧洲货币，又将在美国境内不受美国金融当局管理的非居民美元存贷款定义为欧洲美元，因此欧洲货币的概念从此突破了特定地理区域限制，表现出鲜明的国际借贷机制的特点。以纽约为代表的国际银行业设施成为依靠政策主动培育境内金融业务与离岸金融业务严格分离的离岸金融中心类型，1986 年开放的东京离岸市场和新加坡离岸金融中心也属于这一类型。

3. 避税港型

自 20 世纪 70 年代起，不少美国银行将资产大量转移到加勒比海的巴哈马、开曼等岛国，那里政局稳定，资金不受任何管辖且免征有关税费，具有合理避税的优势。这些岛国的资金来源于非居民，也投放于非居民，又没有金融管制，因此成为典型的离岸金融中心。实际上，资金的提供和筹集并不在那里进行，一些国际性银行只不过在当地开设账户，进行资金和利润的转移与调拨，目的是逃避金融监管和税收。加勒比海的百慕大和巴拿马、西欧的马恩岛与海峡群岛等均属于这一类型的离岸金融中心。

（三）离岸金融中心的业务类型

对投资者而言，离岸金融中心的吸引力在于税制优惠、无资本管制、监管和信息披露要求宽松。离岸金融中心提供的服务大体可以分为三类——私人投资、资产保护和财产规划，这些服务主要通过以下形式进行。

1. 离岸银行

离岸银行由跨国公司和在岸银行设立，跨国公司设立离岸银行的目的是开展外汇运作，便于向国际合资企业提供融资；在岸银行在离岸金融中心设立全资附属机构，目的是提供离岸基金管理服务。

2. 离岸公司

离岸公司也称国际商业公司，即在离岸金融中心登记注册的有限责任公司。这种公司可以用于运作实际的经营业务、避税，也可用于发行股票、债券或其他方式的融资，还可以用于创建复杂的财务结构，是一种常用的管理投资基金的载体。大多数避税港型离岸金融中心将在岸业务与离岸业务彻底分开，禁止本国或本地区公民拥有国际商业公司，加勒比海地区只有巴巴多斯允许本国居民拥有国际商业公司、离岸银行和有限责任协会。离岸公司与一般有限公司的区别主要在税收上，与通常使用的按营业额或利润征收税款的做法不同，离岸管辖区政府只向离岸公司征收年度管理费，除此之外，不再征收任何税款。除了有税务优惠，几乎所有的离岸管辖区均明文规定，公司的股东资料、股权比例、收益状况等均享有保密权利，如股东不愿意，可以不对外披露。另一个优点是几乎所有的国际大银行都承认这类公司，如美国的大通银行、中国香港的汇丰银行、新加坡的发展银行、法国的东方汇理银行等。离岸公司可以在银行开立账号，在财务运作上极其方便。离岸金融中心与世界发达国家都有良好的贸易关系，因此海外离岸公司成为许多大型跨国公司和拥有高额资产的个人经常使用的组织模式和融资工具。

在离岸公司中，增长最为迅速的是 SPV。在离岸金融中心设立 SPV，通常是为了在有利的税收环境下从事特定的金融运作，如发行资产支持证券、剥离不良资产等。20 世纪 90 年代，日本银行曾向其开曼群岛分行转移资金，以冲减国内账面不良资产额度；2002 年 7 月上市的中银香港在首次公开发行前夕的 6 月 26 日，向中国银行开曼群岛分行无追索权出售了总账面值 114.01 亿港元的贷款组合（2002 年贷款组合），这也被市场参与者普遍视为剥离不良资产、轻装上市之举。还有一类 SPV 是海外投资者为提高其直接投资流动性而设立的，如我国的外资政策呈现显著的直接投资偏好特征，外国投资者在华投资的流动性本来就不如西方投资基金所习惯的组合投资流动性强。《中华人民共和国中外合作经营企业法》规定，合资企业中的一方转让其权利、义务必须经他方同意并报审查批准机关批准，这进一步降低了外商在华投资资产的流动性。在这种情况下，如果海外投资者付出较低成本设立离岸公司，然后以离岸公司为名义投资主体对华直接投资，就可以借助离岸公司的独立法人资格摆脱上述限制，提高投资流动性。一旦该海外投资者计划退出这一投资项目，就只需向收购方转让本公司在离岸公司的股权即可。中外合资公司的名义外方投资者——离岸公司作为一个独立法人没有发生变动，中外合资公司的名义股权结构没有变化，因此无须说服合作伙伴和向审查批准机关申请。

3. 保险公司

保险公司设立者包括工商企业和在岸保险公司。为降低管理风险、实现税负最小化，工商企业往往选择在离岸金融中心设立附属保险公司（也称专业自保公司）。比如，开曼群岛是全世界名列前茅的健康保险市场，其 1/3 的受控保险公司是面向美国医院和保健体系的误诊风险。在岸保险公司在离岸金融中心设立附属机构是为了对承保的特定风险进行再保险，或者降低总体准备金和资本充足率，或对巨灾进行再保险。

4. 共同基金

共同基金已成为国际金融市场上最大的机构投资者，也是离岸金融业中增长最迅速的业务种类之一。比如，1994 年年末，在开曼群岛注册的共同基金不过 868 只，2001 年年末已增至 3648 只。

5. 对冲基金

对冲基金在 20 世纪 90 年代的国际货币危机中发挥了关键作用，也取得了长足发展。据国际货币基金组织统计，1990—1997 年，对冲基金数量从 127 只增至 1115 只，资产规模从 85 亿美元增长到 1095 亿美元。这一时期，据格林尼治协会估算，2003 年年底全球对冲基金业资产规模达 7450 亿美元。为规避监管，许多对冲基金在加勒比海离岸金融中心注册。虽然美国始终是大多数对冲基金的实际运营中心，但在 1997 年的 1115 只对冲基金中，在美国注册的不过 569 只，占对冲基金总数的 51%，资产规模占 1/3，其余主要在加勒比海的几个离岸中心注册。

6. 船舶注册

在英属维尔京群岛注册的船舶超过 1040 艘，大多是大型游艇，该岛于 2001 年通过新《船舶法》，这为进一步发展该项业务开辟了道路。2001 年年末，在开曼群岛注册的船舶有 1500 艘。

第四节　国际金融市场一体化

20 世纪 50 年代末 60 年代初出现的欧洲货币市场，打破了各国金融市场相互分割的格局，国际金融市场一体化的萌芽出现了。20 世纪 70 年代末 80 年代初，西方国家纷纷放松金融管制，实行金融自由化政策，这大大加快了国际金融市场一体化的进程。20 世纪 90 年代以来，随着广大发展中国家的金融深化和金融自由化，以及金融创新和通信等技术的不断发展，国际金融市场一体化进一步加强。

一、国际金融市场一体化的概念

国际金融市场一体化是指国内和国外金融市场之间日益紧密联系和协调，它们相互影响、相互促进逐步走向统一金融市场的状态和趋势。正如罗依·C. 史密斯和英格·沃特指出的一样，国际金融市场一体化包含三层含义：第一，各国银行和金融机构跨国经营形成各国金融市场的关联链；第二，各国金融市场之间关联链的形成极大地促进了各国金融市场之间的金融交易量的增长；第三，基于以上两个方面，各国金融市场的利率决定机制互相影响，具体表现为相同金融工具在不同金融市场上的价格趋于一致。

国际金融市场一体化的实现主要有以下两种途径。一是金融活动一体化，即国际金融领域中的各种壁垒及障碍需要尽可能被消除，在业务活动中各种交易工具、交易市场、交易规则、资金价格、结算汇兑、货币种类等趋于一致或具有较大的趋同性，主要表现在金融市场、机构、工具乃至货币的一体化上。二是金融制度一体化，即通过契约法律条文和一定的组织形式将金融活动一体化固定下来，形成多个必须遵守的制度。这是较高级的层次，带有一定的主观性。这一进程涉及国家利益和政治经济主权，因此主权国家对此都极为慎重。

二、国际金融市场一体化的表现

（一）各国银行和金融机构的跨国化

不仅发达国家的金融机构在世界范围内普遍设立分支机构，发展中国家也纷纷在境外设立金融机构。

（二）金融资产交易的全球化

筹资者和投资者都可以跨国进行交易,并且可以在离岸金融市场经营以任何一国货币为面值的金融资产,从而为投资者在全球范围内投资和分散风险及借款者选择市场降低筹资成本提供了极大的便利。

（三）各国金融市场的网络化、全球化

由于电子通信设施的广泛应用及跨国银行的长足发展,跨国资金流动可在瞬间完成,这就使各国金融市场连接成一个全时区、全方位的统一国际金融市场,投资者可在任何一个主要金融市场进行 24 小时连续不断的金融交易。

（四）金融资产价格的趋同化

国际金融市场一体化使交易成本大大降低,任何一个国家的金融资产价格都对其他国家具有示范和影响效应,从而使全球的金融市场价格趋于一致。

三、国际金融市场一体化的收益和风险

国际金融市场一体化是一把“双刃剑”,具有正、反两个方面的效应。一方面,国际金融市场一体化可以促进各国金融机构之间的合作并提高效率,促进国际贸易、国际投资和金融创新,并且有利于国际监管合作的形成。另一方面,在国际金融一体化下,各国政府对本国金融市场的控制能力被削弱,难以坚持自主的货币政策,另外还容易受到国际金融风险的影响。连成一体的国际金融市场一旦发生金融危机,就会迅速由一国或地区传至世界各地,这种“多米诺骨牌效应”在 2008 年的美国次贷危机中表现尤为明显。

（一）国际金融市场一体化的收益

国际金融市场一体化促进了金融市场的发展,有利于形成更有效的金融市场。根据欧盟委员会对经济一体化后金融市场的评估可以发现,国际金融市场一体化至少给金融市场的发展带来以下几个方面的正效应。

第一,金融服务提供者之间的竞争将为资金需求者带来更低的资本成本,为投资者带来更高的收益率。

第二,金融服务提供者可以通过市场的扩大更好地获得范围经济和规模经济效应。

第三,竞争将促进创新和多元化,将创造一个能够对经济发展的各种金融需求做出及时反应并能够为消费者和企业提供更广泛的产品选择的完善的金融市场。

第四,国际金融市场一体化将增加金融市场的流动性和市场厚度,降低资本成本和交易成本,增加投资者的总体回报。

第五,一个有着有效金融监管的一体化市场将带来金融稳定。

国际金融市场一体化将促进本国经济和区域经济增长。首先,国际金融市场的一体化通过吸收更多国外资本,进行更广泛的投资组合,从而优化资源配置,直接促进经济增长。其次,国际金融市场一体化将促进金融市场的发展,而金融是现代经济的核心,也是各国

经济的增长点，这就是国际金融市场一体化对经济增长的间接带动作用。欧盟委员会曾委托伦敦经济学派的专家专门就欧盟金融市场一体化的宏观效应进行研究，结论是金融市场一体化将使欧盟的实际国内生产总值长期保持 1.1%的平均增长率。如果以 2002 年的价格计算，那么金融市场一体化将给欧盟带来国内生产总值每年增长 1300 亿欧元的显著效应。

（二）国际金融市场一体化的风险

引发资产价格过度波动和资产泡沫，降低金融市场的稳定性。相对于封闭的国内金融市场而言，金融市场的对外开放和国际联动意味着外部不确定性因素对本国金融市场的影响加大。如果本国市场规模较小、流动性不充分，或者存在制度缺陷，那么巨额和频繁的外资流入/流出将显著影响本国金融资产价格的走势。可能引发汇率的波动，造成没有基本面支撑的本币升值或贬值。如果巨额资金囤积在资产市场，如股票、房地产市场，就会引发资产价格泡沫，形成扭曲的价格信号。一旦资金撤离本国，泡沫破裂，不仅本国金融体系会遭受重创，还会影响到实体经济，引发经济危机。

产生传染效应，加大金融体系的系统性风险。国际机构投资者和游资在全球范围内的金融市场进行资产组合，灵活配置资金。如果其中一国金融市场发生动荡，就会引发资产组合的调整和重新配置，从而导致该国相邻国家和地区的金融市场资金供求发生变化，价格随之调整。这种各国和地区市场之间的"溢出效应"是金融危机迅速传染和蔓延的根本原因，1998 年的东南亚金融危机和 2008 年的美国次贷危机都是金融传染形成区域性系统风险和全球性风险的最好证明。

金融监管失控风险加大。国际金融市场一体化使金融监管的难度增加，需要各国在金融监管方面进行广泛的合作并达成共识。然而，每个国家都是根据自己的国情来制定相应的金融监管政策的，带有一定的主权性色彩，因此监管的协调存在较大的制度障碍。即使经济一体化程度最高的欧盟成立统一的中央银行，发行区域性货币欧元，也做不到成员方货币政策的高度统一。同时，国际金融市场一体化还向金融监管者发出了技术层面的挑战，如何选取检测指标、制定何种监管标准，以及对金融衍生产品等金融创新如何监管，都有待进一步研究和检验。

本章小结

1. 国际金融市场是国际资本流动和债权债务结算的场所，是国际金融产品交易关系和运行机制的总和。

2. 信贷市场是政府机构（包括国际经济组织）和跨国银行向客户提供中长期资金融通的市场。

3. 国际证券市场主要由债券业务构成，债券发行人可以是政府机构、国际组织、企业、公司或银行。

4. 外汇市场是从事外汇买卖的场所，参与者由买卖货币的所有机构和个人组成，主要包括中央银行、商业银行、外汇经纪人、外汇交易商等。

5. 欧洲货币是指由货币发行国境外银行体系所创造的该种货币存贷款业务。

6. 国际债券可分为欧洲债券和外国债券两大类。

7. 亚洲美元市场是指由亚洲、太平洋地区的美元存贷业务形成的国际金融市场。

8. 国际金融市场一体化的实现主要有两种途径：一是金融活动一体化，二是金融制度一体化。

9. 国际金融市场一体化使交易成本大大降低，任何一个国家的金融资产价格都对其他国家具有示范和影响效应，从而使全球的金融市场价格趋于一致。

10. 金融服务提供者可以通过市场的扩大更好地获得范围经济和规模经济效应。

复习思考题

1. 国际金融市场具有哪些特点？
2. 国际金融市场的作用有哪些？
3. 传统国际金融市场具有哪些性质和特点？
4. 欧洲货币市场的作用有哪些？
5. 亚洲美元市场是怎样形成的？
6. 国际金融市场一体化的表现有哪些？
7. 国际金融市场一体化的收益有哪些？

第五章

外汇市场与外汇业务

知识框架图

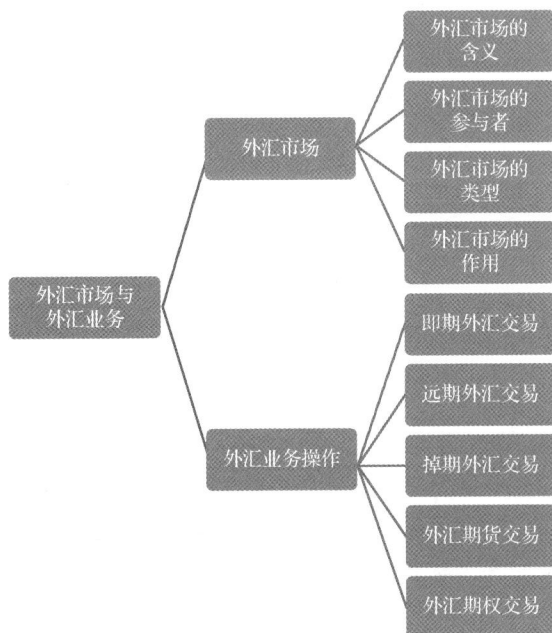

学习目标

- 了解外汇市场的含义
- 掌握外汇市场的参与者有哪些
- 掌握外汇市场的作用
- 了解即期外汇交易
- 了解掉期外汇交易
- 了解外汇期权交易

第一节　外汇市场

目前，世界上有 30 多个外汇市场，其中最重要的是伦敦、纽约、巴黎、东京、苏黎世、新加坡、中国香港等，它们各具特色。这些市场之间通过现代化的通信工具保持联系，跨国交易就像同地交易一样便捷。随着地球的自转，一个市场收市，另一个市场开市。当西欧结束营业时，纽约外汇市场刚好开张，而纽约市场结束营业时，东京市场又开始营业，东京市场收市时，西欧市场又衔接上了，周而复始，24 小时不停地运转，构成了一个完整的国际市场。

一、外汇市场的含义

外汇市场（Foreign Exchange Market）是指由经营外汇业务的银行、各种金融机构及个人进行外汇买卖和调剂外汇余缺的交易场所。

在外汇市场进行外汇交易的主要是经营外汇业务的银行，在经营外汇业务中，不可避免地会出现买进与卖出外汇不平衡的情况。如果卖出多于买进，就为"空头"；如果买进多于卖出，就为"多头"。银行为了避免汇率波动造成损失，在经营外汇业务时，常常遵循"买卖平衡"的原则。如果出现"多头"，就将多余部分的外汇卖出；如果出现"空头"，就将短缺部分的外汇买进。

在外汇市场上，外汇的买卖有两种类型：一是本币与外币之间的买卖，即需要外汇者按汇率用本币购买外汇，持有外汇者按汇率卖出外汇换回本币；二是不同币种之间的买卖，如美国居民以日元购买英镑或售出欧元换回加拿大元等。目前，除了美元、英镑、日元、瑞士法郎、加拿大元、澳大利亚元等发达国家的货币在外汇市场上进行买卖，一些新兴工业国家的货币也已经进入外汇市场。

二、外汇市场的参与者

在外汇市场上，外汇交易的参与者主要有四类，即外汇银行、外汇经纪人、中央银行和客户。

（一）外汇银行（Foreign Exchange Bank）

外汇银行是外汇市场的主体，是指由各国中央银行指定或授权经营外汇业务的银行，包括专营或兼营外汇业务的本国商业银行、在本国的外国银行分行或代办处、其他可从事外汇业务的金融机构。

外汇银行从事的外汇买卖业务包括两个方面。一是代客户买卖业务，即充当外汇买卖双方的中介。外汇银行首先买进外汇供应者卖出的外汇，然后将买进的外汇卖给外汇需求者，从中赚取买卖差价利润。二是自营业务，即在银行同业市场上与其他银行进行外汇买卖。目的是调整外汇头寸以防范外汇风险，或者套取汇率差或利率差而获取利润，抑或进行外汇投机。这种交易在外汇市场上占主导地位。

（二）外汇经纪人（Foreign Exchange Broker）

在外汇市场进行买卖的主要是商业银行，其交易频繁、交易金额很大，为了促进它们之间的交易，外汇经纪人出现了。外汇经纪人是外汇买卖的中间人，通常自己并不投入资金，而是充当银行与银行之间、工商企业与银行之间交易的媒介。外汇经纪人依靠同外汇银行的密切联系和对外汇供求情况的了解，促进双方成交，从中收取手续费。目前，这项业务已经被大经纪商垄断，他们是公司或合伙的组织，规模很大，利润十分可观。而大商业银行为了节省手续费，越来越倾向于彼此直接成交，因此与外汇经纪人之间存在尖锐的矛盾。还有一种外汇经纪人叫"跑街"（Running Broker），他们专门代顾客买卖外汇以赚取佣金，并利用通信设备联络各银行、进口商、出口商、贴现商（Discount House）等机构，接洽外汇业务。

（三）中央银行（Central Bank）

各国政府为了实现自己的政策目标，如稳定汇率、防止和抵消国际游资对本国外汇市场的冲击，通常通过中央银行对外汇市场进行干预。中央银行在外汇市场抛、补外汇以平抑外汇汇率的剧烈波动，或者使汇率朝着预定目标进行调整。目前，许多国家都设立了专门的外汇平准基金账户，并用它来干预外汇市场。此外，为了调节本国外汇储备的构成，以减少和避免储备货币汇率下跌造成的损失，中央银行也需要参加外汇市场的交易活动，或者直接参与银行间的外汇交易，抑或通过商业银行进行外汇买卖。因此，中央银行不仅是外汇市场的参加者，还是外汇市场的实际操纵者。

（四）客户（Customer）

在外汇市场中与外汇银行发生交易的客户：外汇供求者，如进口商、出口商、国际投资者、旅游者等；保值性的外汇买卖者，如套期保值者；投机性的外汇买卖者，即外汇投机者。

三、外汇市场的类型

根据外汇市场的构成因素和业务特点，我们可以从不同角度对外汇市场进行分类。

（一）按照组织形态划分

1. 有形市场（交易所市场）

有形市场一般是在证券交易所的建筑物内或在交易大厅的一角设立外汇交易所，由各个银行的代表规定一定的时间，集合在此地从事外汇交易。

2. 无形市场（柜台市场）

无形市场没有具体的交易场所，所有买卖交易都通过银行和外汇经纪人的电话、电报、电传及其他通信工具组成的网络进行。

（二）按照是否受到控制划分

1. 自由外汇市场

自由外汇市场是指不受所在国政府控制的外汇交易市场。

2. 官方外汇市场

官方外汇市场是指受所在国政府控制的外汇交易市场。

3. 官方控制的自由外汇市场

官方控制的自由外汇市场是指在一定程度上受所在国政府控制的自由外汇交易市场，其一般特征是交易的币种和汇率由市场供求决定；对交易银行的最低资本额、每笔最大交易金额等有严格限制。

4. 黑市

黑市是指非法的外汇市场，这种市场一般出现在外汇管制比较严格、不允许自由外汇市场合法存在的国家。

（三）按照参与交易对象的不同划分

按照参与交易对象的不同划分，外汇市场可分为客户与银行间外汇市场、银行与银行间外汇市场和中央银行与银行间外汇市场。

1. 客户与银行间外汇市场

客户与银行间外汇市场也称商业市场（Commercial Market）或客户市场（Customer

Market）。这种外汇市场交易规模较小，因此也称零售市场（Retail Market）。客户与银行间的交易是外汇市场的第一个层次。

2. 银行与银行间外汇市场

银行与银行间外汇市场也称银行同业市场和批发市场。银行之间进行外汇交易的目的有两个，一是平衡外汇头寸，二是进行外汇投机。银行与银行间外汇市场是外汇市场的第二个层次。

3. 中央银行与银行间外汇市场

中央银行干预外汇市场所进行的交易是在它与外汇银行之间进行的，具有一定的隐蔽性。中央银行与银行间外汇市场是外汇市场的第三个层次。

此外，按照外汇买卖交割期限的不同划分，外汇市场可以分为即期外汇市场、远期外汇市场和货币期货市场。

四、外汇市场的作用

（一）外汇市场为世界各国货币购买力之间相互转换提供了场所

除了美元、日元、英镑、欧元等国际性货币，各国的货币基本上只有在该国才具有相应的购买力。当这些国家与其他国家之间发生债权债务关系时，不能以本国货币进行结算，而是需要通过外汇市场进行交易来购买外汇，完成货币购买力转换以后才能进行国际债权债务关系的清偿。

（二）外汇市场的活动有利于促进国际间经济、贸易的发展

随着经济全球化的发展，世界各国之间的贸易往来日益频繁，贸易总额迅速增长，国际间债权债务关系也日趋复杂。通过外汇市场的交易，利用外汇手段清偿国际间债权债务，不但能节省运送现金的费用、降低风险、缩短支付时间，而且通过外汇票据等信用工具可加强国际间的信用交往，拓展资金融通的范围，从而进一步促进世界范围内经济贸易的发展。

（三）通过外汇市场的交易可以调剂各国之间资金的余缺

在经济生活中存在许多资金盈余的企业，也存在许多资金短缺的企业。同样，对国家而言，也是如此。由于各国经济发展不平衡，有的国家资金相对过剩，有的国家资金相对短缺。因此，各国需要通过外汇市场上的外汇买卖，获取短缺的外汇或将过剩的资金进行调剂，发挥资金这种资源的有效作用，使其在世界范围内得到合理配置，促进世界经济的发展。

第二节　外汇业务操作

随着我国加入世界贸易组织（World Trade Organization，WTO），外国企业纷纷进入我国，我国企业也正走向世界市场与国际接轨，我国居民个人也逐渐将外汇作为投资理财的工具。因此，银行、企业、政府、大中专院校及社会各界人士迫切想了解国际外汇市场上通行的规则、外汇业务操作的方法和技巧，以及外汇风险管理方面的知识。

一、即期外汇交易

（一）即期外汇交易概述

即期外汇交易（Spot Exchange Transactions）是指外汇买卖成交以后，交易双方于当天或两个交易日内办理交割手续的一种交易行为。交割日又称结算日或有效起息日（Value Date），是进行资金交割的日期。银行同业间外汇"批发"即期交易的交割日，包括标准交割日、隔日交割、当日交割。

标准交割日是指采用 $T+2$ 的交割方式，即成交后的第二个营业日交割。目前，大部分的即期外汇交易都采用这种形式。无论银行的买卖报价，还是各类金融信息平台上的报价，都是标准交割日报价。

隔日交割是指采用 $T+1$ 的交割方式，即成交后的第一个营业日交割。

当日交割即成交后当场交割，银行与当地客户的零星即期外汇交易一般都是当场实现外汇的收付。

需要指出的是，两个营业日是以成交地的时间为准而不是以结算地为准。比如，伦敦的两家银行进行美元交易，成交地为伦敦，而结算地为纽约。根据国际惯例，交割日必须是两种货币的发行国家或地区的各自营业日，并且遵循"价值抵偿原则"，即一份外汇交易合同的双方必须在同一时间进行交割，避免任何一方因交割的不同时而蒙受损失。

即期外汇交易是外汇交易中最基本的交易，其主要作用有以下几点。

第一，满足国际商品贸易的付款需要，实现货币购买力的转移。比如，某进出口公司持有的是美元，而要对外支付商务合同的货币是日元，这样就可以通过即期外汇交易，卖出美元，买入日元，以满足对外支付日元的需求。

第二，调整各种货币头寸。比如，某国外汇储备中美元比重较大，为了防止美元下跌带来损失，可以卖出一部分美元，买入日元、德国马克等其他货币，避免产生外汇风险。此外，即期外汇交易还被用于外汇投机。

视野拓展

货币头寸

头寸又称头衬，即款项或资金额度，通常指收支相抵后的差额。收大于支叫多头寸，支大于收叫少头寸。货币头寸又称现金头寸，是指商业银行每日收支相抵以后，资金过剩或不足的数量。

（二）即期外汇交易结算

即期外汇交易的结算方式主要有电汇、信汇和票汇三种。在实际经济交易中，大部分的货币收付采用的是电汇方式。电汇之所以得到普遍使用，是因为其效率高、时间短，资金在一两天之内就可以到位。

下面举例说明通过即期外汇交易实现电汇结算的过程。

假设我国 A 企业从德国某企业进口价值 100 万欧元的仪器设备，按合同中支付条款的相关规定，A 企业需要支付预付款，预付款为合同金额的 5%，其余款项需要采取托收方式见票即付。A 企业在我国当地银行的账户上只有美元，需要通过外汇交易购买欧元来支付合同金额。根据合同约定，我国进口企业需要进行两次汇款。第一次汇款属于顺汇，即支付 5 万欧元预付款。为此 A 企业按银行的即期汇率将原有账户中的美元兑换成 5 万欧元，并且要求当地银行采用电汇方式，通过出口方所在地银行支付给德国出口企业。第二次汇款属于逆汇，德国出口企业在仪器设备装运上船以后得到相关的单据，将单据与连同出口企业开立的汇票一起委托德国当地银行寄往中国进口企业所在地的相关银行，要求进口商付款赎单。我国进口企业接到通知以后，核对汇票金额，按照银行的即期汇率报价购买 95 万欧元，采取电汇方式，通过德国出口企业所在地银行，支付给出口商。我国企业付清所有款项以后，得到相关货物单据，并在我国海关提货。

（三）套汇交易

套汇（Arbitrage）是指人们利用不同外汇市场的汇率差异进行以牟利为动机的外汇交易。套汇交易就是利用国际上两个或两个以上外汇市场某一货币汇率不一致的机会，获取市场间差价的交易。套汇交易分为直接套汇和间接套汇。

1. 直接套汇

直接套汇又称两地套汇，是指利用两个外汇市场的汇率差异进行以牟利为动机的外汇交易。

2. 间接套汇

间接套汇又称三地套汇，是指利用三个外汇市场的汇率差异进行以牟利为动机的外汇交易。

二、远期外汇交易

（一）远期外汇交易概述

远期外汇交易（Forward Exchange Transactions）又称期汇交易，是指市场交易主体在成交后，按照远期合同规定，在未来按规定的日期交易的外汇交易。外汇买卖的将来交割日、汇率和货币金额都是在合同中事先规定的，最常见的远期外汇交易交割期限有 1 个月、2 个月、3 个月、6 个月和 12 个月。远期外汇交易是有效的外汇市场中必不可少的组成部分。20 世纪 70 年代初期，国际范围内的汇率体制从以固定汇率为主导转向以浮动汇率为主导，汇率波动加剧，金融市场蓬勃发展，从而推动了远期外汇市场的发展。

远期外汇交易的作用主要是为从事外汇交易的需求者提供避险保值。一般从事国际经济交易的进口商与出口商，从合同签订到货币收付，通常需要一段时间，而这期间的汇率一直在发生变动，汇率风险需要由企业自己承担。远期外汇交易的出现使企业通过签订远期合同，锁定贸易交往中由汇率变动导致的外汇风险。通过远期外汇交易，投机者能实现投机获利。在外汇市场上，如果投机者预期汇率上升，那么先签订买入远期外汇合同，汇率上升以后，再签订卖出外汇合同。如果预期汇率下跌，就反向进行操作。投机者可在"贱买贵卖"中获利。

（二）远期外汇交易的分类

根据交割日的不同，远期外汇交易可分为固定交割日和选择交割日。

固定交割日的远期外汇交易是指交易的交割日期是确定的，交易双方必须在约定的交割日期办理外汇的实际交割，此交割日期既不能提前又不能推后。

选择交割日的远期外汇交易又称择期交易，是指在成交以后客户在将来的某一选择时期（而非日期）内的任何一天均可按预定的汇率和金额交割远期外汇，它是一种可选择交割日的远期外汇交易。

当企业不知道支付的具体日期，希望不要固定交割日期而要固定汇率时，择期远期外汇交易就产生了。择期远期外汇交易是指企业可以在交易日的第二天起约定期限内的任何一天，按约定的汇率进行外汇交割，也就是说，企业在约定期限内对交割日有选择权。比如，客户选择期限为 10 月 1 日至 11 月 1 日的择期，那么客户有权在 10 月 1 日至 11 月 1 日的任何一个工作日进行外汇交割。

（三）远期汇率的确定

确定远期汇率通常有两种方法：一是根据外汇市场远期报价来确定；二是根据两种货币的利率差异来确定。

1. 根据外汇市场远期报价来确定

在外汇市场上，通常以远期差价点数来表示汇率的变化，远期差价有升水、贴水和平价三种情况。升水表示远期汇率高于即期汇率，贴水表示远期汇率低于即期汇率，平价表示两者相等。

即期汇率的买入价和卖出价的排列总是前小后大，远期差价的排列则有前大后小和前小后大两种情况。在直接标价法下，前小后大表示远期外汇升水，前大后小则表示远期外汇贴水；在间接标价法下，则相反。

在不同的汇率标价方式下，远期汇率的计算方法不同，可归纳如下。

直接标价法：远期汇率=即期汇率+升水，远期汇率=即期汇率-贴水。

间接标价法：远期汇率=即期汇率-升水，远期汇率=即期汇率+贴水。

无论是使用直接标价法还是使用间接标价法，我们在计算远期汇率时，前小后大多使用加法，前大后小都使用减法。

比如，某日纽约的银行报出的英镑买卖价为 GBP/USD=1.5783/93。

3 个月远期：80/70。

美元兑英镑采取的是直接标价法，从点数变化来看，根据 3 个月远期英镑贴水，可以计算出 3 个月的远期汇率为 1.5703/23。

2. 根据两种货币的利率差异来确定

某种货币远期汇率的变化，经常受到相关货币利率高低的影响。

（四）套利业务

套利业务（Interest Arbitrage）又称利息套汇，是指套利者利用金融市场上两种货币短期利率的差异和这两种货币远期升（贴）水之间的不一致进行有利的资金转移，从中套取利差或汇率差利润的一种外汇买卖。

以抵补性套利为例来进行说明。

假设即期汇率为 GBP/USD=1.5800，一年期的英镑存款利率为 5.5%，同期的美元存款利率为 4.5%，它们之间的利差为 1.0%。

如果不考虑汇率波动因素，那么 10 000 美元一年期存款的本息之和为 10 000×（1+4.5%）=10 450（美元），折成英镑为 10 450/1.5800 ≈ 6613（英镑）。然而，如果把 10 000美元先兑换成英镑，那么存一年英镑的本息之和则为 10 000/1.5800×（1+5.5%）≈ 6677（英镑）。

可是，汇率会发生变化，通常利率高的货币未来汇率会走低，如果通过远期外汇合约，锁定汇率为 GBP/USD=1.5680，那么用英镑存款后一年期本息之和为 10000/1.5800×（1+5.5%）×1.5680 ≈ 10 470（美元），存英镑比直接存美元多了 20 美元。这是因为一年间英镑与美元之间的汇差只有（1.5800-1.5680）/1.5800×100% ≈ 0.76%。如果汇差大于利差1%，那么套利交易就得不偿失了。

在外汇市场上，利率高的货币远期汇率会下降，汇差大于利差的情况也会发生，因此在套利交易中，必须综合考虑汇差和利差的因素。利用远期外汇交易市场，在买入即期高利率货币的同时卖出一年期远期该货币，即用掉期交易的方法既能避免上述汇率波动的风险，又可赚取利差，这种方法叫抵补套利。

三、掉期外汇交易

（一）掉期外汇交易概述

掉期外汇交易（Swap Foreign Exchange Transactions）是指将货币和金额相同而方向相反、交割期限不同的两笔或两笔以上的外汇交易结合起来进行，也就是在买进某种外汇的同时卖出金额相同的这种货币，但买进和卖出的交割日期不同。

1. 掉期外汇交易的类型

根据交割日的不同，掉期外汇交易可分为以下三种类型。

第一种是即期对远期的掉期外汇交易，它是指买进或卖出一笔现汇的同时，卖出或买进一笔期汇的掉期外汇交易。

第二种是即期对即期的掉期外汇交易，它由当天交割或明天交割和标准即期外汇交易组成，用于银行调整短期头寸和资金缺口。

第三种是远期对远期的掉期外汇交易，它是对不同交割期限的远期外汇双方做货币、金额相同而方向相反的两个交易。

最常见的掉期外汇交易是把一笔即期交易与一笔远期交易合在一起，等于在即期卖出甲货币、买进乙货币的同时，反方向地买进远期甲货币、卖出远期乙货币的外汇买卖交易。

2. 掉期外汇交易的特点

一笔掉期外汇交易是由两笔交易金额相同、起息日不同、交易方向相反的外汇交易组成的，因此一笔掉期外汇交易具有一前一后两个起息日和两项约定的汇率水平。在掉期外汇买卖中，客户和银行按约定的汇率水平将一种货币转换为另一种货币，在第一个起息日进行资金的交割，并且按另一项约定的汇率将上述两种货币进行方向相反的转换，在第二个起息日进行资金的交割。掉期外汇交易只做一笔交易即可，不必做两笔交易，交易成本较低。

（二）掉期外汇交易的作用

1. 调整起息日

进出口企业在与银行签订远期外汇交易合约以后，由于各种原因需要提前进行交割，或者由于资金不到位或其他原因不能按期交割，在需要展期时，都可以通过叙做外汇掉期交易对原交易的交割时间进行调整。

比如，一家美国贸易公司在1月份预计4月1日将收到一笔欧元货款，为防范汇率风险，公司按远期汇率水平同银行叙做了一笔3个月的远期外汇交易——买入美元、卖出欧元，起息日为 4 月 1 日。到了 3 月底，公司得知对方将推迟付款，5 月 1 日才能收到这笔货款。于是，公司可以通过一笔 1 个月的掉期外汇交易，将 4 月 1 日的头寸转换至 5 月 1 日。

2. 防范风险

如果企业目前持有甲货币而需要使用乙货币，但经过一段时间以后又收回乙货币并将其换回甲货币，那么也可以通过掉期外汇交易来固定换汇成本，防范风险。

比如，一家日本贸易公司向美国出口产品，收到货款 500 万美元。该公司需将货款兑换成日元用于国内支出，同时公司需要从美国进口原材料，并且将于 3 个月以后支付 500 万美元的货款。此时，公司可以采取即期与远期的掉期交易，即期卖出 500 万美元，买入相应的日元；3 个月远期买入 500 万美元，卖出相应的日元。通过上述交易，公司可以轧平其中的资金缺口，达到规避风险的目的。

四、外汇期货交易

（一）外汇期货交易概述

外汇期货（Foreign Exchange Futures）又称货币期货，是一种交易双方在固定交易所通过公开叫价的拍卖方式在未来某一日以既定汇率交割标准买卖一定数量外汇的交易。外汇期货交易最早于 1972 年 5 月出现在芝加哥商品交易所（Chicago Mercantile Exchange，CME）的国际货币市场（International Monetary Market，IMM），一开始，主要交易英镑、加拿大元、德国马克、日元、瑞士法郎等货币期货，后来又增加了国际主要货币的期权交易。伦敦国际金融期货期权交易所是另一家重要的货币期货交易所，它成立于 1982 年，主要交易英镑、瑞士法郎、德国马克、日元、美元的期货合约及期权。芝加哥商品交易所不断增加其他发达国家货币和一些新兴发展中国家货币的期货交易，因此仍然是外汇期货交易量最大的交易所。

外汇期货合约是交易所制定的标准化的法律契约，此契约是交易双方通过公开叫价达成的具有法律约束力的文件，买卖双方因此可以获得交易所的保证。外汇期货合约的内容包括交易币种、交易数量、交易时间、交割月份与地点，以及价格变动的最小单位等。

外汇期货交易的组织机构由期货交易所、经纪商、外汇期货交易者、清算机构等组成。

（二）外汇期货交易的基本规则

1. 公开叫价制度

外汇期货交易是一种标准化的场内交易，必须在集中性的交易场所通过公开叫价的方式成交，任何一种外汇期货合约公开叫价所形成的价格都对所有投资者有效。期货市场的公开叫价方式有两种：一种是电脑自动撮合成交；另一种是会员在交易所大厅公开喊价。电脑自动撮合成交方式又可以分为集合竞价和连续竞价两种。公开叫价由期货交易所的会员进行。

2. 保证金制度

参加货币期货交易的各方必须缴纳保证金,期货交易的保证金除了能防止交易各方违约,还是结算制度的基础。保证金分为初始保证金和维持保证金。初始保证金又称原始保证金,是指当交易者新开仓时必须按有关规定向交易所缴纳的资金。不同交易所规定的初始保证金缴纳金额有所不同,同一个交易所不同的货币合约保证金也不同。在向交易所缴纳初始保证金以后,交易所的清算机构根据外汇期货价格变化逐日清算未交割期货合约的盈亏,浮动盈利将增加保证金账户的余额,浮动亏损将减少保证金账户的余额。保证金账户在经过逐日清算以后必须维持一个最低余额,即维持保证金。

3. 逐日盯市制度

逐日盯市制度又称逐日清算制度,是指结算部门在每日闭市以后对所有账户的交易及头寸按不同币种、不同月份的合约分别进行结算,适时发出保证金追加单,使保证金余额维持在保证金之上,防止负债发生,控制期货市场风险。

期货清算机构的组织形式有两种:第一种是独立于期货交易所的结算公司,如伦敦结算所同时为伦敦的三家期货交易所进行期货结算;第二种是在期货交易所内部设置结算部门,如芝加哥商品交易所。

(三)外汇期货的套期保值交易

进行外汇期货交易的参与者主要有两类:一类是套期保值者,他们利用外汇期货交易规避外汇风险;另一类是投机者,他们利用外汇期货交易谋取差价利润。这里主要介绍第一类。

期货市场的套期保值有两种常见形式:买入保值和卖出保值。

1. 买入保值

买入保值是指在期货市场先买后卖的套期交易,即交易者先在期货市场买入期货,以便将来在现货市场买进所需货币时不会因价格上涨而给自己造成经济损失的一种套期保值方式。这种用期货市场的盈利对冲现货市场亏损的做法,可以将远期价格固定在预计的水平上。

通过套期保值,企业能规避风险,将损失控制在较小的范围内。

2. 卖出保值

卖出保值是指在期货市场先卖后买的套期交易,即交易者先在期货市场上卖出期货,当现货价格下跌时,在期货市场买入,期货市场出现盈利,以期货市场的盈利来弥补现货市场的损失,从而达到保值目的的一种套期保值方式。

如果现汇市场和期货市场的汇率都上升,那么很明显,该出口商在现汇市场是盈利的,而在期货市场是亏损的。盈亏相抵以后,最后的损失较小,该出口商有效地避免了汇率波动的风险。

（四）外汇期货交易和外汇远期交易的区别

外汇期货交易和外汇远期交易都是外汇买卖双方通过签订合同的方式，约定在未来某一时间按既定汇率交割合同所规定的货币；两者都可以进行规避汇率风险的套期保值或外汇投机。

五、外汇期权交易

（一）外汇期权交易概述

国际金融市场日益剧烈的汇率波动和国际贸易的发展、国际上商品和劳务贸易的迅速增长，使越来越多的交易商面对汇率变动剧烈的市场不得不寻求更有效的避免外汇风险的途径。1982年12月，美国费城股票交易所公开在有组织的市场上进行外汇期权交易。1984年，美国芝加哥商品交易所沿用费城股票交易所的形式进行外汇期权合约的交易。

此后，加拿大、瑞典、法国等国家及中国香港等地区先后推出了外汇期权交易。外汇期权（Foreign Exchange Option）又称货币期权，是指交易的一方（期权的持有者）拥有合约的权利，并且可以决定是否执行（交割）合约。期权的持有者即期权的买方享有在合约期满或之前以规定的价格购买或销售一定数量的某种外汇资产的权利，而期权的卖方收取期权费，有义务在买方要求执行时卖出或买进合约规定的特定数量的外汇资产。

外汇期权合约是标准化合约，在期权交易中，期权费是唯一的变量，其他要素都是标准化的。期权费是期权的买方为了获取期权合约所赋予的权利而必须支付给期权的卖方的费用，期权费的多少取决于执行价格、期权期限的长短及汇率预期波动的程度等。为了取得买或卖的权利，期权的买方必须向期权的卖方支付一定的费用，这项费用叫保险费。期权的买方获得了今后是否执行买卖的决定权，期权的卖方则要面对今后汇率波动可能带来的风险，保险费就是为了补偿汇率风险可能造成的损失。这笔保险费就是期权的价格。

即期或远期合约上的价格都反映了当时的市场价格。在外汇期权中，未来结算所履行的价格称为履约价格或执行价格。履约价格决定于合约签订之时的市场判断，可能完全与即期和远期汇率不同。到期日就是外汇期权合约最后的有效日。对于是否履行合约，期权的持有者必须在合约到期前通知另一方。

（二）外汇期权交易的类型

1. 按交易场地的不同，可以分为交易所期权交易和场外期权交易

交易所期权交易是指在被认可的交易所买入或卖出事先约定的合约。交易所期权是标准化的，到期日、名义本金、交割地点等都是交易所事先确定的，外汇期权交易者只需要确定合约的价格和数量即可。

场外期权交易又称柜台交易，是指由银行出售给客户，可以满足客户在日期、数量和币种等方面特定需要的外汇期权交易。柜台交易的期权可以满足客户的各种需要，不像交易所期权那样标准化，柜台交易可以根据客户的需要设计特定期权。

2. 根据赋予的权利不同，可以分为看涨期权和看跌期权

看涨期权（Call Option）是指期权的买方享有在规定的有效期内按某一具体的执行价格买进某一特定数量的某种外汇资产的权利，但不同时负有必须买进的义务。

看跌期权（Put Option）是指期权的买方在到期日或到期日之前的期间内，按照事先约定的执行价格，拥有卖出某一特定数量的某种外汇资产的权利，但不同时负有必须卖出的义务。

3. 根据行使权利的时限，可分为欧式期权和美式期权

欧式期权是指期权的买方只能在期权到期日前的第二个工作日，才能行使是否按约定的汇率买卖某种货币的权利。

美式期权的灵活性较大，可在期权到期日前任意一天行使买卖的权利，因此费用也高。

（三）外汇期权的套期保值交易

外汇期权买卖实际上是一种权利的买卖。权利的买方有权在未来的一段时间内按约定的汇率向权利的卖方（如银行）买进或卖出约定数额的外币，同时权利的买方也有权不执行上述买卖合约。外汇期权的优点是可以锁定未来汇率，提供外汇保值。由于外汇期权具有较大的灵活性，在汇率变动向有利方向发展时，相关方也可从中获得有利的机会。然而，购买期权需要支付手续费，如果到期不执行期权，就会增加企业成本。

本章小结

1. 外汇市场是指由经营外汇业务的银行、各种金融机构及个人进行外汇买卖和调剂外汇余缺的交易场所。

2. 外汇银行是外汇市场的主体，是指由各国中央银行指定或授权经营外汇业务的银行。

3. 有形市场一般是在证券交易所的建筑物内或在交易大厅的一角设立外汇交易所，由各个银行的代表规定一定的时间，集合在此地从事外汇交易。

4. 无形市场没有具体的交易场所，所有买卖交易都通过银行和外汇经纪人的电话、电报、电传及其他通信工具组成的网络进行。

5. 自由外汇市场是指不受所在国政府控制的外汇交易市场。

6. 官方控制的自由外汇市场是指在一定程度上受所在国政府控制的自由外汇交易市场。

7. 即期外汇交易是指外汇买卖成交以后，交易双方于当天或两个交易日内办理交割手续的一种交易行为。

8. 标准交割日是指采用 $T+2$ 的交割方式，即成交后的第二个营业日交割。

9. 隔日交割是指采用 $T+1$ 的交割方式，即成交后的第一个营业日交割。

10. 当日交割即成交后当场交割，银行与当地客户的零星即期外汇交易一般都是当场实现外汇的收付。

复习思考题

1. 简述外汇市场的含义。

2. 什么是中央银行？

3. 外汇市场的作用有哪些？

4. 套汇交易的主要种类有哪些？

5. 如何确定远期汇率？

6. 掉期外汇交易具有哪些特点？

第六章

国际货币制度

知识框架图

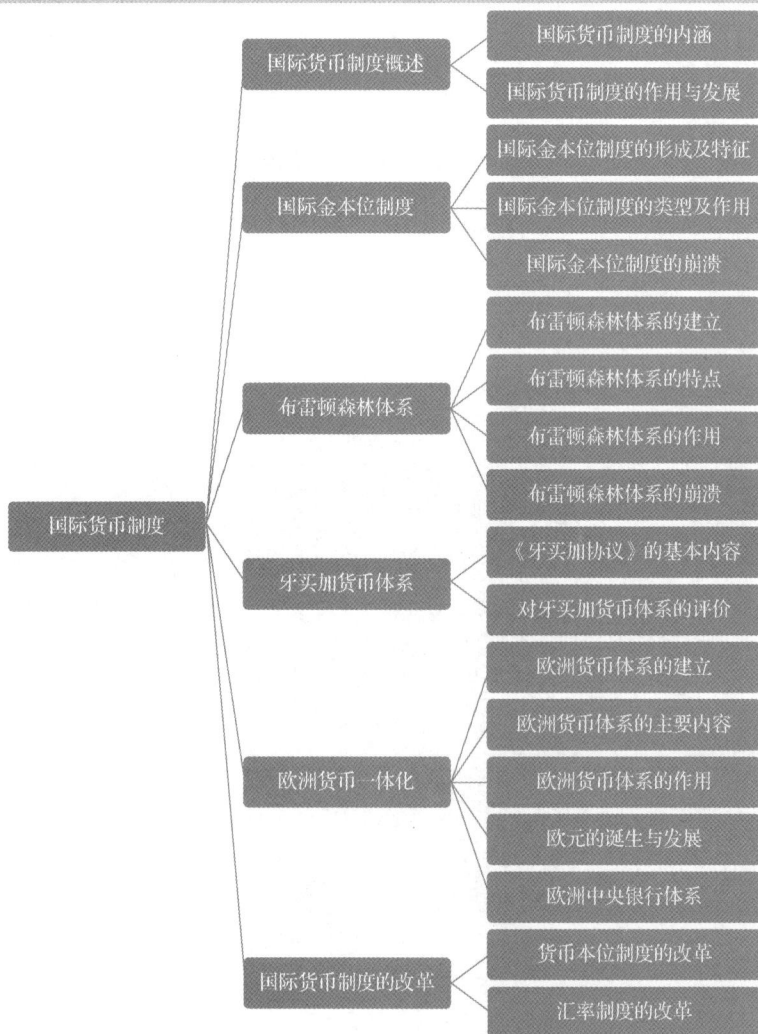

国际货币制度

- 国际货币制度概述
  - 国际货币制度的内涵
  - 国际货币制度的作用与发展
- 国际金本位制度
  - 国际金本位制度的形成及特征
  - 国际金本位制度的类型及作用
  - 国际金本位制度的崩溃
- 布雷顿森林体系
  - 布雷顿森林体系的建立
  - 布雷顿森林体系的特点
  - 布雷顿森林体系的作用
  - 布雷顿森林体系的崩溃
- 牙买加货币体系
  - 《牙买加协议》的基本内容
  - 对牙买加货币体系的评价
- 欧洲货币一体化
  - 欧洲货币体系的建立
  - 欧洲货币体系的主要内容
  - 欧洲货币体系的作用
  - 欧元的诞生与发展
  - 欧洲中央银行体系
- 国际货币制度的改革
  - 货币本位制度的改革
  - 汇率制度的改革

学习目标

- 了解国际货币制度的作用及发展
- 了解国际金本位制度的类型及作用
- 了解布雷顿森林体系的作用
- 了解《牙买加协议》的基本内容
- 了解欧洲货币体系的主要内容
- 了解货币本位制度的改革

第一节　国际货币制度概述

自古以来，从货币产生到货币在一国范围内普遍流通，各个国家在货币问题方面都制定了各种法令法规。这些法令法规反映了国家在不同程度、从不同角度对货币进行的控制，目的是建立一个符合其政策目标并可能由自己操控的货币制度（Monetary System）。一般来讲，有秩序且稳定的、能为商品经济发展提供有利条件的货币制度是政府所追求的，每个国家的货币制度大体包含如下内容：货币材料的确定、货币单位的确定、流通中货币种类的确定、对不同类货币的铸造和发行的管理、对不同类货币的支付能力的规定等，这些方面也被称为货币制度的构成要素。如果货币制度问题超出国界，就被称为国际货币制度或国际货币体系，即各国政府对货币在国际范围内发挥世界货币职能所确定的规则、措施和组织形式。当今的国际货币体系是随着历史的发展不断演变得来的，国际货币体系的形成有两种途径：一是通过经济自发形成实现内外均衡的一些国际准则；二是通过国际协调人为地在短期内建立起来。

一、国际货币制度的内涵

（一）国际货币制度的含义

国际货币制度又称国际货币体系，是指国际间货币流通的组织形式。世界各国为了满足国际贸易和国际结算中对于国际支付手段和国际储备资产的需要，对涉及国际货币流通的各个方面，包括各国货币的兑换性、汇率制度、国际收支的调节机制、国际结算制度、国际储备体系、国际货币关系及其他国际金融事务，在国际范围内自发或通过政府间协商安排而确立的一整套系统的原则、办法、规章制度和机构。

（二）国际货币制度的主要内容

1. 各国货币比价的确定及汇率制度的安排

根据国际交往与国际支付的需要，并且为了使货币在国际市场上发挥世界货币的职能，各国之间的货币一定要确定一个比价，即汇率。汇率变动可直接影响各国之间经济利益的再分配，因此形成一种较为稳定的、各国共同遵守的国际汇率安排，成为国际货币制度要解决的核心问题。国际货币制度的主要内容包括一国货币与其他货币之间的汇率如何确定与维持、货币比价确定的依据、货币比价波动的界限、货币比价的调整、维持货币比价所采取的措施、对同一货币是否采取多元化比价，以及一国货币能否成为自由兑换货币，是采取固定汇率制度、浮动汇率制度还是采取其他汇率制度，这些都是国际货币制度的主要内容。

2. 国际储备资产的选择与确定

为了满足平衡国际收支的需要，一国需要有一定数量的国际储备。保存一定数量的、为世界各国普遍接受的国际储备资产是国际货币制度的一项重要内容。除此之外，哪种货币可以作为国际上的支付货币，在一个特定时期中心储备货币如何确定以维护整个储备体系的运行，如何选择世界各国的储备资产以满足各种经济交易的要求，这些都是国际货币体系的重要内容。

3. 国际收支及其调节机制

国际货币制度的主要内容之一就是有效地帮助国际收支出现严重失衡的国家通过各种措施进行调节，使其在国际范围内能公平地承担国际收支调节的责任和义务。各国实行的金融货币政策会对相互交往的国家乃至整个世界的经济产生影响，因此如何协调各国与国际金融活动有关的金融货币政策，通过国际金融机构制定若干被各成员方认同与遵守的规则、惯例和制度，也构成了国际货币制度的重要内容。

4. 各国货币的兑换性与国际结算的原则

这是指一国货币能否自由兑换，在结算国家之间存在债权债务时采取什么样的结算方式，对支付是否加以限制等。

5. 黄金、外汇的流动与转移规定

这项规定的内容包括是否对黄金、外汇加以限制使其不能自由流动或只能在一定地区范围内自由流动，抑或完全自由流动等。

二、国际货币制度的作用与发展

如同一国国内的经济一样，自以货币为媒介起，世界经济的发展与稳定就与货币问题紧密联系在一起。国际货币制度的主要任务是促进世界经济的发展和稳定，促进各国经济的平衡发展。具体来讲，国际货币制度有三大任务。

第一，确定国际清算和支付手段的来源、形式和数量，为世界经济发展提供必要的、充分的国际货币，并且规定国际货币及它同各国货币的相互关系准则。比如，当确定黄金或特别提款权为国际清算和支付手段的来源时，国际货币制度还必须对黄金或特别提款权与其他国际货币和各国货币的比价与兑换方式做出规定。此外，国际货币制度对黄金或特别提款权的定价方式、运作范围及方式等，也要做出具体的规定。

第二，确定国际收支的调节机制，确保世界经济的稳定和各国经济的平衡发展。调节机制涉及三个方面的内容：一是汇率机制；二是对逆差国的资金融通机制；三是对国际货币（储备货币）发行国的国际收支纪律的约束机制。

在固定汇率下，一国不得不经常性地采取财政政策、货币政策和管制政策来维持国际收支的平衡。因为国际收支的逆差，尤其是大幅度的逆差，将使本国货币汇率贬值；而国际收支的顺差，尤其是大幅度的顺差，将使本国货币汇率升值。然而，固定汇率已经失去了理论上的调节国际收支的功能，为了维持汇率的稳定，政府不得不采取其他措施来维持国际收支的平衡。在浮动汇率下，汇率波动本身就具有调节国际收支的功能。汇率波动既能反映国际收支的状况，又能调节国际收支。国际货币制度的任务之一便是根据世界经济形势和各国的经济状况，确定世界范围的汇率制度。

确定资金融通机制是指确定当某国发生国际收支逆差时，能在什么样的条件下从何处获得资金及资金的数量和币种，以弥补其国际收支逆差，避免采取不必要的调节措施或有损别国的政策。资金融通可以在一定程度上替代国际收支调节，或者缓和调节的程度。如果可供融通的资金数量多、条件松，那么国际收支政策调节的必要性就下降；反之，如果可供融通的资金数量少、条件严，那么国际收支政策调节的必要性就增加。国际货币制度的任务就是确定恰当的资金融通机制，使融资数量和融资条件相宜，避免不必要的国际收支政策调节或拖延必要的国际收支政策调节。当一个国家的主权货币能充当国际货币（或储备货币）时，该国就能用输出货币（纸币）的方式来弥补其国际收支逆差。如果对国际货币发行国没有适当的约束机制，那么它就可能为达到本国的某种目的而持续地保持国际收支逆差，输出纸币；而国际货币供应的持续增长可能引起别国甚至世界性的通货膨胀，破坏国际货币金融领域的稳定。因此，确定一项机制来约束国际货币发行国的国际收支行为，也是国际货币制度的任务之一。

第三，确立有关国际货币金融事务的协商机制或建立有关的协调和监督机构。在早期，有关国际货币金融的事务多半是通过双边协商解决的。随着战后各国间经济联系的加强，参与国际货币金融业务的国家日益增多，形势日益复杂，程度日益加深，范围日益扩大，双边协商已不能解决所有的问题。因此，有必要建立多边的带有一定权威性的国际货币金融机构，以监督各国行为，提供协商的场所、制定各国必须共同遵守的基本行为准则，并且在必要时提供援助。

从历史的发展过程来看，现代国际金融体系大致经历了三个阶段，每个阶段都带有一定特点的主体金融体系。

第一个阶段是国际金本位制度时期，约从 1870 年开始，主要国家的国内货币制度实行金本位制度，到第一次世界大战爆发时结束。

第二个阶段是布雷顿森林体系时期，从 1944 年《布雷顿森林协定》通过开始，到 1973 年结束。

第三个阶段是牙买加货币体系时期，开始于 1976 年 1 月 8 日，这天是《牙买加协议》的正式签订日。

第二节　国际金本位制度

西方国家并不是在一个确定的时间一起实行金本位制度的，大体上说国际金本位制度开始于 19 世纪 70 年代至 90 年代，随着西方各主要资本主义国家逐渐过渡到单一的金本位制度而形成的。金本位制度是以一定重量和成色的黄金作为本位币，并且使流通中的各种货币与黄金之间建立起固定兑换关系的货币制度，它的基础在于各主要资本主义国家都实行了金本位制度，从而使黄金充当了国际货币。然而，在金本位制度下，流通中的货币不仅限于金币，还有辅币和银行券等。根据货币与黄金的联系程度，金本位又表现为三种形式：金币本位、金块本位和金汇兑本位。国际金本位制度就是以各国普遍采用金本位制度为基础的国际货币制度，各国不同的金本位制度又带来稍有区别的国际金本位制度。

一、国际金本位制度的形成及特征

（一）国际金本位制度的形成

从 19 世纪初到 20 世纪初，发达资本主义国家先后实行了金本位制度，金本位制度成为最早的世界性的货币制度。金本位制度是以一定量黄金为本位货币的货币制度，黄金是货币制度的基础。1816 年，英国正式颁布了《金本位制度法案》，开始发行金币并以一定量黄金作为本位货币，该法案规定 1 盎司黄金等于 3 英镑 17 先令 10.5 便士，自此英国最先实行了金本位制度。随后，法国、比利时等国家也先后实行了金本位制度。到 1880 年，西方贸易国普遍实行金本位制度，金本位制度具有了国际性。这种以世界各国普遍实行的金本位制度为基础的国际货币制度就是国际金本位制度。

（二）国际金本位制度的主要特征

国际金本位制度有三项基本的运行原则。

（1）所有参加国的货币均以一定数量的黄金定值，本国货币当局随时准备以本国货币固定的价格买卖黄金。

（2）黄金能够自由输入和输出。

（3）本国的货币供应量受本国黄金储备的制约：黄金流入，货币供应量增加；黄金流出，货币供应量下降。

只要遵循以上三项原则，国际金本位制度就能正常运行，这三项原则决定了国际金本位制度的特征，其特征如下所述。

第一，黄金在国际交往中充当世界货币，成为各国之间的最后清偿手段，各国中央银行持有的国际储备资产大部分为黄金，黄金是国际货币制度的基础。

第二，金币可以自由铸造，金币面值与所含黄金量的实际价值保持一致，金币或黄金可自由兑换，因此货币的名义价值稳定，不易发生通货膨胀、货币贬值的情况。黄金可以自由输出和输入，保证各国货币之间的兑换率相对固定并和世界市场统一，这时两国之间的汇率为两国货币含金量之比，即铸币平价。由于各国都规定了货币的含金量，国际金融市场的实际汇率就随着外汇供求的变动而围绕铸币平价上下波动。波动的上下限是黄金输送点，这是经济自动形成的而不是靠人为措施维持的，因此是自发的、严格的固定汇率制度。

第三，金币可以在市场中完全自由兑换和自由输出、输入以供资本流动，黄金可以在各国间自由转移，为外汇市场的相对稳定和国际金融市场的统一提供了保障。

因此，国际金本位制度具有自动调节国际收支的机制，即大卫·休谟提出的"价格-铸币流动机制"。当国际收支出现逆差、黄金外流时，中央银行的黄金储备明显减少，国内货币紧缩，进而物价下降，这会提高本国商品的出口竞争力并抑制进口；同时当货币紧缩时利率上升，使资本流入增加，黄金流入，从而使外汇收支恢复均衡。反之，当国际收支出现顺差、黄金流入时，国内货币供给增加，收入和价格水平提高，出口减少，进口增加，接着利率下降，资本流出，随之经济自动恢复均衡。

在这一时期，各国政策的制定及贯彻实施都受到上述游戏规则的控制与协调，国际货币制度具有相对稳定性。因此，金本位制度对资本主义国家的发展起着促进作用，促进了生产的发展和商品的流通，并且保证了物价的稳定。除此之外，金本位制度还具有国际收支的自动调节功能，使国际收支保持基本平衡。总之，这种典型的金本位制度使各国货币价值对内和对外稳定，黄金自由发挥世界货币的职能，国与国之间的国际收支自动调节，促进了资本主义上升时期世界经济的繁荣与发展。因此，很多人将金本位制度时期看作世界经济发展的"黄金期"，甚至认为应该重建金本位制度。

但同时，也有学者认为，这段时间的经济发展在更大程度上应该归功于当时的世界经济环境，因为制度本身存在相当多的缺点。

二、国际金本位制度的类型及作用

按货币与黄金的联系程度，国际金本位制度可以分为金币本位制度、金块本位制度和金汇兑本位制度，其中最典型的是金币本位制度。

（一）金币本位制度

金币本位制度（Gold Specie Standard）又称金铸币本位制度，是指以黄金作为本位货币的货币制度，它是 19 世纪初至第一次世界大战以前，西方各国普遍采用的货币制度。金币本位制度有以下特点：国家以法律规定货币含金量，以一定重量、成色的黄金金币为本位货币，允许其在市场上流通；以百分百黄金作为发行准备的银行券，并且其可以自由兑换成金币或黄金；金币可以自由铸造，任何人都可以自由铸造或熔化金币；金币还可以自由兑换，市面上流通的其他金属辅币和银行券可以按法定比率自由兑换成金币或等量的黄金；准许人们自由储藏黄金；黄金可以自由地输出、输入本国。这些特点使本位货币的名义价值和实际价值相等，国内外价值一致，并且使其具有贮藏货币与世界货币的职能。

（二）金块本位制度

金块本位制度（Gold Bullion Standard）也称生金本位制度，这是一种以金块办理国际结算的变相金本位制度。在该制度下，以国家储存的金块作为储备；在流通中，各种货币与黄金的兑换关系受到限制，不再实行自由兑换，但在需要时，可按规定的限制数量以纸币向本国中央银行无限制兑换金块。金块本位制度的特点是国家不再铸造金币，也不允许公民自由铸造和使用金币，国家只发行代表一定重量和成色的黄金的银行券。银行券具有无限法偿的能力，必须按含金量计算，只有达到规定数量才能兑换金块。也就是说，在金块本位制度下，既没有金币流通，又对银行券兑换黄金进行了严格的限制。由此可见，这种货币制度实际上是一种附有限制条件的金本位制度。

（三）金汇兑本位制度

金汇兑本位制度（Gold Exchange Standard）又称虚金本位制度，实行这种制度的国家不铸造和流通金币，国内流通银行券，虽然货币当局也为单位货币规定了含金量，但它不能直接兑换黄金。本国货币同另一个实行金本位国家的货币保持固定的比价，这种货币可以自由兑换成联系国家的货币，联系国家的货币可以直接兑换黄金，这样使本国货币同黄金间接挂钩。采用这种货币制度的国家在对外贸易和财政金融等方面必然受到与其相联系的金本位国家的控制和影响，因此金汇兑本位制度在本质上是一种附庸的货币制度。

最早使用这种货币制度的国家是印度。金汇兑本位制度存在于第一次世界大战前的殖民地与宗主国之间，宗主国往往实行金块本位制度，而殖民地国家往往实行金汇兑本位制度。第一次世界大战以后，在美国恢复金本位制度和英、法等国实行金块本位制度的同时，德国、意大利、奥地利、丹麦、挪威等 30 个国家实行金汇兑本位制度。此时的金汇兑本位制度已具有了国际性，其做法已与第一次世界大战以前有所不同，我们通常所说的主要是指第一次世界大战以后的金汇兑本位制度。

金本位制度对世界经济发展起到积极作用：促进生产发展，保持汇率稳定，使国际收支可以自动调节；促进国际资本自由流动；扩大国际贸易发展，有助于协调各国经济政策。

在金本位制度下，由于各国货币都以黄金为基础，黄金充分发挥了世界货币的职能，这就加强了国际经济交流，促进了国际贸易和融资的发展。

三、国际金本位制度的崩溃

第一次世界大战以后，西方国家先后建立起金块本位制度和金汇兑本位制度，与金币本位制度相比，金块本位制度和金汇兑本位制度的基础已被严重削弱。1929 年爆发了资本主义严重的经济危机，从此动摇了金块本位制度和金汇兑本位制度的地位。英国于 1931 年 9 月放弃金本位制度，美国于 1933 年 3 月宣布停止兑换黄金并禁止黄金输出，也放弃了金本位制度。1935 年以后，比利时、法国、荷兰等国宣布货币贬值，放弃金本位制度，此后不久国际金本位制度瓦解。在西方国家纷纷放弃金本位制度并普遍实行纸币制度的情况下，货币信用危机加深，矛盾重重。因为各国无法建立统一的国际货币体系，所以大家纷纷组成相互对立的货币集团，如英镑集团、美元集团和法国法郎集团。在各集团内部，货币比价、汇率波动界限和货币兑换与支付均有统一规定，而对集团外的国际支付则采取严格的管制，货币不能自由兑换。在国际收支调节方面，各国也采取了各种各样的手段，为了解决国内严重的失业问题，各国大打汇率战，竞相实行货币贬值以达到扩大出口、抑制进口的目的。集团之间壁垒森严，限制重重，各种贸易保护主义措施和外汇管制手段也非常盛行，最终形成了货币战争的混乱局面。这一时期不存在统一的国际货币体系，国际贸易严重受阻，国际资本流动几乎陷于停顿，世界经济发展停滞。

第三节　布雷顿森林体系

一、布雷顿森林体系的建立

在经历了 1929—1933 年的世界经济大衰退以后，国际金本位制度已完全退出历史舞台。各个货币集团的建立和各国外汇管制的加强，使国际金融关系更不稳定，甚至成为世界经济发展的障碍。因此，建立一种统一的国际货币制度，改变国际金融领域的动荡局面，已成为国际社会的迫切任务。

第二次世界大战结束前，美国、英国等国家开始描绘战后国际货币体系的蓝图，以改变混乱局面。美、英两国政府出于对本国利益的考虑，构思和设计战后国际货币体系，分别提出了"怀特计划"和"凯恩斯计划"。"怀特计划"从内容上反映了美国经济力量日益增强，从而试图操纵和控制国际货币制度，并且获得国际金融领域的统治地位。经过长达 3 个月的协商，美、英两国终于达成协议。1944 年 7 月，44 个国家在美国新罕布什尔州布雷顿森林召开了联合和联盟国家国际货币金融会议，通过了《国际货币基金组织协定》和《国际复兴开发银行协定》，即《布雷顿森林协定》，从而建立起一个以美元为中心的国际货币体系，这个体系被称为"布雷顿森林体系"（Bretton Woods System）。

布雷顿森林体系是通过国际协定建立的，而不是自发形成的，主要包含以下五个方面的内容。

1. 建立国际金融机构

根据《布雷顿森林协定》，设立一个永久性的国际金融机构——国际货币基金组织，以此作为国际货币体系的核心，其宗旨是促进国际货币合作、稳定汇率、协助成员方改善国际收支。国际货币基金组织的基本职能有以下几点：针对汇率政策、经常项目的支付和货币的兑换性等问题确立各方可以接受的行为准则；使成员方遵守前述准则及调解国际收支不平衡，向成员方提供资金融通；为成员方进行国际货币磋商与协调提供讲坛。国际货币基金组织在一定程度上维护着国际金融领域的秩序。

视野拓展

资金融通

金融市场是资金融通市场。资金融通是指在经济运行过程中，资金供求双方运用各种金融工具调节资金盈余的活动，是所有金融交易活动的总称。资金融通是通过金融产品来进行的，金融产品指的是资金融通过程中的各种载体，包括货币、黄金、外汇、有价证券等。这些金融产品就是金融市场的买卖对象，供求双方通过市场竞争原则形成金融产品价格，如利率或收益率，最终完成交易，达到融通资金的目的。

同时，设立国际复兴开发银行（International Bank for Reconstruction and Development，IBRD），其宗旨在于以低利率长期贷款，协助推动成员方的经济发展。

2. 实行美元-黄金本位制度

这个制度规定美元为最主要的国际储备货币，自此确立了美元的中心地位，确定了"双挂钩"制度，即美元直接与黄金挂钩，规定 1 盎司黄金等于 35 美元，每 1 美元的含金量为 0.888 671 克黄金，以黄金为价值基础。其他国家的货币与美元挂钩，各国货币按含金量确定与美元的比价，各国货币要先兑换美元，然后才能兑换黄金。"双挂钩"通常被视为布雷顿森林体系的两个支柱。

从这个意义上说，第二次世界大战以后建立起来的布雷顿森林体系实际上是以美元为中心的金汇兑本位制度，也有经济学家称其为"黄金-美元本位制"，与第一次世界大战以后的金汇兑本位制度相区别。

3. 建立国际性的资金融通设施

国际货币基金组织通过一系列贷款计划，向成员方提供资金，帮助成员方解决国际收支问题。成员方在需要资金时，可用本国（地区）货币向国际货币基金组织购买（借贷）一定数量的外汇，并且在规定期限内，以购回本国（地区）货币的方式偿还借用的外汇。成员方所获得的贷款额同其缴纳的基金份额相当。认缴份额越大，成员方能获得的贷款越多。

4．实行固定汇率制度

《国际货币基金组织协定》规定了各国（地区）货币对美元的比价，并且规定各国（地区）货币对美元的汇率只能在金平价上下 1%的范围内波动。为了保持这个波动范围，各国政府有义务在外汇市场上进行干预。只有一国（地区）国际收支发生根本性不平衡时，货币才允许被贬值或升值。金平价的任何变动都要经过国际货币基金组织的批准。各国（地区）在国际收支不平衡时，经批准才能改变汇兑平价，而汇兑平价介于金本位制度的永久固定汇率和完全自由兑换浮动汇率之间，因此有些经济学家称其为"可调整的钉住汇率制"。

5．国际收支调节的安排

当成员方国际收支产生困难时，国际货币基金组织可以通过三种方式帮助成员方渡过难关。一是敦促成员方广泛协商，促进国际货币合作。二是为成员方提供融通资金的便利，当产生国际收支逆差的国家（地区）需要储备时，可用回购方式取得短期信贷来弥补逆差，即逆差国以本币向其余成员方购买一定数额的外汇，并且在规定的期限内用所借的外汇购回本币，以这种方式来偿还所借的款项。三是规定各成员方实行多边支付与清算政策，不得限制经常项目的支付，也不许采取歧视性的货币措施（废除外汇管制），由此创造平衡国际收支的外在条件。

可见，美元在各国货币制度中处于中心地位，履行着关键货币的职能，即布雷顿森林体系实际上是以美元为中心的国际金汇兑制度。美元与黄金挂钩，其他国家货币与美元挂钩，这使在第二次世界大战以后的较长时间里国际货币制度有了一个较为有效和稳定的基础，同时也促进了国际贸易、国际投资和国际经济的迅速发展。

二、布雷顿森林体系的特点

（一）美元处于国际货币体系的中心地位

美元被广泛用作国际上的计价单位、支付手段和储备资产，因此我们也可以认为布雷顿森林体系是可兑换黄金的美元本位制度。

（二）对国际收支的调节作用不大

在布雷顿森林体系下，有两种方法对国际收支进行调节：一是短期的失衡由国际货币基金组织提供信贷资金；二是长期的失衡调整货币金平价。可是，在实际运行中，两种方法的效用都不大。在布雷顿森林体系运行的 20 多年里，各成员方国际收支失衡的问题始终没有得到真正的解决。

（三）实行钉住美元的可调整固定汇率制度

美元作为关键货币，先根据其他国家（地区）的货币与美元的金平价之比来确定它们的货币对美元的汇率,再决定各成员方货币彼此之间的平价关系。国际货币基金组织规定,各成员方货币与美元的汇率波动范围不得超过金平价的 1%。如果超过,那么各成员方有义务在外汇市场上进行干预。

(四)国际性的金融组织发挥巨大作用

国际货币基金组织和世界银行等国际金融机构,在监督各国(地区)汇率变动、调节国际收支、对成员方提供贷款、监督成员方财政货币政策等方面产生了重要影响。第二次世界大战以前的国际货币体系没有一个这样的组织,在这些方面也没有统一的规定,也就是说,始终处于松散状态。

三、布雷顿森林体系的作用

以第二次世界大战时的经济环境为背景建立的布雷顿森林体系,在 20 世纪 50 年代和 60 年代的大部分时间里都在良好地运行,对第二次世界大战后世界经济和贸易的发展起着一定的积极作用,支撑了 20 世纪 60 年代开始的资本主义世界高速增长的"黄金时代",对全球经济贸易的发展起到了积极的促进作用。

(一)促进了国际经济的迅速发展

在布雷顿森林体系中,美元是主要的国际支付和储备货币,美元与黄金、各国货币与美元的"双挂钩"制度,使第二次世界大战前国际货币金融领域的动荡与混乱状态结束了。汇率的稳定消除了国际贸易及对外投资的汇率风险,使国际货币金融领域进入了相对稳定的时期,为战后世界经济的稳定发展创造了相对平衡的外部环境和良好的条件。美元作为主要的国际支付手段和储备货币,弥补了过去清偿能力的不足,消除了影响国际商品流通的各种障碍。这些都促进了国际贸易和资本流动,从而促进了世界经济的发展。

(二)缓解了各国国际收支的困难

国际货币基金组织对一些工业化国家,尤其是一些发展中国家的国际收支不平衡,提供各种类型的短期贷款和中长期贷款。这在一定程度上缓和了成员国的国际收支困难,解决了其收支问题,从而降低了这些国家货币的内在不稳定性,使它们的对外贸易和经济发展得以正常运行,从而促进世界经济的稳步增长。

(三)有助于国际资本流动和生产国际化的发展

汇率的相对稳定降低了国际资本流动的汇率风险,有助于各国资本的输出、输入,为国际融资创造了良好的环境,有助于银行业和国际金融市场的发展,也为跨国公司和生产国际化的发展创造了条件。

(四)成为国际货币合作的典范

国际货币基金组织在布雷顿森林体系下建立,以协调国际货币问题,其 140 多个成员国每年都召开一次全体成员会议，就国际金融问题交换意见，在共同讨论的基础上做出决策。在稳定汇率方面，国际货币基金组织与十国集团之间的相互协调也得到了世界范围的肯定。国际货币基金组织协调解决国际金融问题，保证了国际货币金融关系相对稳定，开创了国际金融政策协调的新时代。

总之，从布雷顿森林体系的运行中我们可以看出，其顺畅运行的一个核心就是"双挂钩"制度是否能够得到保证，而这个保证要建立在三个基本条件之上：一是美国国际收支保持顺差，美元对外价值稳定；二是美国有充足的黄金储备，以保持美元对黄金的有限兑换性；三是黄金价格维持在官价水平，即维持在大约 35 美元兑 1 盎司黄金的水平。这三个条件是相互联系的，当它们无法同时得到满足时以美元为中心的布雷顿森林体系的基础就会面临危机。

四、布雷顿森林体系的崩溃

第二次世界大战以后，世界各国都在积极加快恢复生产和发展经济，急需大量美元，因此出现了美元短缺的"美元荒"局面。在布雷顿森林体系运行初期，主要问题可以归结为美元的不足，1947—1958 年表现为"美元荒"。然而，20 世纪 50 年代至 60 年代初，美国急剧对外扩张，带来了巨额的国际收支赤字，美国经济实力受到削弱，1958—1969 年转化为"美元灾"。美国的国际收支连年逆差，美国的黄金储备开始外流，对外短期债务激增。1960 年，美国对外短期债务为 210 亿美元，已超过当时 178 亿美元的黄金储备，这说明美国的黄金储备不能抵偿其所负担的短期外债。这就使人们对美元币值是否稳定、美国政府能否继续按官价用美元兑换黄金产生怀疑，以至产生抛售美元、抢购黄金的风潮，形成美元危机。

虽然美国与他国及国际货币基金组织先后采取了多种措施，以维持布雷顿森林体系的正常运转，暂时缓解美元危机，但这只是暂时推迟了外汇危机的发生，投机资本开始对英镑和意大利里拉施加贬值压力。1972 年，英镑汇率开始根据供应和需求情况浮动；而有着大量投机资本流入的国家则使用法律来控制投机，减少货币进一步流入。1973 年 2 月，国际外汇市场再度爆发美元危机，掀起抛售美元并抢购联邦德国马克、日元和黄金的浪潮。黄金官价由每盎司 38 美元提高到 42.22 美元。同年 3 月，美元再次贬值，黄金官价一度上涨到每盎司 96 美元。各国为了维持中心汇率，不得不投放大量本国货币，造成了巨大的通货膨胀压力，各国无法承受，先后放弃了与美元的中心汇率，实行汇率自由浮动。至此，布雷顿森林体系彻底崩溃。

布雷顿森林体系的建立有其历史发展的客观必然性，其诞生与发展对世界经济的发展具有重要的促进作用。然而，其本身固有的缺陷导致该体系走向崩溃，原因主要有以下几点。

第一，布雷顿森林体系是以美元为中心的国际货币制度，其存在的先决条件是美国经济占绝对优势和美元地位的稳固。该体系以美元为主要储备货币，导致国际清偿能力供应和美元信誉两者不可兼得的矛盾，即所谓的特里芬难题。为了保证国际清偿能力，美国需要通过持续的国际收支逆差促使美元外流。国际贸易和投资的迅速发展要求储备货币相应增长，可是美元持续外流必然导致美国国际收支不断恶化和短期对外债务不断增加，国际上对美元作为主要国际储备货币的信心也会不断降低，使美元信誉下降。这一矛盾正是布雷顿森林体系制度的内在缺陷，最终必然爆发美元危机，使布雷顿森林体系崩溃。

第二，布雷顿森林体系的调节机制过于依赖国内政策手段。从原则上讲，布雷顿森林体系属于可调整钉住汇率制，可是实际上国际货币基金组织很少允许成方国运用汇率政策来调节国际收支，各国被迫通过国内财政和货币政策调节国际收支，其经济政策的自主性受到削弱；而且，成员方政府大多不愿用改变汇率的方法来应付"基本失衡"，待到非改不可时，投机者早已闻风而动，在外汇市场及黄金市场上掀起投机的浪潮，加剧金融危机。

第三，这种货币制度赋予美元霸权地位。美国可以直接使用美元弥补国际收支逆差，相当于给其他国家"打白条"，其他国家则要通过减少进口、增加外债等手段来弥补国际收支逆差。实际上美国也操纵着其他国家的货币政策，如当美元大量外流时，其他国家为维持固定汇率需要收购美元，并且使国内货币供应量增加。这些问题日渐加深，并且最终导致布雷顿森林体系的瓦解。

第四节　牙买加货币体系

布雷顿森林体系崩溃以后，国际金融秩序又恢复动荡，国际社会及各方人士也纷纷探讨能否建立一种新的国际金融体系，并且提出了许多改革主张，如恢复金本位制度、恢复美元本位制度、实行综合货币本位制度及设立最适货币区等，但均未取得实质性进展。1976年1月，经过激烈争论，国际货币基金组织理事会国际货币制度临时委员会在牙买加首都金斯敦达成了《牙买加协议》。1978年4月，《IMF协定第二修正案》通过，获得国际货币基金组织理事会法定 60%以上的成员方和 80%以上的多数票，从而形成新的国际货币体系，由于这个协定体系是在牙买加会议上产生的，因此被称为"牙买加货币体系"。

《牙买加协议》涉及汇率制度、黄金非货币化、扩大国际货币基金组织对发展中国家的资金融通、增加成员方在国际货币基金组织的份额等问题，不仅对修正国际货币基金组织协定具有指导意义，还对形成目前的国际货币制度有重要作用。

一、《牙买加协议》的基本内容

（一）承认浮动汇率制度的合法化

《牙买加协议》正式确定了浮动汇率制度的合法化，开创了固定汇率制度与浮动汇率制度并存的局面，成员方可自由选择汇率制度。同时，国际货币基金组织继续对各国货币汇率政策实行严格监督，并且协调成员方的经济政策。国际货币基金组织要求各国（地区）在物价稳定的条件下寻求经济持续增长，稳定国内的经济，促进国际金融的稳定，并且尽量缩小汇率的波动幅度，避免通过操纵汇率来阻止国际收支的调整或获取不公平的竞争利益。《牙买加协议》还规定实行浮动汇率制度的成员方根据经济条件，应逐步恢复固定汇率制度，在将来世界经济稳定以后，经国际货币基金组织总投票权的 85% 多数票通过，可以恢复固定的但可调整的汇率制度。这部分条款对已实施多年的钉住管理的浮动汇率制度予以法律上的认可，同时又强调了国际货币基金组织在稳定汇率方面的监督和协调作用。

（二）黄金非货币化

《牙买加协议》做出了逐步使黄金退出国际货币的决定，同时规定：废除黄金条款，取消黄金官价，各成员方的中央银行可按照市场价格自由进行黄金交易，取消成员方相互之间及成员方与国际货币基金组织之间需用黄金清算债权债务的义务。国际货币基金组织所持有的黄金应逐步加以处理，其中 1/6（2500 万盎司）按市价出售，其超过官价（每盎司 42.22 美元）的部分作为援助发展中国家的资金，1/6 按官价由原缴纳的各成员方买回，其余部分（约 1 亿盎司），根据总投票权的 85% 做出的决定处理，向市场出售或由各成员方购回。

（三）提高特别提款权的国际储备地位

《牙买加协议》修订了特别提款权的有关条款，使特别提款权逐步取代黄金和美元成为国际货币制度的主要储备资产。在未来的货币体系中，应将特别提款权作为主要储备资产和各国货币定值的基础。凡参加特别提款权账户的国家都可通过账户用特别提款权偿还欠国际货币基金组织的债务及相互间的借贷。《牙买加协议》规定各成员方之间可以自由进行特别提款权交易，而不必征得国际货币基金组织的同意，国际货币基金组织与成员方之间的交易以特别提款权代替黄金，国际货币基金组织一般账户中所持有的资产一律以特别提款权表示。

（四）扩大对发展中国家的资金融通

扩大对发展中国家的资金融通，以出售黄金所得收益设立信托基金，以优惠条件向不发达国家提供贷款，目的是帮助它们解决国际收支上的问题。扩大基金组织信贷部分的贷款额度，从占成员方份额的 100% 增加到 145%。提高国际货币基金组织出口波动补偿贷款的额度，从占份额的 50% 提高到 75%。

（五）增加成员方的基金份额

各成员方对国际货币基金组织所缴纳的基本份额，由原来的 292 亿特别提款权增加到 390 亿特别提款权，增加了 33.6%。各成员方应缴纳份额所占比重也有所改变，主要是石油输出国的比重由 5% 增加到 10%，其他发展中国家保持不变，主要西方国家除原联邦德国和日本略增外，都有所降低。

二、对牙买加货币体系的评价

《牙买加协议》是布雷顿森林体系崩溃以后的一种权宜之计：一方面，这个体系满足了当时世界经济形势发展的需要，从而对国际贸易和世界经济的正常运转起到了一定的积极作用；另一方面，这个体系也存在一些严重的问题，有待进一步改革与发展。这些作用和问题也是并存于现行国际货币体系的。

（一）浮动汇率制度的长期化

1973年固定汇率制度崩溃以后，工业发达国家纷纷实行浮动汇率制度。浮动汇率制度的优势在于不仅可以比较灵敏而准确地反映不断变化的国际经济状况，还可以调节外汇市场的供求关系，从而促进国际贸易和世界经济的发展。浮动汇率制度对国际经济的这种积极作用主要表现在以下几个方面。

（1）各国的汇率可以根据市场供求状况自发调整，不再长期偏离实际价值。

（2）可以缓解硬通货国家在固定汇率制度下维持汇率稳定的义务，不再被动地接受通货膨胀。

（3）可以使一国的财政政策和货币政策更具独立性和有效性，不再为了外部经济而牺牲内部经济。

（4）为避免汇率风险，客观上促进了国际金融业务的创新和发展。

浮动汇率的特点是外汇汇率由外汇市场的供求关系自发决定，波动比较频繁，虽然各国政府都采取种种措施干预外汇行市，但汇率体系仍然表现出极大的不稳定性。显然，汇率的经常变动不仅影响国际贸易和资本流动，还使国际储备和外债管理变得相当复杂。20世纪90年代以来发生的多起区域性的货币危机都与汇率的过分动荡有关，但目前还未找到一种比浮动汇率制度更好的且各国普遍能接受的汇率制度。

（二）储备货币的多样化

由于美元本位制度难以维持，国际储备资产出现了分散化趋势。除了黄金、美元和特别提款权，各国还以其他一些可兑换货币，如德国马克、英镑、日元等作为官方储备货币。储备货币多样化的优势在于摆脱了原先对美元的过分依赖，分散了汇率变动的风险，促进了国际货币的合作与协调，起到缓解国际清偿能力不足、克服以前美元为唯一储备货币的"两难困境"的作用。

然而，储备资产多样化形成的储备货币多中心，使国际货币体系更加脆弱，具有一种内在的不稳定性。因为只要储备货币发行国中的一个国家经济或金融状况发生重大变动，国际金融市场就会产生严重的动荡。也就是说，在布雷顿森林体系下，只有美国的经济状况发生变化引起美元的变动，才会引发国际金融市场的动荡。而在牙买加货币体系下，美元、日元、英镑、德国马克等任何一种储备货币因本国经济状况的变化而产生稍大的波动，都可能引发国际金融市场的动荡。

在多元化国际储备下，缺乏统一的、稳定的货币标准，可能造成国际金融的不稳定。汇率大起大落，变动不定，汇率体系不稳定使外汇风险增大，从而在一定程度上抑制了国际贸易与国际投资活动。对发展中国家而言，这种负面影响尤为突出。

（三）国际调节机制的不健全

牙买加货币体系除了可以继续依靠国际货币基金组织和变动汇率，还可以通过利率及国际、金融市场的媒介作用、国际商业银行活动、外汇储备的变动等渠道进行，多种调节手段还可以结合起来运用。这在一定程度上克服了布雷顿森林体系后期调节机制失灵的困难，从而对世界经济的健康发展起到了积极的作用。

虽然在牙买加货币体系下国际收支调节的渠道与措施比先前增多且可组合运用了，但该体系运行多年来，全球性的国际收支失衡问题非但没有得到妥善解决反而更加严重。这是因为在现行体系下，调节国际收支不平衡的责任往往完全落到逆差国身上，而对顺差国没有严格的限制条件。因此，现行的国际货币体系还没有建立起一种完善的国际收支调节机制。

现行国际货币体系国际收支调节机制的不健全，不仅给国际收支逆差国带来了严重困难，还加剧了全球性的国际收支的严重失调。近几年，发展中国家的巨额外债成为全球性国际收支不平衡的一个重要因素。因此，许多国家对国际货币体系中没有一个公平的合理分配国际收支不平衡调节责任的机制而深感不满。

第五节　欧洲货币一体化

第二次世界大战以后，特别是自 20 世纪 50 年代末以来，世界经济一体化的趋势不断加强，经济一体化的加强必然引发货币一体化的问题，尤其是区域性的货币一体化。区域性货币体系或区域性货币一体化是国际货币体系改革的重要内容和组成部分，是布雷顿森林体系解体的产物，也是当前国际及区域经济一体化的必然结果，它对整个世界的国际收支、国际储备、汇率体系和国际货币管理等都有重大的影响。因此，区域性货币一体化在国际货币关系中发挥着重要的作用。

区域性货币体系或区域性货币一体化，一般是从货币联盟开始的，参加联盟的各方彼此之间实行固定汇率制度，使用统一货币单位进行债务清算，并且建立统一的货币管理机构协调各国的宏观政策，最终形成一个统一的体系。区域性货币一体化具有以下三个基本特征：一是汇率的统一，即成员方之间实行固定汇率制度，对成员方以外的国家实行浮动汇率制度；二是货币的统一，即发行单一的共同货币，货币在成员方使用不受限制；三是货币管理机构和货币政策的统一，即建立一个中央货币机关，由这个机关保存各成员方的国际储备，发行共同货币，以及决定货币联盟的政策等。目前，实行区域性货币体系或区域性货币一体化的主要有欧洲货币体系、阿拉伯货币基金组织、中美洲经济一体化银行、西非货币联盟等，其中欧洲货币体系最为典型。因此，我们对欧洲货币体系进行专门介绍。

欧洲货币体系被公认为是布雷顿森林体系崩溃以来国际货币制度的重大创新，也是国际政策协调方面最成功的典范。欧洲货币体系在其成员方之间建立起一个"稳定货币区域"，使各成员方免受区域外金融不确定性的影响，方便它们之间的经济交往和合作，为未来的国际货币制度改革提供了可供借鉴的途径。欧洲货币一体化是欧洲经济一体化的终极目标，欧洲单一货币（欧元）的出现被称为"自纸币发明以来最引人注目的事件"，它将对国际货币体系产生深远的影响。

一、欧洲货币体系的建立

欧洲货币体系（European Monetary System，EMS）的形成是欧洲经济共同体（European Economic Community，EEC）和经济一体化发展的要求。欧洲经济共同体是一个国际联合组织，其共同目标是在经济领域里逐步统一经济政策，建立工农业产品的统一市场，在共同体内实现资本和劳动力的自由流动，协调各成员方在财政、金融、货币等方面的政策和立法，时机成熟时再从经济联盟发展为政治联盟。

1950年，欧洲支付同盟成立，这是欧洲货币一体化的开端。1957年3月，法国、原联邦德国、意大利、荷兰、比利时和卢森堡在罗马签订了《欧洲经济共同体条例》，通称《罗马条约》，该条约于1958年1月1日正式生效，标志着欧洲经济共同体的诞生。之后，欧洲共同体（以下简称欧共体）成立，并在经济一体化方面取得了巨大进展，主要有以下三项措施：第一，建立关税同盟，对内取消工业关税，对外实行统一的进口关税；第二，实行共同的农业政策，内部主要农产品统一价格，基本取消内部农产品关税，在成员方之间实现农产品自由流通；第三，建立"欧洲经济与货币联盟"（European Economic and Monetary Union，EEMU），逐步统一财政、经济政策并逐步实现成员方货币的统一。

为了统一共同市场在政治和经济方面的步调，必须改善各成员方在货币政策上的不协调状态。20世纪60年代以后，美元的不稳定状态及频繁爆发的经济危机使西欧国家，特别是持有大量美元储备的共同体国家的货币受到剧烈的冲击。共同体国家认为有必要进一步统一货币政策，加强货币协作，建立一个比较稳定的欧洲货币区，从而摆脱美元的控制和影响。1969年12月在海牙举行的欧共体首脑会议，决定筹建以统一货币为中心的经济和货币联盟。其主要目标是统一财政、金融政策，设立共同市场储备总库，协助成员方解决国际收支问题，逐步减小成员方货币汇率波动幅度，达成货币的固定平价，到1980年建立一种与美元抗衡的欧洲货币，并且规定上述目标在10年内分3个阶段实现。欧共体的部长理事会经过几个月的审议，于1971年3月达成协议，决定先正式实施货币联盟计划，具体措施包括：1972年4月，欧共体内部实行可调整的中心汇率制，即联合浮动汇率制度，又称"蛇形浮动汇率制度"；1973年4月，建立欧洲货币合作基金；1974年6月28日，创设欧洲计账单位（European Unit Account，EUA）。这些措施的实行奠定了欧洲货币体系的基础。

20 世纪 70 年代以后，世界经济动荡不安。1973 年石油提价导致欧洲发生石油危机，1974 年爆发了第二次世界大战以后最严重的经济危机，美元大幅度贬值，布雷顿森林体系崩溃，这些不稳定的因素使欧洲经济共同体完全实施 10 年内的经济与货币联盟的计划变得更加艰难，有关成员方忙于应付本身的经济问题而无暇顾及联盟的发展。直到 1977 年年底，欧共体委员会主席詹金斯才重新提起并敦促经济和货币同盟的进展。1978 年，时任联邦德国总理施密特提出建立欧洲货币稳定区的设想，这一设想得到时任法国总统德斯坦的积极支持。1978 年 7 月的不来梅会议和同年 12 月的布鲁塞尔会议，分别提出并通过了建立"欧洲货币体系"的计划。1979 年 3 月 13 日，在巴黎举行的欧共体国家政府首脑第十三次理事会上，正式通过并宣布欧洲货币体系于同日起生效。

二、欧洲货币体系的主要内容

（一）创设欧洲货币单位

欧洲货币单位（European Currency Unit，ECU）是欧洲货币体系的核心，它比欧共体原创立的只起计价作用的 EUA 大大前进了一步，不仅起到计价作用，还具有以下功能。

（1）欧洲货币单位被作为确定参加欧洲货币体系国家货币的中心汇率标准。

（2）欧洲货币单位是成员方与欧洲货币基金之间信贷融通的计值标准。

（3）欧洲货币单位被作为成员方货币当局之间的结算工具，以及整个共同体的财政预算的结算工具。

（4）随着欧洲货币基金的建立，欧洲货币单位逐渐成为各国货币当局的一种储备资产。

欧共体借助于 ECU 的创设，进一步摆脱了美元的控制与影响，最终成为欧共体统一的货币。欧洲货币单位实质上是一个货币篮子，是按货币篮子的原则由欧洲经济共同体的各国货币混合构成的货币单位。组成欧洲货币单位的每一种货币在 ECU 中所占的权重，主要根据各成员方的国民生产总值及其在欧共体内贸易额所占的比重加权平均来计算。成员方货币在欧洲货币单位所占的权重每 5 年调整一次，必要时也可随时调整。

随着欧共体的经济发展，其实力越来越强，不断有新的成员方加入。1973 年 1 月 1 日，英国、丹麦、爱尔兰加入欧共体；1981 年 1 月 1 日，欧共体正式接纳希腊为成员方；1986 年 1 月 1 日，葡萄牙和西班牙也成为欧共体的正式成员方。至此，已经有 12 个国家加入欧共体，ECU 由 12 个国家的货币构成。1995 年 1 月 1 日，瑞典、芬兰和奥地利也成为欧共体的正式成员方。

（二）扩大西欧货币联合浮动范围，实行双重的中心汇率制

欧共体成员方对内实行固定汇率，对外实行联合浮动。欧共体成员方货币之间都确定了中心汇率，并且将汇率波动的上下限从"蛇形浮动汇率制度"时期的 1.125%扩大至 2.25%，允许英国、西班牙和意大利的货币汇率波动幅度为 6%。此外，各成员方货币还要和欧洲货币单位确定一个中心汇率和波动的上下限。如果成员方的货币偏离了对欧洲货

币单位的中心汇率，出现升降差异时，其最大差异幅度为 1.6875%，这被称为"临界干预点"，在这种情况下有关国家的中央银行应及时采取行动，改变自己的经济和货币政策，将汇率控制在差异界限之内。因此，联合浮动是一种带有预防性的措施，能对各国的汇率失常现象发出警告，从而维持汇率的稳定。在实际执行过程中，随着成员方的不断增多及各方经济状况的变化，这些汇率也在不断调整。

（三）建立欧洲货币基金，加强干预市场的能力

欧洲货币基金（European Monetary Fund，EMF）是欧洲货币体系的基础。1973 年 4 月，欧共体曾为稳定汇率建立了欧洲货币合作基金，但这不能满足干预市场的需要。而新建立的欧洲货币基金则集中了成员方 20% 的黄金、外汇储备及相同金额的各国货币，以便向成员方提供信贷、干预市场、稳定汇率和平衡国际收支。在欧洲货币体系成立之初，欧洲货币基金的总额约有 250 亿欧洲货币单位，其中的 140 亿欧洲货币单位作为短期金融贷款，其余 110 亿欧洲货币单位则作为中期金融贷款。其发放贷款的方式与国际货币基金组织发放贷款的方式相似。这些基金对稳定欧洲货币单位的币值及干预市场等起着重要的作用。

三、欧洲货币体系的作用

欧洲货币体系的作用主要体现在以下几个方面。

第一，欧洲货币体系的建立进一步削弱了美元的霸权地位，是国际货币体系走向多元化的标志，从而提高了欧洲经济共同体在国际金融领域的地位。

第二，欧洲货币单位的地位明显提高，用途日益扩大。欧洲货币单位经过多年发展，在国际金融领域的地位不断提高，被认为是成功的一篮子定值的货币。欧洲货币单位的官方用途正在逐渐扩大，成为适用于欧共体各国的清偿货币。因为欧洲货币单位的汇率风险较小，所以以它为面值发行的国际债券越来越多。同时，欧共体各成员方之间的交通、通信、旅游等业务结算也逐渐采用欧洲货币单位，使其成为重要的民间划拨清算工具。

第三，强大的欧洲货币基金增强了联合浮动汇率机制的稳定性。自欧洲货币单位创设以来，欧洲及国际金融市场上曾出现过多次动荡，牙买加货币体系实际上是"无体系的体系"，浮动汇率制度带来的剧烈汇率波动常常使各国自身难保，国际上的协调更加困难。而欧洲货币体系建立起来的汇率机制实际上是一种可调整的固定汇率制度，在不断调整的过程中，它经受住了多次严峻的考验，不仅巩固了欧洲货币体系本身的地位，还促进了欧共体的经济发展。

四、欧元的诞生与发展

对实现统一市场的憧憬使欧洲各国对消除汇率风险和交易成本的兴趣增加，在 1988

年 6 月召开的汉诺威首脑会议上，欧洲理事会决定建立一个专门委员会，就欧共体如何走向经济货币联盟做出报告。该委员会由当时的欧共体委员会主席雅克·德洛尔主持，这就是德洛尔委员会。1989 年 4 月，该委员会向欧共体的 12 国财政部长提交了《关于欧洲经济共同体经济与货币联盟报告》，即"德洛尔报告"。

根据这份报告，欧洲理事会马德里会议决定在 1990 年 6 月由 8 个成员方启动 EMU 的第一个阶段：放松资本管制，实现资本流动自由化。1991 年 12 月 9 日和 10 日，欧共体首脑在荷兰小镇马斯特里赫特举行会议，决定在 20 世纪 90 年代建立"货币与经济联盟"。1992 年 2 月 7 日，欧共体各成员方外交部长签署了在"德洛尔报告"基础上形成的《欧洲经济联盟》，又称《马斯特里赫特条约》（以下简称《马约》），《马约》成为以后欧洲经济联盟进一步发展的里程碑。欧共体相应更名为欧洲经济和货币联盟，简称欧盟。

《马约》分为政治联盟和经济与货币联盟两个方面。货币联盟的最终目的是在欧盟建立一个负责制定和执行货币政策的中央银行并发行统一的货币。该条约声明，欧盟将通过三个连续的阶段在 20 世纪末建立货币联盟，并且为此设置了精确的时间表。

第一个阶段：1990 年 7 月 1 日至 1993 年 12 月 31 日。这个阶段最主要的目标是加强欧洲各国的货币合作，所有成员方货币加入欧洲货币体系的汇率机制；清除市场行政障碍，完成单一市场建设，形成欧洲统一大市场，实现商品、人员和资本的自由流动；取消外汇管制，实现资本项目的完全开放。

第二个阶段：1994 年 1 月 1 日至 1997 年。在这个阶段，进一步实现各国宏观经济政策的协调，建立独立的不受政治干预的欧洲货币管理体系或欧洲中央银行，负责统一制定货币政策，进一步缩小成员方之间的汇率波动幅度。建立公共融资的规则，限制政府过度财政赤字，规定各成员方的中央银行不允许直接向其政府提供信贷，对国有企业的特殊保护及对公共债务的强迫投资均被禁止，并且赋予中央银行独立性；建立欧洲货币局，即欧洲中央银行的前身。欧洲货币局监管各国货币的波动幅度，实现各国货币的可自由兑换和向永久固定汇率过渡，加强各国中央银行间的合作，为进入建立单一货币的最后一个阶段做必要准备。

第三个阶段：1997 年至 1999 年 1 月 1 日，最终建立统一的欧洲货币，完成欧洲货币联盟的建设。成员方货币之间的汇率被最终锁定，统一货币被命名为欧元，取代各成员方的本币，并且以与 ECU 相等的价值正式启动。与此同时，单一货币政策开始确立并将此权力赋予欧洲中央银行（European Central Bank，ECB）体系。欧洲中央银行体系由各国中央银行和欧洲中央银行共同组成，各成员方将其全部黄金和外汇储备纳入欧洲中央银行账户，并且受《马约》规定的趋同指标的约束。可信的稳定政策及宏观经济的高度趋同是单一货币稳定的必要条件，虽然所有欧盟成员方都可以加入第二个阶段，但是在进入第三个阶段之前，《马约》第 109 条规定成员方必须满足以下所有趋同指标。

（1）价格水平高度稳定，通货膨胀率不能超过上一年欧共体三个通货膨胀率最低国家平均水平的 1.5%。

（2）可持续性，政府长期债券的利率不能高于欧共体三个通货膨胀率最低国家平均水平的 2%。

（3）持续稳定的政府财政地位，上一年的财政赤字占国内生产总值的比重必须低于 3%，公共债务的累计额必须低于国内生产总值的 60%。

（4）货币汇率必须维持在欧洲货币体系规定的幅度内，并且保持两年的稳定。

（5）各成员方中央银行的法则法规必须与《马约》规定的中央银行法规兼容。

虽然《马约》向经济货币联盟渐进的过程受到了来自各方的批评，并且 1992—1993 年发生的货币危机使货币联盟的前景黯淡，但是欧洲各国政府还是坚定不移地在 1994 年 1 月 1 日启动经济货币联盟第二个阶段，并且于 1999 年 1 月 1 日开始第三个阶段。

1999 年 1 月 1 日，欧盟统一货币——欧元开始启动，欧盟 15 个成员方中的 12 个国家（奥地利、比利时、芬兰、法国、德国、希腊、爱尔兰、意大利、卢森堡、荷兰、葡萄牙、西班牙）成为欧元区国家，3.06 亿人统一使用欧元。在这一阶段，欧元和欧元区国家原货币同时流通。自 2002 年 1 月 1 日起，欧元区国家正式发行第一批欧元的纸币与硬币，欧元取代原各国货币开始正式流通。同年 7 月 1 日，欧洲各国货币退出历史舞台，欧元成为欧元区唯一的货币。

2004 年 5 月 1 日，中东欧捷克共和国、爱沙尼亚、塞浦路斯、拉脱维亚、立陶宛、匈牙利、马耳他、波兰、斯洛文尼亚和斯洛伐克 10 个国家加入欧盟。欧元自启动以来，价值几经起伏。欧元的诞生与发展对世界经济产生了非常大的影响。

五、欧洲中央银行体系

欧洲中央银行的前身是欧洲货币局，再往前可以追溯到欧共体时期的中央银行行长委员会，中央银行行长委员会是欧共体各成员方中央银行行长之间协商信贷、货币市场和汇率等问题的机构。欧洲货币局成立于 1994 年 1 月，是设想中的于 1999 年成立的欧洲中央银行的过渡。

1998 年 5 月，欧洲经货联盟各国政府任命了欧洲中央银行执行董事会成员，这标志着欧洲中央银行和欧洲中央银行体系（European System of Central Bank，ESCB）的建立。1998 年 6 月 1 日，欧盟理事会正式任命欧洲中央银行行长、副行长及执行董事会的四位成员，这一天被视为欧洲中央银行的正式成立日期。欧洲中央银行成为欧元区国家统一发行欧元后的中央银行，欧洲中央银行和欧元区各成员方的中央银行共同组成 ESCB。ESCB 的成立是欧洲中央银行法的产物，具有坚实的法律基础。ESCB 有自己的预算，独立于欧盟预算之外，欧盟的其他机构不能干涉 ESCB 的行政事务，这有助于将 ESCB 的预算与欧盟各国的财政利益分离。ESCB 负责制定和实施欧洲经货联盟的货币和金融政策，以维持欧元区的价格稳定，促进欧元区的经济增长。

第六节 国际货币制度的改革

现行国际货币体系的呼声从牙买加货币体系成立以后就没有停止过,国际上曾围绕国际货币体系的改革进行过多次协商和讨论,其中心论题有以下几点:第一,汇率机制的安排;第二,货币可兑换性的重建;第三,各种储备资产在国际货币体系中的地位;第四,扰乱性资本流动的治理;第五,为适应发展中国家的特殊需要,应做出某些新的规定等。然而,因为各个国家的利害关系不同,所以在货币体系的改革方面存在多种利益冲突,这就决定了这一改革必然是一个长期的、复杂的和曲折的过程。

目前,作为现行国际货币体系载体的国际货币基金组织、发达国家集团、发展中国家集团、各国际经济政治组织和著名学者都提出了改革货币体系的方案,这些方案大体可以分为以下两类。

一、货币本位制度的改革

货币本位制度的改革方案主要有以下五种。

(一)恢复金本位制度方案

恢复金本位制度方案的主要内容:各国持有的美元可以自由向美国兑换黄金,黄金价格可以提高;各国对于外国持有的本国通货,在外国要求时,都应兑换为黄金;恢复用黄金弥补赤字的做法。

(二)恢复美元本位制度方案

国际货币基金组织研究部的安舟·克饶克特等人主张恢复美元本位制度,同时促使各主要工业国家间的宏观经济政策协调提高到一个更高的程度。他们认为,虽然美国的经济实力从绝对优势转为相对优势,美元的国际地位也有所下降,但目前钉住美元的货币仍有40多种,美元仍是主要的支付和储备手段。

(三)特别提款权本位制度方案

一些学者主张将特别提款权作为本位货币,并且提出了以下建议。

(1)在国际货币基金组织的控制下,以特别提款权为国际基础货币,通过它来影响国际储备总量。

(2)特别提款权要有坚实的物质基础,使人们对它无限信任。

(3)在储备总量的构成上,逐步增加特别提款权的比重,最后把多种储备资产简化成单一储备资产,所有官方储备只有黄金和特别提款权。

(4)各国中央银行可以用特别提款权干预外汇市场。

（四）以多种货币为基础的本位方案

法国政府在 1985 年提出建立"多极"国际货币体系，主张让日元、联邦德国马克、法国法郎和瑞士法郎也像美元一样，处于关键货币的地位。日本经济学家小岛清倡议实行"复数中心货币金汇兑本位制度"，让美元、日元和联邦德国马克三种货币取得无优劣差别价值的国际通货资格。美元、日元和联邦德国马克规定含金量，黄金可在三国之间转移。

（五）确立一种超主权国际储备货币

超主权储备货币（Super-sovereign Reserve Currency）是指由一个超越主权国家的货币管理机构发行的用于国际范围内计价尺度、交换媒介与储藏手段的货币。从国际货币危机的根源来看，目前缺少一种超越国别的超主权的国际储备货币，虽然欧元在部分特征上符合超主权国际储备货币，但是其与真正的超主权国际储备货币还有一定的差距。同时，真正的超主权国际储备货币有币值稳定、供应有序、总量调节灵活等特征，美元、欧元等强势货币不能满足其内在要求，而超主权国际储备货币能够满足上述要求。超主权国际储备货币不仅能避免主权信用货币的内在风险，还能调节全球流动性。由一个全球性机构管理的国际储备货币将使全球流动性的创造和调控成为可能，当一国主权货币不再作为全球贸易的尺度和参照基准时，该国汇率政策对失衡的调节作用会大大增强。

2008 年联合国大会主席设立的国际货币金融体系改革的专家委员会（the Commission of Experts of the President of the UN General Assembly on Reforms of the International Monetary and Financial System，简称斯蒂格利茨委员会）的报告指出，当前的国际货币体系改革应解决三个问题：第一，储备资产的积累必须与储备货币发行国的经常账户赤字相分离，以克服"特里芬两难"；第二，对经常账户盈余国必须有所约束，这是凯恩斯提出的"清算同盟"的核心理念；第三，应该提供一个比美元更加稳定的国际价值储存载体。解决上述三个问题的最现实的方法是大量增加对特别提款权的发行与使用。

二、汇率制度的改革

（一）对现行汇率制度持否定态度的改革

以美国经济学家库珀为代表，他们认为在浮动汇率制度下，汇率的频繁波动给世界经济的发展造成了损害，改革必须以国际货币的稳定为目标。因此，应加强国际货币基金组织对汇率的监督，国内的经济政策要与国际上的合作密切配合。只有这样，汇率才能保持稳定。反映发展中国家意见的二十四国集团的《蓝皮书》也认为，应当改革目前的浮动汇率制度。

（二）对现行汇率制度持肯定态度的改革

这是代表发达国家的十国集团的主张，主张认为目前尚不具备恢复固定汇率制度的条件。虽然以主要货币为基础的浮动汇率制度是灵活的、可行的，但今后还要采取措施稳定汇率和金融市场。要使汇率和金融市场稳定，需要完善的国内政策及主要国家间的密切合作，必要时各国应共同采取行动干预外汇市场。

（三）建立汇率目标区

布雷顿森林体系崩溃以后，以浮动汇率为主的混合体制占据主导地位，浮动汇率制度给全球经济带来了震荡，并且使各主要货币之间的汇率大起大落。为了改变这种局势，各国政府和学者进行了许多探索，"汇率目标区"就是其中最具代表性的探索成果。

最早提出"汇率目标区"制度的是荷兰财政大臣杜森贝里，他在 1976 年提出建立欧共体六国货币汇率变动的目标区计划。1985 年，美国著名学者约翰·威廉姆森和伯格斯坦又共同提出了详细的汇率目标区设想及行动计划。1987 年 2 月，"七国集团"中的六国财政部长在巴黎会议上将汇率目标区思想写入会后发表的《卢浮宫协议》。1991 年，克鲁格曼在 1985 年威廉姆森的汇率目标区方案的基础上创立了汇率目标区的第一个规范理论模型——克鲁格曼的基本目标区理论及模型，即克鲁格曼汇率目标区理论。

汇率目标区理论的基本指导思想是用世界贸易中占比最大的工业国家的货币建立一个汇率目标区，汇率目标区内有一个中心汇率（基本汇率），在中心汇率附近确定一个汇率波动的范围，当市场汇率波动超过这个范围时，有关国家应调整自己的经济政策，积极干预市场或调整中心汇率，使汇率的变动不超过这个范围。

我们根据汇率目标区的内容可将其分为硬目标区和软目标区。硬目标区的特点是汇率波动幅度小、不常修订，目标区的内容对外公开，一般通过货币政策将汇率维持在目标区内。软目标区的特点是汇率波动幅度大、经常被修订，目标区的内容不对外公开，不必要求通过货币政策加以维持。

建立汇率目标区体系尚待确定的问题有以下几个。

（1）目标区的规模问题。

（2）目标区汇率变动的频率和幅度问题。

（3）目标区对外公开的程度问题。

（4）对目标区汇率的承诺或保证的程度问题。

目前，国际货币体系的改革主张都还处于探索阶段，综合各方观点，这种方案可以修订如下：在现有的国际货币体系基础上进行调整和改革，改进现有的国际金融机构，包括国际货币基金组织、世界银行、国际清算银行、区域性银行，建立新的金融秩序；加强金融监管和援助力度，进一步协调发达国家和发展中国家、国际金融组织和私人组织及其他各利益冲突方之间的关系，最大限度维护主要货币汇率的稳定，降低全球范围内金融危机的发生频率。

上述修订方案涉及各方的利益冲突，要达成一致的意见还需要一些时间。然而，有一点是可以肯定的，各国和国际组织将做出不懈的努力，在未来的几年内向预定目标不断前进。

本章小结

1. 国际货币制度又称国际货币体系，是指国际间货币流通的组织形式。

2. 国际货币制度的主要内容之一就是有效地帮助国际收支出现严重失衡的国家通过各种措施进行调节，使其在国际范围内能公平地承担国际收支调节的责任和义务。

3.《牙买加协定》正式确定了浮动汇率制度的合法化，开创了固定汇率制度与浮动汇率制度并存的局面，成员方可自由选择汇率制度。

4.《牙买加协议》是布雷顿森林体系崩溃以后的一种权宜之计。

5. 欧洲货币体系的形成是欧洲经济共同体和经济一体化发展的要求。

6. 欧洲货币基金是欧洲货币体系的基础。

7. 国际货币基金组织研究部的安舟·克饶克特等人主张恢复美元本位制度，同时促使各主要工业国家间的宏观经济政策协调提高到一个更高的程度。

8. 超主权储备货币是指由一个超越主权国家的货币管理机构发行的用于国际范围内计价尺度、交换媒介与储藏手段的货币。

9. 真正的超主权国际储备货币有币值稳定、供应有序、总量调节灵活等特征。

复习思考题

1. 简述国际货币制度的主要内容。
2. 简述国际货币制度的作用与发展。
3. 简述国际金本位制度的主要特征。
4. 简述布雷顿森林体系的特点。
5. 简述《牙买加协议》的基本内容。
6. 简述浮动汇率制度对国际经济的积极作用。
7. 简述欧洲货币体系的作用。

第七章

国际金融信贷与融资

知识框架图

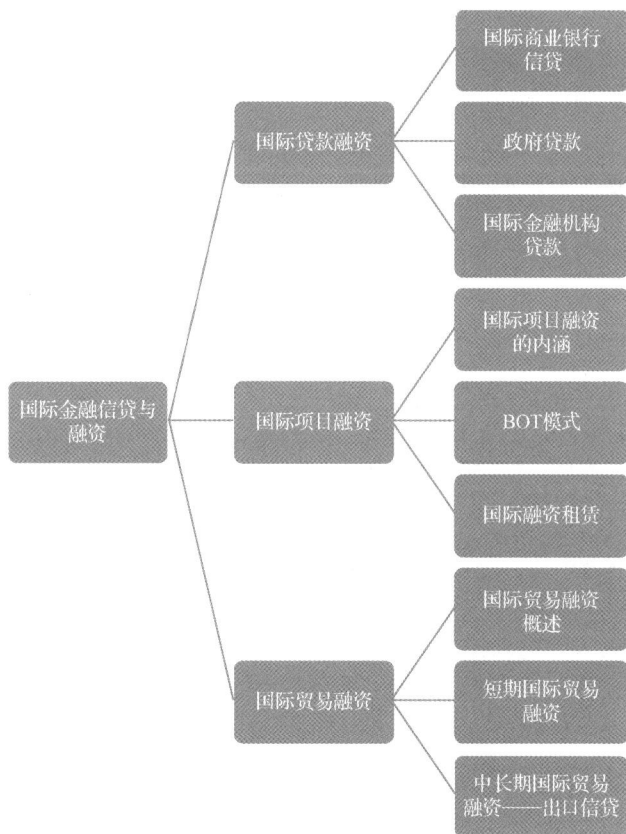

学习目标

⇨ 了解国际商业银行信贷
⇨ 理解国际金融机构贷款
⇨ 理解国际项目融资
⇨ 了解 BOT 模式
⇨ 了解国际融资租赁
⇨ 了解中长期国际贸易融资——出口信贷

第一节　国际贷款融资

1987 年，全长 50.5 公里的英吉利海峡海底隧道工程就是利用银团贷款兴建的，参与该笔贷款的银行多达 150 家，世界上规模最大的银行几乎都参与了这笔银团贷款，其中包括我国的中国银行和中信银行。这笔贷款金额高达 86 亿美元，具体贷款金额和货币分别为 26 亿英镑、210 亿法国法郎和 4.5 亿美元。1994 年，英吉利海峡海底隧道贯通，将英国的铁路系统与欧洲大陆的铁路系统连接起来，银团贷款的功劳首屈一指。

一、国际商业银行信贷

（一）国际商业银行信贷的含义

国际商业银行信贷是指一国独家商业银行或一国（多国）多家商业银行组成的贷款银团（或多国银团）在国际金融市场上向另一国借款人提供的不限定用途的货币贷款。与其他形式不同，贷款人可以自由支配、运用借入的资金，在贷款的使用上不受贷款人的限制。

（二）国际商业银行信贷的特点

第一，非限制性贷款借款人可自由支配所借资金，不存在专款专用的问题，借款人在使用贷款方面拥有更大的主动性和自由性。

第二，贷款数额较大，手续较简便。国际商业银行贷款，尤其是银行同业间贷款、银团贷款，不像国际金融机构贷款和政府贷款那样繁杂，比较简便。

第三，贷款成本较高。国际商业银行是以盈利为目的的金融机构，因此其利率相对较高。国际商业银行的利率以国际金融市场的利率为基础，与出口信贷的利率补贴或政府贷款和国际金融机构贷款的低息及无息相比，贷款利率比较高。此外，借款人还将负担各种费用。

（三）国际银团贷款

1. 国际银团贷款的含义

国际银团贷款又称辛迪加贷款（Syndicated Loan），是由一家或几家银行牵头、多家银行组成的银团按照内部的分工和比例及商定的条件，联合向借款人提供的数额较大的一种贷款。国际银团贷款是商业银行贷款中最典型、最具代表性的贷款方式，也是当前国际市场上筹措中期及长期资金的主要途径。

2. 国际银团贷款的特点

（1）金额较大，专款专用。

（2）借款人多为各国政府或跨国公司。

（3）银团贷款时间较长，短则 2～3 年，长则 15 年。

（4）银团贷款方式简便。

（5）银团贷款在宽限期内，借款人可以按工程的进度编制季度用款计划，随用随支，符合大型工程项目周转特点。

3. 贷款银团的组成

一个贷款银团由牵头行、代理行、参加行和顾问行组成。

牵头行要承担三个方面的责任：第一，审查借款人的资信，确认有关项目的可行性及借款人提供的必要担保；第二，负责组织银团与借款人协商贷款协议；第三，如果发生重大突发情况，就要代表银团与借款人商讨补救方法。副牵头行协助牵头行工作。另外，银团还可设置高级副牵头行等头衔，从而吸引更多的银行加入，因为许多银行对银团内的地位非常敏感。

代理行一般由牵头行征得银团其他贷款银行同意以后授权委任。在贷款协议签订以后，代理行具体管理各项事务，包括贷款的收集、发放及还款时本金和利息的分摊、收付款的通知等事宜。安排行协助代理行的工作。

参加行按照各自的贷款份额提供贷款。

顾问行向借款人提供有偿咨询服务。

二、政府贷款

（一）政府贷款的含义

政府贷款是指一国政府向另一国政府提供的一种中长期优惠贷款，这种贷款具有明显的官方发展援助性质。

政府贷款通常由政府有关部门出面洽谈，也有些是在政府首脑出国访问时，双方共同商定后签订贷款协议。比如，法国在对外提供贷款时，其主管部门是法国财政部国库司。国库司代表法国政府对外谈判，签订贷款总协议，拟定贷款的额度、期限等一般条件，然后还要听取法国国民议会有关机构的意见。又如，日本政府贷款主要是由外务省、大藏省、通商产业省和经济企划厅负责的，每笔贷款都由内阁总理大臣交给这四个部门，由它们协商并提出贷款方案，然后由内阁会议决定。日本海外经济协力基金贷款是我国使用的最多的政府贷款。

（二）政府贷款的条件

（1）贷款期限一般为 20～50 年。

（2）贷款利率。政府贷款利率属于优惠利率，甚至是无息。

（3）贷款金额及用途。政府贷款是一种条件优惠的国际信贷，信贷协议金额可达商务合同价款的 100%，贷款只能用于从贷款国进口商定的资本货物及其劳务，借款国在使用信贷资金购买贷款国的资本货物以前，通常进行公开采购招标，参与竞标的企业只能是贷款国认可的合格法人。

（4）附加费用。对计息贷款一般不再收取其他费用，一年两次付息。

（5）贷款偿还。宽限期过后，借款国每年分两次等额偿还本金。

（三）政府贷款的特点

政府贷款的贷款期限长、利率低，有时是无息贷款，其他附加费用也较少，往往含一定比例的赠予成分，又称软贷款。政府贷款的不足之处：易受双边政治关系左右，申请及批准手续复杂，金额有限，有明确的采购要求。具体来讲，政府贷款的特点包括以下几个方面。

1. 属主权外债

政府贷款首先是一种外债，是本国政府对外借用的一种债务。在我国，除了经国家发展和改革委员会、财政部审查确认并经国务院批准由国家统还的外债，其余外债由项目业主偿还且多数由地方财政担保。

2. 贷款条件优惠

政府贷款的赠予成分一般在 35% 以上，最高达 80%。贷款的利率低，一般为 0.2%～3%，个别贷款为无息。贷款偿还期限长，通常为 10～40 年并含有 5～20 年的宽限期。与国内贷款不同，外国政府贷款无须抵押，由国家财政提供担保。

3. 限制性采购

大多数国家政府贷款（科威特除外）向第三国采购的比例为 15%～50%，即贷款总额的 50%～85% 用于购买贷款国的设备和技术。通常情况下，借款国不能自由选择贷款币种，汇率风险较大。

4. 投向限制

政府贷款总量较大、使用时间长，便于国家根据经济发展的需要进行统一计划、统一安排、集中使用，可以最大限度地发挥其规模效益。政府贷款主要用于政府主导型项目建设，领域集中在基础设施、社会发展和环境保护等方面。

三、国际金融机构贷款

（一）国际货币基金组织贷款

1.　贷款概述

国际货币基金组织贷款只针对成员方的政府、财政部、中央银行、外汇平准基金部门和其他类似的国家财政金融机构。贷款只限于解决成员方国际收支不平衡的问题，即用于弥补成员方经常项目中的贸易和非贸易逆差。贷款额度与成员方缴纳的份额直接相关，即按份额的一定比例来确定借款额度。国际货币基金组织一般提供短期贷款，期限为 1～5 年，通常为 5 年，其中 3 年为宽限期。采用购买和购回的方式来发放贷款，每个成员方在需要向基金组织借入特别提款权或其他成员方货币时，都要交付等值的本国货币，这被称为购买；借款到期时，成员方用借入的货币或特别提款权换回本币，这被称为购回。贷款收取手续费和承诺费，手续费的费率为 0.5%，提款时一次付清。承诺费（承担费）的费率为 0.25%。如果成员方按照备用安排提款，那么国际货币基金组织对所提部分收取的承诺费将退还给成员方。

2.　贷款种类

国际货币基金组织贷款分为普通贷款、中期贷款、补偿性贷款、结构调整贷款等。

（1）普通贷款，它是为了弥补成员方暂时性的国际收支逆差，一般不超过成员方缴纳份额的 125%。中期贷款与普通贷款的目的相同，但期限较长。

（2）补偿性贷款，它主要帮助成员方解决出口收入减少造成的国际收支逆差的问题。

（3）结构调整贷款，它是为了帮助低收入国家纠正严重的国际收支不平衡，支持它们实施宏观经济中期计划及促进经济发展、改善国际收支状况的结构调整计划。

国际货币基金组织宏伟的资助计划只能依靠成员方份额、借款或出售黄金的信托基金来维持，贷款资金不能满足需求，贷款同份额挂钩且贷款条件苛刻。世界各国，无论是受援国还是非受援国都对国际货币基金组织的运行机制提出过诸多意见。在 1997 年亚洲金融危机中，国际货币基金组织虽然出力相助，但是救助效果并不明显。因此，国际货币基金组织正处在变革之中。

（二）国际复兴开发银行贷款

1.　贷款概述

国际复兴开发银行又称世界银行。国际复兴开发银行贷款又称硬贷款，是国际复兴开发银行向人均年收入低于 6885 美元的国家提供的偿还期较长的优惠贷款，用于减轻贫困、提供社会服务、环境保护或经济增长等特定方向。借款国一般是中等收入国家。

2. 贷款种类

国际复兴开发银行贷款主要分为项目贷款、非项目贷款、联合贷款和第三窗口贷款。

（1）项目贷款，约有90%的贷款属于此类贷款，主要用于成员方基础设施建设。

（2）非项目贷款，它是与成员方进口物资、设备，以及应付突发事件、调整经济结构等相关的专门贷款。

（3）联合贷款，它是联合其他贷款机构一起向借款国提供的项目贷款。

（4）第三窗口贷款，它是除国际复兴开发银行提供的一般性贷款和国际开发协会提供的优惠贷款以外的另一种贷款，该贷款介于非项目贷款与联合贷款之间。

3. 贷款条件

（1）仅限于成员方。国际复兴开发银行的贷款只对成员方的政府发放，如果贷款对象为非成员方政府，就必须由成员方的政府、中央银行或国际复兴开发银行认可的机构进行担保，以保证本息的偿还。因为贷款资金来自国际金融市场借款，所以只发放给有偿还能力的成员方。

（2）只有申请贷款的国家确实不能以合理条件从其他方面取得借款时，国际复兴开发银行才考虑发放贷款。

（3）贷款必须用于一定的工程项目并有助于该国的生产发展和经济增长，重点是基础工程项目，如交通（铁路、公路、港口、航空）、公用事业（电力、电信、供水、排水等）、农业建设、教育建设等。

（4）贷款必须专款专用并接受国际复兴开发银行的监督。监督不仅包括贷款的使用，还包括工程进度、物资保管、工程管理等。国际复兴开发银行派出人员进行考察，同时要求贷款国随时提供工程进度及投产后的详尽资料。

（5）贷款期限及利率。贷款期限一般为长期贷款，最长为30年。国际复兴开发银行贷款主要为浮动利差贷款和固定利差贷款。

浮动利差贷款的利率为6个月伦敦银行同业拆放利率加贷款浮动利差，每半年调整一次。固定利差贷款的利率为6个月伦敦银行同业拆放利率加贷款固定利差，每半年调整一次。固定利差在整个贷款期间固定不变。在贷款生效时，国际复兴开发银行按贷款总额的0.25%收取先征费。2007年，国际复兴开发银行取消了承诺费。

（6）贷款的使用不能限定在某一特定成员方进行采购，而要通过国际招标。这样能保证所有的成员方和非成员方都有参加投票的机会，借款国的投标者可享有一定程度的优惠。

（7）贷款以美元计值，借款国"借什么货币还什么货币"，因此要面对该货币与美元汇率变动的风险。

（三）国际开发协会贷款

1. 贷款概述

国际开发协会是国际复兴开发银行的附属机构，是专门从事国际复兴开发银行的无息贷款（软贷款）和赠款业务的国际金融组织，通过向生产性项目提供贷款，促进欠发达国家的经济社会发展。国际开发协会的主要业务活动是向不发达国家的公共工程和发展项目提供条件优于国际复兴开发银行的长期贷款。

2. 贷款特点

（1）贷款对象为低收入国家。贷款对象是人均国民生产总值（Gross National Product，GNP）低于某个确定值的国家，如国际开发协会 1980 年的贷款对象是人均 GNP 低于 410 美元的国家、1994 年的贷款对象是人均 GNP 低于 725 美元的国家、2010 年的贷款对象是人均 GNP 低于 1165 美元的国家、2016 年的贷款对象是人均 GNP 低于 1215 美元的国家。1999 年 7 月，国际开发协会停止对我国贷款。

（2）贷款用于公共工程、农业、文化教育建设等方面。

（3）贷款条件优厚、无息，只对已支付余额每年征收 0.75% 的手续费。

（4）贷款期限长，为 25～40 年，宽限期为 5～10 年。

（5）贷款偿还。第一个 10 年无须还本；第 11 年到第 20 年，每年还本 1%；从第 21 年起，每年还本 3%，贷款部分或全部用借款国的货币偿还。如果借款国的经济发展和借款信誉前景已达到可按商业条件借入相当数量的借款，就会失去向国际开发协会借款的资格。

（四）国际金融公司贷款

1. 贷款概述

国际金融公司是一家国际开发机构，通过支持私营部门投资，在国际金融市场筹集资本，向企业和政府提供咨询服务，达到促进发展中国家可持续性经济增长的目的。

2. 贷款特点

（1）贷款对象为较贫穷的发展中国家的中小型私营企业，这类贷款不需要政府担保，但要向国际金融公司提供抵押担保。

（2）贷款主要用于制造业、加工业、开采业、公共事业、旅游业。

（3）国际金融公司一般只提供项目所需资金的 25%，其余组织银团贷款。贷款数额最低为 100 万美元，最高为 3000 万美元，对发展中国家低于限额 100 万美元的项目、试点项目及试办工厂，国际金融公司尽可能参与投资。

（4）贷款期限一般为 7～12 年（包括 1～4 年的宽限期），可分多次偿还。

（5）贷款利率由国际金融公司根据风险预期收益及国际市场利率变化等因素确定，一般高于国际复兴开发银行的贷款利率，对未提用部分加收 1% 的承诺费。

（6）借款国须以原借款货币偿还贷款。

（五）亚洲开发银行贷款

相对于商业贷款而言，亚洲开发银行提供的贷款总体来说具有一定的优惠性，主要表现在贷款时间长、利率低、其他费用少三个方面。

亚洲开发银行贷款包括普通贷款和特种贷款。

普通贷款又称硬贷款，期限一般为 10～30 年，利率一般为浮动利率，每半年调整一次。利率由亚洲开发银行筹资成本加 0.4% 的利差构成。

特种贷款又称软贷款，其资金来源是特别基金。特别基金又分为亚洲开发基金和技术援助特别基金，是为人均 GNP 低于 670 美元（1983 年价格）的低收入且偿还能力有限的发展中成员国或地区提供的长期无息贷款。贷款期限长达 40 年，含 10 年的宽限期，软贷款不收利息，每年只收 1% 的手续费。

普通贷款数额占亚洲开发银行贷款总额的 70%，主要用于帮助成员方提高其经济发展水平。特种贷款是亚洲开发银行的优惠贷款，只提供给那些人均 GNP 和还款能力较低的发展中国家。目前，亚洲开发银行对华业务只有普通贷款业务。中国人民银行是我国对亚洲开发银行的"窗口单位"，亚洲开发银行贷款直接贷给中国人民银行，再由中国人民银行转贷给其他机构。

第二节　国际项目融资

20 世纪 90 年代，亚洲地区每年基建项目标底高达 1300 亿美元。许多发展中国家纷纷引进"建设-经营-转让"（Build-Operate-Transfer，BOT）方式进行基础建设，如泰国的曼谷二期高速公路、巴基斯坦的 Hah River 电厂等。1984 年，香港合和实业公司和中国发展投资公司等作为承包商和广东省政府合作在深圳投资建设了沙角 B 电厂项目，该项目是我国首家 BOT 基础项目，在具体做法上并不规范。1995 年，广西来宾电厂二期工程是我国引进 BOT 方式的一个里程碑，为我国利用 BOT 方式提供了宝贵的经验。此外，BOT 方式还在北京京通高速公路、上海黄浦延安东路隧道复线等许多项目上得到运用。

一、国际项目融资的内涵

（一）国际项目融资的含义

国际项目融资（International Project Financing）是指向某一特定的工程项目提供贷款，贷款人依赖该项目所产生的现金流量和收益作为偿还贷款的资金来源，并且将该项目或经营该项目的单位的资产作为贷款的担保的一种跨国融资方式，是国际中长期融资的一种形式。从广义上说，一切针对具体项目所安排的融资都可以划为项目融资的范畴。可是，金融界习惯上一般只将具有无追索权或有限追索权形式的融资活动称为项目融资。

20 世纪六七十年代以后，国际上大型工程开发项目日益增多，包括石油、煤炭、天然气等自然资源开发项目，也包括交通运输、电力、农林等基础建设工程项目，这些项目往往耗资巨大，开发周期长，动辄需要几亿美元、几十亿美元乃至上百亿美元的投资金额和几年、十几年甚至几十年的投资周期。项目的投资风险超出了项目投资者所能够和所愿意承担的限度，传统的公司式融资方式已经不能满足此类大型、巨型项目融资的要求，针对这种情况，为满足开发大型项目的需要，利用项目本身的资产价值和现金流量安排项目的融资方法应运而生并取得了很大发展。

（二）国际项目融资的特点

（1）依赖项目本身的现金流量和资产，而不依赖项目发起人的资信来安排融资。项目融资，顾名思义，就是以项目为主体安排的融资，贷款者在项目融资中的注意力主要放在项目的贷款期间能够产生多少现金流量用于偿还贷款，贷款的数量、融资成本的高低及融资结构的设计都是与项目的预期现金流量和资产价值直接联系在一起的。

（2）债权人对债务人只有有限的追索权。追索是指在借款人未按期偿还借款时贷款人要求以抵押资产以外的其他资产偿还借款的权利。在某种意义上，贷款人对项目借款人的追索形式和程度是区分融资为项目融资还是传统形式融资的重要标志。作为有限追索的项目融资，贷款人可以在贷款的某个特定阶段（如项目的建设期和试生产期）对项目借款人实行追索，或者在一个规定的范围内（这种范围包括金额和形式的限制）对项目借款人实行追索。除此之外，无论项目出现任何问题，贷款人都不能追索项目借款人除该项目资产、现金流量及所承担的义务之外的任何形式的财产。

（3）与项目有关的各种风险以某种形式（如各类合同）在与项目开发有直接或间接利益关系的其他参与者和贷款人之间进行分担和转移。为了实现项目融资的有限追索，与项目有关的各种风险要素需要以某种形式在借款人、与项目开发有直接或间接利益关系的其他参与者和贷款人之间进行分担。一个成功的项目融资应该是没有任何一方需要单独承担全部项目债务的风险责任。在组织项目融资的过程中，项目借款人应该学会如何识别和分析项目的各种风险因素，确定自己、贷款人及其他参与者所能承受风险的最大能力及可能性，充分利用与项目有关的优势，最后设计出对投资者具有最低追索的融资结构。

（4）融资成本较高，包括融资的前期费用和利息。与传统的融资方式相比，项目融资的一个主要问题是相对筹资成本较高、组织融资所需要的时间较长。项目融资涉及面广，结构复杂，需要做好大量有关风险分担、税收结构、资产抵押等一系列技术性的工作。筹资文件比一般公司融资的文件要多出几倍，需要几十份甚至上百份法律文件才能解决问题，这就使组织项目融资花费的时间要长一些，而项目融资的大量前期工作和有限追索性质使融资的成本比传统融资方式的成本高。

二、BOT 模式

（一）BOT 模式的含义

BOT 是私营企业参与基础设施建设、向社会提供公共服务的一种方式。一般是东道国政府与国际项目公司（外商）签订合同，由项目公司筹集资金参与基础设施和公共工程项目的开发和建设。项目建成以后，由项目公司在规定期限内经营该项目，以收回其对该项目的投资及其他合理的服务费用等，经营期限一般为 15～20 年，在规定的经营期限届满时，项目设施无偿转让给东道国政府。这是近年来在国际上，尤其是发展中国家普遍重视并经常采用的一种新的国际经济技术合作方式，中国一般称之为"特许权"。

（二）BOT 模式的特点

1. 投资的主体与客体有规定性

BOT 项目合作的一方是政府部门（项目方），另一方是国外的民营企业。投资的客体是基础设施项目，而非一般加工项目。这些项目工程量大、建设时间长、耗资巨大、关系国计民生，属于急需项目，而且这些项目的市场需求一般都比较多，能够获得比较稳定的收入。

项目合作双方以签订特许协议的方式使债务与股权均归投资者，政府不承担债务，但需授权投资者拥有所有权。

2. 项目的实施是一项系统工程，各方协作难度较大

项目实施需要金融、贸易、保险、技术引进、工程承包、土地使用权、交通能源、通信、广告等各行各业的相互协调与合作，尤其是东道国的支持，它是 BOT 项目成功的关键。

3. 项目投资规模大，经营周期长

BOT 项目投资一般由多国的十几家或几十家银行和金融机构组成银团贷款，再由一家或数十家承包商组织实施。

4. BOT 投资方式以特许权为前提

投资者只有取得特许权以后才可以开展项目建设。在政府和私人资本相互需要的前提下，通过政府让渡特许权，使私人资本有机会参与对基础设施的投资。对于项目方来说，采用 BOT 模式，实质上是把利用外资与引进技术结合起来。

5. BOT 模式的经营管理比较特殊

虽然作为独立法人的项目公司对其项目财产拥有所有权，但这种所有权始终是一种不完全的财产所有权。项目公司在设立之初，其尚未获得的财产已经抵押给贷款银行，并且这项抵押权须征得财产本来所有人的同意。在整个还贷期间，项目财产始终受抵押权的约束。在回报期内，随着回报额的增加和经营期的减少，未来所有人（政府）的实际所有权逐步扩大，直至所有人完全拥有该项目资产的所有权。

视野拓展

抵押权

抵押权指的是债权人对于债务人或第三人不转移占有而提供担保的财产,在债务人不履行债务时,依法享有的就担保的财产变价并优先受偿的权利。债务人或第三人为抵押人,债权人为抵押权人,提供担保的财产为抵押财产。

三、国际融资租赁

(一)国际融资租赁的含义

融资租赁是 20 世纪 50 年代起源于美国的一种金融工具。目前,融资租赁已在全球 80 多个国家和地区得到了广泛的推广,成为集融资与融物、贸易与技术于一体的新型产业。国际融资租赁是第二次世界大战以后国际金融市场融资方式与手段的创新,是国际贸易发展促使贸易方式多样化的结果,是发达国家与发展中国家资金与技术矛盾冲突的产物,是企业在飞速发展的科技革命进程中不断谋求新的筹资与投资方式的结果。

国际上通行的国际融资租赁的定义如下:当项目单位需要添置技术设备而又缺乏资金时,由出租人代其购进或租进所需设备,然后出租给项目单位使用,按期收回租金,其租金的总额相当于设备价款、贷款利息、手续费的总和。当租赁期满时,项目单位即承租人以象征性付款的方式取得设备的所有权。在租赁期间,承租人只有使用权,所有权属于出租人。

(二)国际融资租赁的当事人

国际融资租赁的当事人包括出租人、承租人和供货人,三个当事人可分处不同的两三个国家和地区。

1. 出租人(Lessor)

出租人即出租租赁标的物的人,实际上是出资人或投资人,同时又是购买租赁标的物的人。出租人具体包括以下几类。

(1)专业租赁公司,它们是专营租赁业务的独立公司,其特点是租赁期限长短不一,租赁标的物品种多样,租赁方式灵活多变,业务能力强。

(2)银行、保险公司等金融机构,它们资金雄厚,能提供融资条件的优惠。这些金融机构既可以自己成立租赁公司,又可以和其他组织联合设立租赁公司。

(3)制造商。为了扩大企业机器设备等产品的出口和销售,一些大的工业制造厂商也从事租赁业务,为承租人提供选购、维修和保养设备的指导和其他便利。

(4)经销商和经纪人。经销商是生产者和销售者的中介人,主要从事储存、运输、分配的工作，他们从事租赁业务主要是为了推销产品。租赁经纪人是在承租人和出租人之间安排租赁交易收取佣金的个人或公司，他们本身不经营租赁业务，只是代表委托人寻找交易对象，并且代表委托人与对方磋商租赁条件，促进交易成功。

（5）租赁联合体，这是由制造厂商和大型专业租赁公司或金融机构联合组成的多边租赁经营组织。租赁联合体集各方优点于一身，是实力雄厚的出租人。

（6）国际性租赁组织。一些国际性的租赁组织相继出现在世界租赁市场上，如20世纪60年代中期成立的国际租赁协会、1972年成立的租赁俱乐部、1973年成立的东方租赁控股公司等。

2. 承租人（Lessee）

承租人是支付租金、享有租赁标的物使用权的人。在现代国际租赁业务中，承租人通常是企业，而不是个人。有些国家的租赁法律已明文规定，承租人是企业，而不是个人。

3. 供货人（Supplier）

供货人即生产租赁标的物的生产者、制造商或其他供货人，出租人必须从供货人那里购进货物，然后由供货人直接将标的物交付给承租人使用。

（三）国际融资租赁的特点

（1）国际融资租赁关系的主体分别是不同国家的当事人，其中包括不同国家的当事人通过其下属法人企业在同一所在国履行融资租赁的情况，并且在多数情况下，国际融资租赁关系至少涉及三方当事人，即出租人、承租人和供货人，因此，在国际金融法实践中通常将国际融资租赁称为"三边交易"。在某些情况下，一项国际融资租赁业务还可能涉及贷款银行和股权投资人，这些均使国际融资租赁不同于许多国家国内法律规定的租赁。

（2）国际融资租赁关系的标的物通常是指由融资租赁文件特定化的大型机器设备或成套设备。《国际融资租赁公约》第一条规定，适用该公约的国际融资租赁标的（物）还可以是基于商业用途的工厂、资本货物或其他设备，但不包括基于非商业用途而仅供承租人个人或家庭租赁使用的设备。根据国际金融法实践，国际融资租赁的出租物通常是由承租人选择并确定的，其规格和要求由有关的协议文件约定，并且仅仅在该出租物经交付验收后方可特定化。

（3）租赁期限较长，一般接近租赁物的寿命，并且租赁期满以后承租人可以选择将租赁物退回出租人或按残值购买。国际融资租赁的租金较高。利用国际融资租赁方式扩大再生产，有利于资金周转，可以很快形成生产能力，并且可以保证经常使用先进设备，减少自购带来的风险，降低企业的经营成本，提高经济效益。国际融资租赁对使用年限大大短于设备有效寿命的通用设备，如工程建筑机械、大型电脑等，尤为适用。近年来，国际融资租赁已经成为企业扩大再生产的一种重要方式。

第三节　国际贸易融资

一、国际贸易融资概述

（一）国际贸易融资的含义

国际贸易融资（International Trade Financing）是指在进出口商品的生产、采购、打包、储运、结算等各个阶段和环节，通过各种渠道获得的融资便利。由此可见，国际贸易融资涉及进出口业务的各个环节，资金融通的来源也多种多样。

（二）国际贸易融资的分类

与国际贸易有关的资金融通业务有多种形式，它们有不同的特点、适用条件和操作程序，根据不同的标准可以分为不同的种类。

1. 根据授信方的不同，国际贸易融资分为商业信用和银行信用

（1）商业信用（Commercial Credit）是指进口商与出口商双方之间相互提供的信用。比如，在国际贸易中常采用的延期付款就是出口商对进口商提供的商业信用；进口商在收到货物之前向出口商预付货款则属于进口商对出口商的商业信用。

（2）银行信用（Bank Credit）是指银行或其他金融机构为出口商或进口商提供的信用。比如，银行承兑、贴现出口商向进口商签发的远期汇票、凭出口商对进口商的债权给予出口商贷款等。向进口商与出口商提供信用的银行不限于本国的银行，也可以是外国的银行。

需要指出的是，在国际贸易融资过程中，商业信用和银行信用并不是截然分开的，而是存在密切的联系。比如，银行对出口商的信用增强了出口商对进口商提供商业信用的能力，银行对进口商的信用担保使进口商更容易获得出口商提供的商业信用等，因此进口商与出口商之间的商业信用往往以银行提供的银行信用为基础。

2. 根据受信方的不同，国际贸易融资分为对出口商的信贷和对进口商的信贷

（1）对出口商的信贷是指接受信用即获得资金融通的主体是出口商，如打包贷款、卖方信贷等。

（2）对进口商的信贷是指接受信用即获得资金融通的主体是进口商，如进口押汇、买方信贷等。

3. 根据资金融通的期限不同，国际贸易融资分为短期国际贸易融资和中长期国际贸易融资

（1）短期国际贸易融资的期限一般在 1 年以内，通常适用于单位货值较低的一般消费品，贷款条件与市场条件相似。

（2）中长期国际贸易融资的期限一般在1年以上，主要用于促进本国机械设备、机电产品等资本货物的出口，通常可以获得国家的补贴，因此信贷条件优于市场条件。

（三）国际贸易融资的作用

1. 对进口商与出口商的作用

对进口商与出口商来说，国际贸易融资可以为其提供各种资金融通的便利，从而加速商品流通和资金周转的速度，减少资金占压，保障交易完成，提高国际竞争力。

2. 对商业银行的作用

国际贸易融资是当今商业银行等金融机构的重要业务之一，这就给银行带来了利润，使其分享到国际贸易发展的成果；同时在国际贸易融资业务中，需要国际银行之间相互配合，随着合作的深入，业务往来将不再限于结算、融资，而是扩大到几乎所有的金融领域，包括货币市场和资本市场等，这使银行有更多的机会步入国际舞台，发挥更重要的作用。

3. 对一国经济的作用

因为国际贸易融资对进出口有明显的促进作用，所以可以促进一国国际贸易的发展，有利于国际收支的平衡，从而对本国国内经济产生积极的影响。

二、短期国际贸易融资

对外贸易短期信贷是进口商与出口商在贸易和结算的不同环节得到的期限在1年以内的短期资金融通。通过短期资金支持，进口商与出口商可以提高资金的运用能力，增强竞争力，进而提高其销售和购买能力。对外贸易短期信贷的形式多种多样，根据授信方和受信方的不同，可以分为以下两种。

（一）短期出口融资

1. 进口商对出口商的预付款

进口商在收到货物之前，就要支付一定的金额给出口商，这是给出口商的预付款。进口商预付款包括三种形式：第一种是订购支付，即进口商在向出口商订货时付款；第二种是部分预付款，它通常作为进口商执行合同的保证；第三种是凭单付款，它是指进口商在出口商将货运单据提交出口地指定银行时付款。在当前的国际贸易中，买方市场特征明显，进口商一般不为出口商提供信贷。进口预付款通常用于资信较差或急于购货的进口商，也有些进口商为换取优惠的价格主动提供短期信贷。

2. 银行对出口商的融资

（1）打包放款（Packing Credit）是指在信用证结算方式下，出口商以收到的正本信用证作为还款凭证和抵押品向当地银行申请的一种装船前信贷。打包放款主要适用于出口商在采购或生产信用证项下的出口商品时，资金出现短缺的情况。通过以信用证作为抵押，向银行申请流动资金贷款，来弥补出口货物在生产、加工、包装及运输过程中出现的资金缺口。在出口商发运货物并凭相关单据向银行办理议付时，贷款银行就将打包放款改为出口押汇，扣除事先的垫款、利息和费用，将余款支付给出口商。打包放款的期限通常为 3 个月，一般不超过信用证有效期，原则上不超过 6 个月，融资比例通常不超过信用证金额的 80%。

（2）出口押汇（Outward bill/Outward documentary bills/Outward Bill Credit/Bill purchased）是指出口商装运货物以后将代表货权的提单和汇票等抵押给银行，从而得到扣除利息和手续费以后的剩余货款。根据结算方式的不同，出口押汇又分为信用证出口押汇和托收出口押汇。

信用证出口押汇是指在信用证结算方式下，出口商发运货物以后，将全套单据提交往来银行，以此作为抵押向银行取得资金融通。办理押汇的银行在审核单据以后，扣除一定的利息和费用将余款支付给出口商，然后银行向开证行寄单索款，收到的款项用来偿还押汇行事先的垫款。

托收出口押汇是指托收行买入出口商开立的以进口商为付款人的跟单汇票及随附的商业票据，在扣除利息和费用之后将余款支付给出口商，并且通过国外联行向进口商收款，以偿还事先的垫款。出口商向银行办理托收出口押汇时应提供一份托收出口押汇申请书，除了申请做托收出口押汇，还要保证汇票被拒付时托收行对出口商有追索权，要保证负责赔偿托收行的一切损失。

信用证出口押汇和托收出口押汇的根本区别在于前者有开证行的付款保证，而后者则完全取决于进口商的信用，因此银行提供托收出口押汇的风险相对较大。为了控制风险，银行在提供托收出口押汇时，通常要对出口商的资信核定相应的额度，只在额度内提供托收出口押汇。我国国内有些银行提供的出口押汇业务是专指信用证项下的情况，而托收出口押汇则另外单独注明。

（3）票据贴现是指收款人或持票人将经过承兑的未到期的远期汇票向银行申请贴现，银行按票面金额扣除贴现息以后将余款支付给收款人的业务。在国际贸易融资中，票据贴现申请人通常是出口商，银行在办理票据贴现时一般要求是信用证结算方式下的，所涉及的远期汇票需要取得开证行的承兑，而且如果开证行到期不能履行付款义务，那么贴现行有权向出口商行使追索权。出口押汇和票据贴现的区别：出口押汇发生在出口商发运货物以后，向银行提交包括提单、汇票等全套单据时，是以在途货物作为抵押取得的贷款；而票据贴现则是在单据已寄往国外、远期汇票得到进口方银行承兑以后，出口商以远期汇票为抵押取得的贷款。

（4）发票融资是指在采用货到付款或赊销结算方式时，出口商凭其提供的发票和其他出口凭证向银行申请贷款，银行根据情况给予一定比例的短期资金融通。有的银行将这种业务称为电汇押汇或电汇融资。因为该业务是建立在商业信用基础上的，风险相对较大，所以银行会严格审查出口商的资信、核定贷款额度，并且保留追索权。

（二）短期进口融资

1. 出口商对进口商的融资

（1）赊销信贷（Open Account Credit）是指进出口双方在签订赊销协议的基础上，出口商发运货物后，将货款借记进口商账户，而进口商则将这笔货款贷记出口商账户，进口商在约定的期限向出口商支付货款。

（2）票据信贷（Bill Credit）是指进口商凭银行提交的单据承兑出口商的远期汇票，或者由出口商将单据直接寄交进口商，由进口商在一定时期内支付出口商的汇票。票据信贷是出口商为进口商提供商业信贷的主要形式。

2. 银行对进口商的融资

（1）授信开证是指银行在未向客户收取全额保证金的情况下，为其开立进口信用证的业务。通过该项业务，进口商可以部分或全部免交开证保证金，从而减少资金占压，加快资金周转的速度。银行一般应进口商申请，根据其偿债能力、履约记录和担保条件等情况为其核定授信额度，该项额度实行余额控制，可以循环使用，进口商在该项额度之内可全部或部分免交开证保证金。如果进口商未能事先获得授信额度，那么可以采取单笔授信审核的办法。

（2）进口商对出口商的汇票进行承兑属于一种商业信用。如果出口商不完全相信进口商的支付能力，出口商就会要求由银行对其远期汇票进行承兑，以保证货款的收回。此时，进口商就要向银行提出承兑汇票的申请。如果出口商要求进口商用现金支付，那么进口商还可以向银行签发汇票，由银行承兑，进口商将经承兑的汇票在市场贴现，将贴现所得款项支付给出口商，这种业务被称为再融资。承兑信用是银行对外贸易融资的重要形式，在这个过程中，银行为进口商提供了信用，因为票据一经承兑，承兑人就变为第一付款人，承担了进口商违约的风险，所以要对进口商的资信进行调查并控制承兑金额，当然还要向进口商收取一定的费用。

（3）进口押汇是指进口商接到国外寄来的单据而暂时没有资金付款赎单时，以跟单汇票和进口货物作为抵押，要求银行代为垫付货款的业务。根据结算方式，进口押汇可分为信用证下进口押汇和进口托收押汇。

信用证下进口押汇是指开证行在收到单据、审单相符后先行付款，进口商取得单据提货以后将货物销售，用收回的资金偿还银行垫付货款的本金和利息。

进口托收押汇则是指发生在托收结算方式下，代收银行替进口商垫付货款，向进口商提供的短期资金融通。

（4）提货担保是指在信用证项下的货物早于货物提单抵达港口时，为了使进口商与出口商的业务正常进行，应进口商的申请，银行向船公司或货运代理商出具担保书，船公司或货运代理商凭担保书先行放货给进口商的授信方式。收到单据以后，进口商用正本提单换回提货担保，银行的担保责任就解除了。如果由于各种原因，进口商日后无法补交正本提单，那么作为担保人的银行就要承担各种费用并赔偿因此给船公司或货运代理商带来的损失。因此，提货担保实际上是银行给进口商提供的信用担保。

银行在签发提货担保之前，必须查明该批货物确实属于银行所开立的信用证项下的货物，或者进口商放弃信用证下对不符点单据拒付的权利，同时确定进口商的货值无误。一般情况下，银行要收取进口商的全额保证金，或者对有信托收据额度者在额度内凭信托收据签发提货担保。

三、中长期国际贸易融资——出口信贷

（一）出口信贷的产生

虽然短期国际贸易融资形式多样、渠道广泛，但只能满足商品周转期较短、成交金额不大的国际贸易交往。对于大型成套设备，如船舶、飞机、机电等产品的出口及大型工程项目的投资来说，由于成交金额大、生产周期长，需要期限较长、金额较大的资金支持。大型机械设备等资本货物的价值高、交易金额大，对一国的生产和就业具有重要作用。扩大该种产品的出口不仅可以带动本国经济的发展，还能改善外贸出口商品的结构。因此，各国政府为促进本国资本货物的出口，提供了中长期资金支持和信贷便利，出口信贷就应运而生了。

官方支持的出口信贷简称出口信贷（Export Credit），它是指国家为支持和扩大本国资本货物的出口，对本国出口货物给予利息补贴并提供信贷担保，为本国出口商或外国进口商（或外国进口商所在地银行）提供中长期的优惠贷款。

（二）出口信贷的特点

1. 出口信贷所支持的是本国资本货物的出口

出口信贷一般指定用途，只能用于购买贷款提供国的大型机械设备等资本货物。

2. 出口信贷是一种优惠贷款

出口信贷的贷款利率低于相同条件的市场利率，利差则由政府补贴，从而为本国大型机械设备的出口融通到成本较低的资金，提高其在国际上的竞争力。这可以说是国家支持本国出口的一种具体的表现。

3. 出口信贷的发放与信贷保险或担保相结合

因为出口信贷涉及的金额大、期限长，发放贷款的银行面临着很大的风险，所以为了保证贷款资金的安全，国家出口信用担保机构（Export Credit Agency，ECA）需要对银行发放的贷款给予直接保险，或者对私人保险机构承保的风险进行再保险，抑或对银行贷款进行担保。如果发生贷款不能收回的情况，那么最终由国家出口信用担保机构负责赔偿相关损失。这样就可以免去提供贷款的私人商业银行或保险机构的后顾之忧，同时这也是国家支持本国出口、增强其竞争力的体现。

4. 国家成立专门的机构发放出口信贷

世界上许多国家都成立了专门的出口信贷机构，专门办理出口信贷和信贷保险业务。在信贷规模较大、商业银行资金不足时，国家出口信贷机构可以给予支持，从而改善本国的出口信贷条件，提高本国资本货物在国际上的竞争力。

（三）出口信贷的作用

1. 促进资本货物国际贸易的发展

出口信贷使资本货物的制造商和出口商获得了出口收汇的保障，解决了资金周转的问题，从而鼓励和刺激了该类产品的生产和出口。同时，出口信贷提高了进口商的支付能力，有效地保持了资本货物国际贸易的增长势头。

2. 促进项目的开发和建设

大型工程项目的开发周期长、耗费大，如果按商业条件融资，就会增加项目负担，导致工期拖延，甚至被迫"下马"。而出口信贷为工程设备的进口商和大型工程的承包商提供了补贴性质的长期优惠贷款，这样使相当数量的投资项目可以开工运转。

3. 促进设备出口国的经济发展

如上所述，出口信贷能极大地促进一国大型机械设备的出口，从而拉动一国经济增长，增加就业岗位。

4. 促进设备进口国的经济发展

设备进口国通过引进技术设备可以提高本国的生产力水平，促进本国经济的发展。发展中国家要进行大规模的基础建设、产业升级，同时又面临自身技术水平落后、资金短缺等困难，此时利用出口信贷就能弥补这方面的不足。比如，亚洲几个新兴工业化国家和地区的崛起就得益于出口信贷资金。

本章小结

1. 国际商业银行信贷是指一国独家商业银行或一国（多国）多家商业银行组成的贷款银团（或多国银团）在国际金融市场上向另一国借款人提供的不限定用途的货币贷款。

2. 国际银团贷款又称辛迪加贷款，是由一家或几家银行牵头、多家银行组成的银团按照内部的分工和比例及商定的条件，联合向借款人提供的数额较大的一种贷款。

3. 政府贷款是指一国政府向另一国政府提供的一种中长期优惠贷款，这种贷款具有明显的官方发展援助性质。

4. 国际货币基金组织贷款只针对成员方的政府、财政部、中央银行、外汇平准基金部门和其他类似的国家财政金融机构。

5. 国际复兴开发银行贷款又称硬贷款，是国际复兴开发银行向人均年收入低于6885美元的国家提供的偿还期较长的优惠贷款，用于减轻贫困、提供社会服务、环境保护或经济增长等特定方向。

6. 国际项目融资是指向某一特定的工程项目提供贷款，贷款人依赖该项目所产生的现金流量和收益作为偿还贷款的资金来源，并且将该项目或经营该项目的单位的资产作为贷款的担保的一种跨国融资方式，是国际中长期融资的一种形式。

7. BOT是私营企业参与基础设施建设、向社会提供公共服务的一种方式。

8. 融资租赁是20世纪50年代起源于美国的一种金融工具。目前，融资租赁已在全球80多个国家和地区得到了广泛的推广，成为集融资与融物、贸易与技术于一体的新型产业。

9. 出租人即出租租赁标的物的人，实际上是出资人或投资人，同时又是购买租赁标的物的人。

10. 国际贸易融资是指在进出口商品的生产、采购、打包、储运、结算等各个阶段和环节，通过各种渠道获得的融资便利。

复习思考题

1. 简述国际商业银行信贷的特点。
2. 简述国际银团贷款的特点。
3. 简述国际项目融资的特点。
4. 简述BOT模式的特点。
5. 简述出口信贷的特点。
6. 简述出口信贷的作用。

第八章

国际资本流动

知识框架图

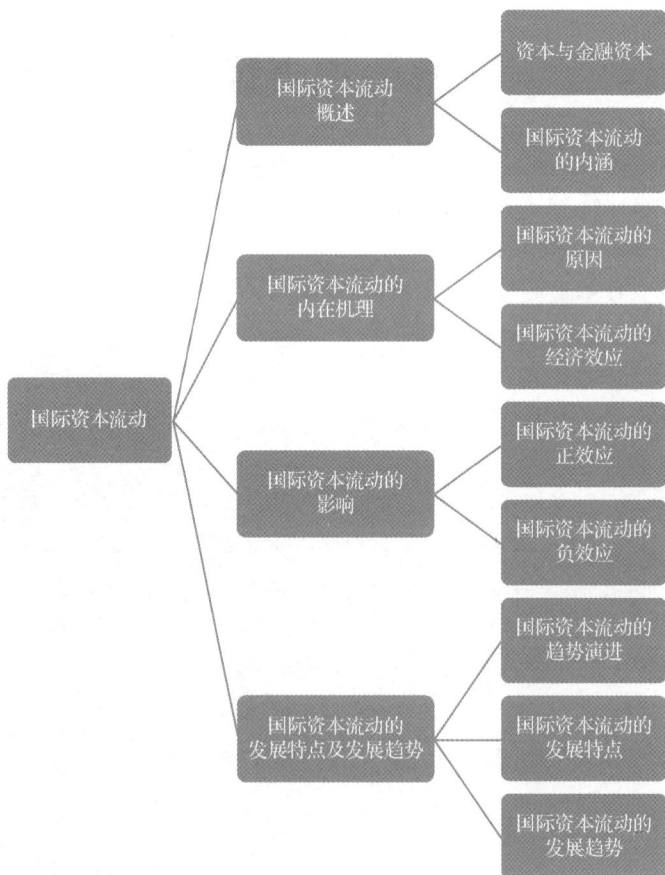

学习目标

- 了解国际资本流动的原因
- 了解国际资本流动的经济效应
- 了解国际资本流动的正效应
- 了解国际资本流动的负效应
- 了解国际资本流动的趋势演进
- 掌握国际资本流动的发展趋势

在当今世界，国际资本流动已成为引人注目的经济现象，对全球经济的稳定和发展已产生重要的影响。由于各国的经济发展水平和生产成本不同及利差的存在，资本为追逐利润形成了资本的国际流动；同时国内政治、经济风险的存在也促使国际资本的流动。由于国际资本能对各国的实体经济和金融市场变动做出迅速反应，资金能以最快的速度从效率较低的地方流向效率较高的地方，实现全球范围内的资源配置，从而成为经济全球化的载体，然而同时也带来了巨大的风险。

第一节　国际资本流动概述

一、资本与金融资本

（一）资本与金融资本的含义

资本与金融资本是双向可逆转的货币流，其本性是追逐高额收益，在经济学意义上指的是用于生产的基本生产要素，即资金、厂房、设备、材料等物质资源。在金融学和会计领域，资本通常代表金融财富，特别是用于投资的金融资产。

"现代"资本主义最典型的特征就是集中过程，这个过程一方面表现为，由于卡特尔和托拉斯的出现使"自由竞争被扬弃"，另一方面表现为银行资本和产业资本之间的联系日益紧密，这种联系使资本采取了最高级、最抽象的表现形式——金融资本。

（二）资本与金融资本的特点

资本具有以下几个特点。

第一，资本具有运动性。只有运动才能有增值的机会。资本的运动性表现在两个方面：一是资本对于价值增值的无尽追求决定了资本不断地、周而复始地循环；二是资本为了追求高利润率不断地在不同部门间进行横向转移。

第二，资本具有开放性。资本的运动具有跨地区、跨国界的全面的开放性。这种开放性一方面促进了社会分工的范围日益扩大，形成了国际分工和国内分工体系；另一方面使市场范围越来越广，形成了国内市场和国际市场相统一的全面市场体系。资本的流动不断促进资本增量调整和存量调整，促进产业结构和经济结构的合理化，促进资源的优化配置。资本的开放性有利于资本的迅速积聚和集中，促进资本规模的扩大与发展。

第三，资本同时还具有主体性和竞争性。竞争的目的是追求超额利润，寻求最佳的投资场所；竞争的结果是社会平均利润率的形成，实现等量资本要求等量利润的平等权利。资本的存在形式突出了其主体性，因为资本的各种职能形式之间和各种不同的资本之间必须有清晰的价值量界定关系。微观资本要求有清晰的利益和产权界区，要求独立承担自负盈亏的责任。

第二次世界大战以后，发达资本主义国家的金融业资本迅速发展，出现了新的特点。

第一，银行集中和垄断进一步发展，银行垄断资本的实力进一步增强。

第二，金融机构多样化，各种非银行金融机构和非银行金融资本获得迅速发展。

第三，金融资本概念已经拓展，金融业垄断资本与非金融业垄断资本进一步融合。

第四，金融业务多样化，金融机构与个人的信贷关系大大加强。

第五，银行垄断资本国际化大大发展。

二、国际资本流动的内涵

（一）国际资本流动的含义

国际资本流动（International Capital Flows）是指资本基于经济或政治目的的需要从一个国家或地区的政府、企业、个人向另一个国家或地区的政府、企业、个人的转移，即资本在国际范围内的转移，它是国际经济交易的基本内容之一。

（二）国际资本流动的表现形式

国际资本根据其表现形式可分为商业资本、产业资本和金融资本，尤以金融资本为主。国际资本流动的载体分别为商品、技术和资金，因此国际资本流动表现为商品输出或输入、技术转让或引进，以及银行资本输出或输入三方面。国际资本流动按其流动方向可分为国际资本流入和国际资本流出。国际资本流入表现为本国对外国负债的增加和本国在外国资产的减少，或者外国在本国资产的增加和外国对本国负债的减少。国际资本流出表现为本国对外国负债的减少和本国在外国资产的增加，或者外国在本国资产的减少和外国对本国负债的增加。对一个国家或地区来讲，总是存在资本的流出和流入，只不过流出和流入的比例不同。

国际资本流动还与其他相关的概念有联系。

1. 国际资本流动与资本输出、输入

国际资本流动不一定就是资本输出、输入，资本输出、输入是一般只与投资和借贷等金融活动相关联，并且以谋取利润为目的的资本流动，因此不能涵盖国际资本流动的全部内容。

2. 国际资本流动与资金流动

资金流动是指单向的、不可逆转的资金款项的流动和转移，相当于国际收支中经常账户的收支。国际资本流动即资本转移，是可逆转的流动或转移，投资或借贷资本的流出伴随着利润、利息的回流及投资资本和贷款本金的返还。一般来说，资金流动是一种不可逆转的流动，即一次性的资金款项转移，其特点是资金流动呈单向性；而国际资本流动则是一种可逆转的流动，其特点是资本流动呈双向性。

3. 国际资本流动与国内资本流动

国际资本流动与国内资本流动的差异主要体现在资本拥有者和使用者的居民属性上。一是国际资本流动是在资本拥有者和使用者跨越国界的分离情况下出现的；二是国际资本流动表现为资金形式的跨国运动，而金融资本流动的结果必然导致以商品和服务为主要内容的实际资源的移动，即实际资本在国家间的流动。国际资本流动是资本跨越民族国家的界限在国际范围内运动的过程，是资本要素在不同主权国家之间和不同法律体系管辖范围内的输出与输入。

4. 国际资本流动与所有权转移

国际资本流动不同于以所有权的转移为特征的商品交易，它以使用权的转让为特征，但一般仍以盈利为目的。一国或地区的国际收支平衡表中的资本与金融账户集中反映了该国或地区在一定时期内与他国或地区的资本流动的综合情况。

（三）国际资本流动的分类

国际资本流动是指资本从一个国家或地区向另一个国家或地区转移。这种转移包括两个方面：一方面是资本从债权国向债务国转移，另一方面是本金和利息从债务国向债权国转移。国际资本流动与一国的经济发展有着密切的关系，它主要反映在一国国际收支平衡表的资本项目与金融项目中。国际资本流动按照不同的标志可以划分为不同的类型。

第一，根据期限划分，国际资本流动可分为长期资本流动和短期资本流动。短期资本流动是指期限为一年或一年以内或即期支付资本的流入和流出；长期资本流动是指使用期限在一年以上或未规定使用期限的资本流动，包括国际直接投资、国际证券投资和国际贷款三种主要方式。

第二，根据资本流动的方向划分，国际资本流动可分为资本流出和资本流入。

第三，根据资本流动的方式划分，国际资本流动可分为直接投资、间接投资和国际信贷等。

第四，根据资本流动的性质划分，国际资本流动可分为政府间资本流动和私人间资本流动。

第二节　国际资本流动的内在机理

国际资本流动是国际经济活动中一个非常重要的形式，它是指资本在国际间转移，即资本在不同国家或地区之间做单向、双向或多向流动，具体包括贷款、援助、输出、输入、投资、债务、外汇买卖、证券发行等。国际资本流动对资本要素的跨国流动具有重要作用。

一、国际资本流动的原因

国际资本流动的原因有很多，归结起来主要有以下几点。

第一，追逐利润。增值是资本运动的内在动力，利润驱动是各种资本输出的共有动机。不同国家的经济发展水平不同，因此其投资利润率也不同。国际资本流动最重要的原因是为了获得比在国内投资更高的利润。当投资者预期到一国的资本收益率高于他国的资本收益率时，资本就会从他国流向这一国；反之，资本就会从这一国流向他国。此外，当投资者在一国所获得的实际利润高于在本国或他国的实际利润时，该投资者就会增加对这一国的投资，以获得更多的国际超额利润或国际垄断利润，这也会加速国际资本流动。

第二，规避风险。政治、经济及战争风险是影响一个国家资本流动的重要因素。政治风险是指由于一国的投资气候恶化而可能使资本持有者所持有的资本遭受损失；经济风险是指由于一国投资条件发生变化而可能给资本持有者带来的损失；战争风险是指可能爆发或已经爆发的战争对资本流动可能造成的影响。以上这些风险都会使资本处于一种不利的状态，规避的方法就是转移资本，从而导致国际资本流动。

第三，金融国际化。近20年来，国际经济关系发生了巨大变化，国际资本、金融、经济等一体化趋势明显，加之现代通信技术的发明与运用，资本流动方式的创新与多样化使当今世界的国际资本流动频繁而快捷。随着劳动生产率和资本积累率的提高，资本积累迅速增长，在资本逐利本性的支配下，大量的过剩资本被输往国外，追逐高额利润。资本在国外获得的利润大量增加，反过来又加速了资本积累，加剧了资本过剩，从而导致资本对外输出规模扩大，加剧了国际资本流动。

第四，利用国际金融资源措施的普及化。在开放经济条件下，无论是发达国家还是发展中国家都在不同程度地通过不同的政策和方式吸引外资，以实现相应的经济发展目标。大部分发展中国家需要资金来加速本国经济的发展，因此往往通过开放市场、提供优惠税收、改善投资软硬环境等措施吸引外资进入，从而增加或扩大国际资本的需求，引起国际资本流动。

第五，汇率与利率的变化。自20世纪70年代以来，随着浮动汇率制度的建立，主要资本主义国家货币汇率经常波动：如果一国货币汇率或利率持续上升，就会产生兑换需求，从而导致国际资本流入；如果一个国家的货币汇率或利率下降，那么资本持有者可能预期到所持有的资本实际价值将会降低，就会把手中的资本或货币资产转换成他国资产，从而导致资本向汇率或利率升高的国家或地区流动。在一般情况下，利率与汇率为正相关关系。一国利率提高，其汇率也会上浮；反之，一国利率降低，其汇率也会下降。

第六，国际游资。国际游资又称国际投机资本，它是一种游离于本国经济实体之外，承担高度风险，追求高额利润，主要在他国金融市场做短期投机的资本组合。国际投机资本的投资目的相当明确，即绝大部分操作瞄准短期的高额利润，这种高额利润可以高于社会平均利润数倍或数十倍。国际投机资本的高额利润是由短期操作形成震荡造就的高幅度价差所构成的，通常采用短促、快速隐蔽、突然发动的手段来操作投资行为，人们很难确定某个时期内国际投机资本在某一领域投资的资金规模、时间和地点。在高新科技和先进的通信设备的介入下，国际投机资本频繁、快速、突然的移动变得更加变幻莫测，它迅速从一个国家转移至另一个国家，往往是现代金融动荡的重要原因。

二、国际资本流动的经济效应

国际资本流动的一般模型又称麦克杜加尔模型，也称完全竞争理论，是一种用于解释国际资本流动的动机及其效果的理论，它实际上是一种古典经济学理论（见图8-1）。该模型运用新古典一般均衡的分析框架来证明资本流入的最佳规模及其效应，它认为国际资本流动的原因是各国利率和预期利润率存在差异，各国的产品和生产要素市场是一个完全竞争的市场，资本可以自由地从资本充裕国向资本短缺国流动。国际上的资本流动将使各国的资本边际产出率趋于一致，从而提高世界的总产量和各国的福利。

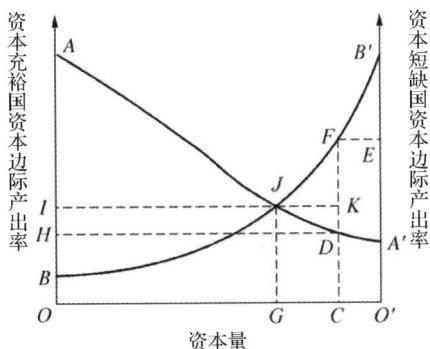

图8-1　国际资本流动的一般模型

（一）国际资本流动对经济系统的影响

国际资本流动对经济系统的影响应从两方面进行分析。

第一，国际资本流动对封闭经济系统的影响。

封闭经济系统是资本没有互为流动的经济系统，无论是资本充裕国还是资本短缺国，资本只能在国内使用。

如果资本充裕国把全部资本 OC 投入国内生产，那么资本的边际产出率为 OH，总产出为曲边梯形 OADC 的面积，其中资本使用者的收益是曲边三角形 HAD 的面积，资本所有者的收益是矩形 OHDC 的面积。

如果资本短缺国也将全部资本 O′C 投入国内生产，那么其资本的边际产出率为 O′E，总产出为曲边梯形 O′B′FC 的面积。其中，资本使用者的收益是曲边三角形 EB′F 的面积，资本所有者的收益是矩形 O′EFC 的面积。

第二，国际资本流动对开放经济系统的影响。

开放经济系统是有资本互为流动的经济系统，在开放经济条件下，如果资本充裕国把总资本量中的 OG 部分投入本国，而将剩余部分 GC 投入资本短缺国，并且假定后者接受这部分投资，那么这两国的效益会增大，并且达到资本的最优配置。

从资本输入国的角度来看，输入资本以后的国内资本总额为 O′G，总产出为曲边梯形 O′B′JG 的面积，其中总产出增加量为曲边梯形 CFJG 的面积；这部分增加量又被分为两部分，矩形 CKJG 是资本输出国所有的收益，曲边三角形 KJF 则是资本输入国的收益。

从资本输出国的角度来看，输出资本以后的国内资本边际产出率 OH 升高为 OI，国内总产出变为曲边梯形 OAJG，其中资本使用者的国内收益为曲边三角形 IAJ 的面积，资本所有者的国内收益是矩形 OIJG 的面积。

资本的输入与输出使资本输出国增加了曲边三角形 JKD 面积的收益，同时也使资本输入国增加了曲边三角形 JFK 面积的收益，资本流动增加的总收益就是这两部分收益之和。

（二）国际资本流动的经济效应的具体体现

国际资本流动的经济效应具体体现在以下几个方面。

第一，在开放经济条件下，资本流动可为资本充裕国带来最高收益；同时，资本短缺国也因输入资本使总产出增加而获得新增收益。

第二，在各国资本的边际生产率相同的条件下，开放经济系统下的资本利用效率比封闭经济系统下的资本利用效率高，并且总资本能得到最佳的利用。

第三，由于资本可在世界范围内自由流动，结果可重新进行资本资源配置，使世界经济总产值增加并达到最大化，促进了全球经济的发展。

第三节　国际资本流动的影响

一、国际资本流动的正效应

（一）形成全球利润最大化，增加社会福利

长期资本流动可以增加世界经济的总产值与总利润，并且使之趋于最大化。资本在

国际上进行转移的一个原因就是资本输出的盈利大于资本留守在国内投资的盈利，这意味着输出国因资本输出在资本输入国创造的产值会大于资本输出国因资本流出而减少的总产值。这样，资本流动必然增加世界的总产值和总利润，并且资本流动遵循向利润率高的国家流动的原则，最终会促使全球利润最大化。在各国国内资本收益率不一致的情况下，如果允许资本项目开放，那么资本收益率的差异就会使资本流动，这将使资本的效率提高，社会福利增加。私人资本对资本管制是非常敏感的，如果一国管制过多，外国投资者就会考虑在贷款上加入一定比例的风险溢金，使借款成本加大。而如果允许资本自由流出、流入，就会减少国外投资者的顾虑。一些发展中国家的国内利率放开以后，利率上升，这时候如果能够放松资本管制，就会在一定程度上降低企业筹资的成本，进而有利于企业的发展。

（二）加深了货币信用国际化

首先，国际资本流动加深了金融业的国际化。资本在国际上的转移促进了金融业尤其银行业在世界范围内广泛发展，银行网络遍布全球，同时也促进了跨国银行的发展与国际金融中心的建立。

其次，国际资本流动促使以货币形式出现的资本基本遍布全球，国际资本流动使以借贷形式和证券形式体现的国际资本大大发展，并渗入世界经济发展的各个角落。

再次，国际资本流动主体的多元化使多种货币共同构成国际支付手段。目前，几个长期资本比较充裕的国家，其货币都比较坚挺，持有这些货币意味着可以更广泛地在世界范围内实现购买力在国际上的转移，或者可拥有更多清偿国际债权债务的手段。

（三）有利于促进国际贸易的发展

随着国际资本流动越来越频繁，其规模也越来越庞大，特别是国际投资对国际贸易产生了巨大的影响。对外援助和投资有利于促进接受国的经济发展，改善其国民经济的薄弱环节，加速基础设施建设，使其发展对外贸易的基础与能力扩大。同时，国际资本流动也改善了直接投资的环境，可以吸引更多的资金流入，有利于改善接受国的政治、经济与贸易环境，有利于其贸易的扩大，带动其商品输出。此外，通过对外投资，投资者可以更好地了解商业信息，提高产品的竞争力。国际直接投资转向制造业、商业、金融、保险业，尤其是新兴工业部门使贸易商品结构出现以下变化：第一，国际服务业迅速发展；第二，国际贸易中间产品增多；第三，发达国家和发展中国家出口商品结构进一步优化，发展中国家出口制成品所占比重大大提高。随着各跨国公司的对外投资日益扩大，许多跨国公司纷纷设立自己的贸易机构或贸易子公司，专营进出口业务，从而有效降低了贸易成本。国际资本流动推动了战后贸易的自由化，对外直接投资的发展加速了生产国际化的进程，跨国公司在世界各地组织生产，其内部贸易也不断扩大。

（四）推动国际金融市场的发展，促进国际资本流动

国际资本流动加速了全球经济和金融的一体化进程，增强了国际金融市场的流动性，

主要体现在以下几方面：一是国际流动资本在世界各金融市场之间追逐高额利润的游动过程，使一国的经济、金融与世界经济和金融的相关性增强，从而加速了世界经济、金融一体化的进程；二是国际流动资本极大地利用现代化的通信和交易手段，迅速从一国流向另一国，可以有效地满足国际金融市场的资金需求尤其是短期资金需求，并且能降低国际金融交易成本；三是国际投机资本在世界各主要金融市场的套汇、套利活动使国际金融交易中存在的汇率差异和利率差异被迅速拉平，进而使世界主要金融市场的价格呈现一体化趋势。此外，随着保证金交易、透支交易及金融衍生工具的广泛运用，国际资本流动对国际金融的影响日益扩大。在获取巨额利润的同时，国际资本在客观上增强了国际金融市场的流动性。事实上，国际资本流动在得益于金融衍生工具的同时，也推动了金融衍生工具的创造和运用。

（五）有利于促进发展中国家的资本形成

发展中国家在经济增长过程中面临的最突出的问题就是资本不足，资本形成问题是发展中国家经济发展的核心问题。资本的供给取决于储蓄能力与储蓄愿望，资本的需求取决于投资的需求。在发展中国家，资本形成的供求关系存在恶性循环，影响资本形成的市场需求不足是实际购买力不足，这种实际购买力的不足压制了对个人投资的刺激，并且导致恶性循环。因此，发展中国家往往以引进外资作为其自身资本形成的一条有效途径。对外资的引进和有效利用可以拉动对发展中国家人力资源和自然资源的需求，提高这些资源的利用程度，提高其市场化程度。这不但对引进外资的发展中国家是有利的，而且对作为资本输出国的发达国家也是有利的。

（六）引发财富效应

金融工具提供了一个资产保值、增值的方式。人们可以将资金用实物的形式保存下来，但往往会因为折旧等种种因素贬值，从而带来损失，但是以金融工具形式进行保存和流通的资金有可能创造收入、增加财富。财富的持有量代表着人们当前和未来的购买力，是衡量社会福利状况和国民生活水平的重要指标。因为国际资金在各国金融市场之间的流动会使单个国家的证券市场的财富效应扩散，所以重要的金融市场所在国的经济增长通常会通过财富效应推动整个世界经济的繁荣。

二、国际资本流动的负效应

虽然国际资本流动能够为世界各国和国际金融市场带来经济效益和便捷，但是伴随着国际资本流动也会产生种种风险，一旦处理不好这些风险，就可能造成损失。

（一）货币替代对发展中国家货币的发行和调控产生冲击

资本自由流动以后，货币替代对一国货币的发行、货币政策实施都会产生影响。货币替代是经济实体在一定的利率、汇率、税率等差异的情况下，因追求资本安全和利益最大化而采取的一种由外币代替本币职能的现象。狭义的货币替代是指外币存量以现金、活期存款、定期存款和有价证券的形式存在，分别在价值贮藏、价值计算和转移支付方面替代本国货币的职能；广义的货币替代还包括留在国外的外逃资本。货币替代对发展中国家的重要性不同于对发达国家的重要性。发达国家由于其资本市场的一体化，货币替代主要是私营经济主体有价证券多样化和进口商及出口商争取降低国际贸易交易成本的结果。而多数发展中国家由于金融市场不发达、经济和政治不稳定，货币替代是国内经济主体躲避本国货币所造成的。因为外国货币不仅可以作为保值手段，还可以作为计价手段和支付手段，所以国内经济主体大面积地排斥处于劣势的本国货币。货币替代改变了货币存量的构成，国内的货币需求结构也发生了相应的变化，这使国内的宏观需求管理变得极为困难。

（二）国际资本流动对国内金融市场造成巨大的冲击

不受金融管制的约束、可以迅速跨区域流动的资本，是金融自由化和金融市场一体化及资金流动管制相应放松、非官方金融资产占有比例明显增大的必然结果。对发展中国家来说，在其工业化现代化进程中，必然要经过一个国际化的过程，在此过程中，其经济逐步融入世界经济。世界经济已经越来越被庞大而迅速的国际性资金流主导。这些国际性资金流以现代化的电子技术为依托，每天以数十亿美元的规模在全球市场上流动，对国内金融市场造成巨大的冲击，对各国经济产生巨大的影响。

（三）国际资本流动对流入国银行体系的冲击

20 世纪 90 年代，国际资本大量流入发展中国家，对其银行体系造成巨大影响，并且带来相当大的风险。对资本流入国的商业银行来说，巨额国际资本的流入最直接的影响有两方面：一是商业银行的规模发生变化；二是商业银行对这些资本的运用使其资产负债表的结构发生变化。资本大量流入导致商业银行的资产负债规模增大，银行的不良贷款增加。发展中国家的外国资本主要通过银行流入国内，因此国内银行对外负债的增加会导致银行国内资产负债表的扩大。如果国家对银行管理和监控不善，那么资本流入就会加大银行信贷扩张的机会，不良贷款的比例就会增加，从而使银行危机和货币危机出现。

（四）加剧国际金融市场的动荡、增加监管难度

短期资本流动会加剧国际金融市场动荡，其表现是造成汇率大起大落、投机更加盛行。巨额资本尤其是投机资本在国际金融市场上寻找目标，常常以泡沫成分大、投机气氛浓的市场为对象，而这些市场不一定缺乏资金。大量投机资金流向该类市场造成各种经济信号严重失真，从而难以引导资金在国际金融市场上和不同国家间进行合理配置和流动，由此造成的结果是资金匮乏的国家更难以获得资金，而资本过剩国家资本流入较多，从而陷入

一种恶性循环。国际巨额资本的流动，尤其是短期投机套利资金的频繁出入，使国际金融市场的动荡成为常态，更严重的是巨额资本流动还产生了巨大的波及效应和放大效应。冲击波从一个国家产生可以迅速扩散到多个国家，这种效应使各国的国内经济政策和国际干预效力大大减弱。国际金融衍生产品市场的不断发展和完善，导致更多的金融衍生工具持续推出，使金融脱媒问题变得日益严重，这加大了各国中央银行的货币政策制定和执行的难度，使货币政策的执行效应难以体现。

（五）导致汇率波动及汇率制度的不稳定

国际金融市场上的巨额资金以外币形式频繁输出或输入一国，必然使该国外汇市场供求迅速变化，引起汇率大起大落。在现行浮动汇率制度下，实行钉住浮动或管理浮动汇率制度的国家为维系原有汇率制度就要对外汇市场进行干预，投入或吸纳外汇以求得市场的平衡。当一国因外汇输出数额大、时间快而没有能力进行干预时，原有的汇率制度只能调整，不得不实行自由浮动汇率制度。这种变化又成为国际金融市场上投机资本获得丰厚利润的渠道，同时使汇率调整国资本遭受巨大损失，国际收支失衡。从大部分发展中国家的经验来看，开放资本项目以后，资本的大量流入导致了不同程度的本币升值。本币升值降低了本国商品的竞争力，出口减少，经常项目急剧恶化，货币汇率面临很大压力。这时，如果外国投资者大幅度减少资本流入或开始撤资，本国汇率又会急剧下跌。同时，由于经常项目的恶化及外资流入的减少，有外债的国家的到期还本付息就会出现困难，从而引发一场货币危机。

（六）造成国际资本配置失衡并影响国际收支平衡

国际资本流动影响投资国和东道国的国际收支平衡。一国的国际收支是衡量一国经济交往中的总收入和总支出状况的平衡表。如果发生了对外投资，那么投资国对外支出增加并引起国际收支逆差；相反，东道国却因当年吸引外资而改善了国际收支。因此，对外直接投资对投资国国际收支短期的影响是消极的，长期的影响则要考虑它是否会导致东道国的出口替代，使投资国进口原先出口的商品。与此相反，对外投资对东道国短期的影响是积极的，但长期的影响是不太确定的。由于大多数发达国家的对外投资是双向的，对国际收支的长期和短期的影响大部分相互抵消。当一国出现持续性国际收支不平衡时，投机性和保值性短期资本流动会加剧该国的国际收支失衡状态。当一个国家出现持续性逆差时，该国的货币汇率就会持续下跌，如果投机者预期该国货币汇率还会进一步下跌，就会卖出该国货币，买进其他货币，以期该国货币贬值、其他货币升值后获利。这种投机行为会使该国的资本流出，从而扩大逆差，加剧国际收支失衡。反之，当一个国家出现持续性顺差时，这个国家的货币汇率就会持续上升，如果投机者预期到这种汇率还会上升，就会卖出其他货币，买进该国货币，以期该国货币升值后获利。这种投机行为会使该国顺差扩大，从而加剧国际收支失衡。

第四节　国际资本流动的发展特点及发展趋势

一、国际资本流动的趋势演进

从历史的演进来看，国际资本流动经历了以下几个阶段。

（一）第一阶段：13 世纪—1914 年

国际资本流动的历史最早可以追溯到 13 世纪，当时是佛罗伦萨的商人给英国人贷款，为爱德华一世发动的战争提供经费，从此资本为获得高收益开始了其跨国流动的历程。18 世纪末开始的以蒸汽化为标志的第一次科技革命，使欧美各国进入了自由资本主义的发展阶段。19 世纪末开始的以电气化为标志的第二次科技革命，使自由资本主义发展到垄断资本主义阶段。资本跨国流动的历史从 19 世纪 70 年代开始，1870—1914 年是资本国际流动的早期阶段，当时经济比较发达的英国、法国、德国的私人投资者被公共基础设施投资项目拥有的长期稳定收益吸引，竞相购买金融债券。该时期的国际资本流动表现出很强的波动性，通常伴随着资本流动主体的变化产生突发性政治、经济事件。随着自由资本主义向垄断资本主义过渡，资本输出开始代替商品输出，大规模地发展起来。

（二）第二阶段：1915—1944 年

这一阶段是第二次世界大战期间，国际资本流动以高度流动为特征。国际资本流动的形式主要以金融债券为主，其主要作用是解决财政赤字。国际金融中心逐步从伦敦转向纽约，美国变成了净债权国并迅速取代了英国，成为全球最大的资本输出国，德国成为最大的资本输入国。1929—1933 年的全球性金融危机引发了大萧条，世界债务国发生普遍的债务违约，制约了国际资本市场的活动，国际资本流动由追求高回报和超额利润，转向寻求安全的避风港。第二次世界大战的爆发则进一步抑制了全球的资本流动，这一阶段的国际资本流动具有很强的波动性，是资本输出国和输入国宏观经济状况出现巨大变动及出现突发性政治经济事件的结果。

（三）第三阶段：1945—1973 年

这一阶段以第二次世界大战之后重构国际金融秩序和国际货币体系为重要内容。起初国际资本流动表现为逐步恢复直接投资和大规模的国际援助。第二次世界大战后欧洲重建计划引起了庞大的官方资本流动，美国政府实施的"马歇尔计划"和杜鲁门的第四援助计划导致美元大量流入欧洲。美国在主导官方资本流动的同时，也成为私人资本流动的主体。美国跨国公司的对外投资和以美国为依托的美元在国际上的大规模流动，构成了这一阶段长达 30 年的跨国资本流动的主流。第二次世界大战之后，全球面临着国际货币体系的重构，"谁主宰国际货币体系，谁就主宰世界经济命脉"。1944年，美国提出"怀特计划"，英国提出"凯恩斯计划"，两国通过博弈最终以倾向于"怀特计划"建立了布雷顿森林体系。布雷顿森林体系是建立在以美元与黄金直接挂钩的固定汇率制度的基础上的，这个体系运行了近30年，也主导了国际资本流动的趋势。

（四）第四阶段：1974—1989年

随着布雷顿森林体系的崩溃，全球建立了新的国际货币制度——牙买加货币体系，这使浮动汇率合法化，各个国家逐渐解除对跨境资本流动的限制，推动了国际资本流动的自由化，国际资本流动进入了一个新的发展时期。该时期对资本流动产生决定性影响的是1973—1974年和1979—1980年的两次石油危机及1984年发展中国家的债务危机。20世纪70年代的世界经济衰退和石油价格上涨，使许多非产油发展中国家出现了严重的国际收支赤字。1957年建立起来的欧洲货币市场发展规模不断加大，石油输出国组织把两次石油大幅提价后积累的"石油美元"投入欧洲货币市场，使国际商业银行的贷款资金异常充裕。同时，当时西方各国为了刺激经济也纷纷降低利率，国际金融市场筹资成本较低，非产油发展中国家开始大规模举债。1980年，西方国家先后出现严重的经济衰退，发展中国家贸易条件急剧恶化，出口收入快速下滑，进口需求大幅度上升，经常项目巨额逆差，外债还本付息能力降低。国际市场环境的变化直接导致了1984年的国际债务危机，许多发展中国家沦为债务沉重的借款国，面临无法偿还债务的风险，国际资本流动的趋势出现变化，发展中国家的资本输入逐渐被收缩。

（五）第五阶段：1990—2001年

20世纪初，主要发达国家加快了产业资本和金融资本融合的进程。20世纪80年代以后，这种融合变得更加活跃，产融结合的形式也呈现多样化特征。发达国家产业资本与金融资本融合的实践表明两者的融合是资本逐利动机的内在要求，是市场经济条件下社会资源有效配置的必然结果。产业资本必须与金融资本融合才具备经济泡沫的初始条件，无论在成熟市场经济国家还是在新兴市场经济国家，单独的产业资本是无法促成投机泡沫的。在金融混业经营的市场格局下，一旦产业资本与金融资本融合，就为经济泡沫的滋生创造了条件，金融危机就有可能在经济泡沫中潜伏。随着泡沫破裂，国际游资活动猖獗，金融危机就有可能横扫全球。

20世纪90年代初，计划经济国家向市场经济国家转型，危机开始登陆大多数转型中的社会主义经济体；1992年，英镑大幅度贬值，迫使英镑退出欧洲汇率机制，爆发了"九月危机"；1994年12月，"墨西哥金融风暴"席卷南、北美洲；1995年2月，英国巴林银行发生了倒闭事件，显示了金融衍生工具对金融机构的巨大杀伤力；1995年3月，又接连发生了"法国里昂信贷银行危机"和"意大利那不勒斯银行危机"；1995年8月，俄罗斯金融市场发生了"金融市场八月危机"；1995年，日本的经济泡沫破裂引发了日本战后严重的金融危机；1997年年初，阿尔巴尼亚因实行"金字塔投资"的非法集资计划而酿成了金融危机；1997 年 7 月，东南亚的金融风暴、韩国的金融危机、日本山一证券的破产倒闭等金融事件又震撼了整个世界；受东亚金融危机的影响，俄罗斯于 1997 年 10 月和 1998 年 5 月先后爆发了两次金融危机；2001 年，阿根廷出现金融危机。在这个阶段，国际资本流动与国际金融危机如影随形。

（六）第六阶段：2002 年至今

进入 21 世纪，国际资本总量迅速膨胀，资本流动频率大幅度增加，与产业资本国际化投资相伴随的金融资本的国际化流动已成为世界经济领域的一个大趋势，这种国际资本流动始终保持规模持续扩张的态势，影响范围也不断扩大。由发达国家向发展中国家扩张，由实体经济向虚拟经济延伸，由投资实业获取超额收益转向直接利用发展中国家的相关制度，运用金融原生工具和衍生工具获取暴利。进入金融全球化阶段，跨国流动的巨额资本同实物经济越来越脱节，其变化发展大大快于实体经济的发展，而且虚拟性越来越高，这危害了全球金融市场的稳定，对正在努力实施对外开放的发展中国家的金融安全构成了极大的威胁。

二、国际资本流动的发展特点

国际资本流动是经济全球化的集中体现。随着世界经济进入经济全球化阶段，20 世纪 90 年代的国际资本流动达到了空前的规模，而这种状况又与经济全球化相互影响。总体来说，目前的国际资本流动具有以下特点。

（一）国际资本流量增长迅速

自 20 世纪 80 年代开始，世界经济进入平稳快速发展时期。美国经济的长期繁荣、欧盟地区经济形势趋好、亚洲地区新兴工业经济体的崛起，以及中国、东欧国家的改革和市场开放，极大地激活了世界经济增长的各种元素，各国的投资市场容量扩大，并且展现出良好的投资回报前景。而信息技术的快速发展和各国金融管制的逐渐放松，又为国际资本的流动提供了便利与可能，使国际资本的加速流动同时具备了良好的内在驱动力和外在环境，导致资本在全球范围内表现得相当活跃。自 20 世纪 90 年代初起，国际资本的流入与流出一直保持旺盛的增长势头，其年均增长率大大超过世界国内生产总值和固定资本形成的增长率。

（二）国际资本地域流动呈双向化发展

总体来看，发达国家作为资本主要流入和流出地域的格局没有改变，国际资本流动大幅度增加的主要原因是欧美发达地区间相互直接投资的急剧膨胀。然而，随着发展中国家经济的发展和贸易自由化的逐步加大，其吸收外部资金的需求与能力的增长超过了发达国家，资本流入量占世界总流入量的比重开始增加。外资的大量流入不仅为这些发展中国家增加了就业机会，还促进了经济和对外投资的发展与壮大，形成了资本运动过程中的双向交叉式发展。这种趋势加剧了资本的全球化融合，使国际分工进一步细化，国际比较优势发挥得更好。

（三）引资方式呈多样化发展

20 世纪 80 年代以前，引进外资一般采取外商直接投资、政府贷款、国际金融组织贷款、国际商业银行贷款等传统的引资方式，其中以引进外商直接投资为主要方式。近几十年来，随着各国市场的开放和经济全球化浪潮的推进，利用外资的渠道和方式也出现了新的尝试和创新，如跨国并购、股票债券融资、项目融资、风险投资、转让经营权等，这些方式与传统的方式相比具有明显的时代性、灵活性、安全性和效率性，从而成为人们关注的融资方式和经常性选择，形成了目前传统融资方式与新兴融资方式相辅相成、共生共长、多样化发展的局面。国际资本流动的加剧衍生出了新的引资方式，而引资方式的多元化又进一步促进了国际资本的快速流动。证券融资作为以发行债券、股票及有价证券来吸引资金的方式近几年也呈上升趋势，更多的国家、地区和企业将融资视角转向证券市场。证券融资国际化成为新的热点。

（四）官方发展融资比重下降，私人资本的主导地位不断加强

从性质或主体结构来看，国际资本流动大致分为官方和私人两部分。第二次世界大战以后，政府部门的资本流动曾在整个国际资本流动中占主导地位，尤其是第二次世界大战以后在欧洲的恢复重建和日本经济的崛起过程中更是如此。近年来，官方发展融资逐年减少。目前，私人资本流动已占全球资本流动的 3/4 以上。国际私人资本扩展与发展主要得益于科技进步和世界经济一体化发展。科技进步提高了企业、公司的盈利能力，为增加资本积聚和积累创造了条件，从而出现大量资本过剩的情况，而世界经济一体化发展则为过剩资本提供了新的跨国投资和盈利机会，特别是许多发展中国家实行市场经济改革和大规模私有化及放松金融管制，对资本的需求极大地激发了资本流入，为资本流入创造了前所未有的条件，从而使私人资本流动的主导地位进一步加强。

（五）国际资本流动期限结构日益模糊

国际资本流动通常被划分为长期资本流动和短期资本流动，长、短期资本流动划分的期限标准通常为一年。显然，这两类资本流动的动机、目的及对一国国际收支平衡乃至整个世界金融经济稳定与发展的影响是不尽相同的，即使对其监管的要求和认知程度也不一样。随着近年来全球金融与贸易管制的放松，金融创新层出不穷，尤其是金融产品创新和资产证券化，使国际资本流动中长短期资本的相互转化既方便迅速又极为频繁，从而使国际资本流动的期限结构日趋模糊。在现实经济生活中，我们已经很难明确区分长期资本流动和短期资本流动。同时，大量短期资本经常混杂在国际贸易或长期资本中一起流动，监管难度越来越大，成本也越来越高，如大额定期存、货币与利率互换、票据贴现与展期及各种基金运作等，从而使国际资本流动的期限结构日趋模糊。

三、国际资本流动的发展趋势

在经济一体化和金融全球化背景下，国际资本体现出了新特征和新特点，国际资本流动也呈现出新的发展趋势。

（一）国际资本流动自由化

自 20 世纪 90 年代以来，随着世界各国特别是新兴发展中国家市场体系建设步伐的加快，整个世界经济正加速向国际化、全球化和一体化方向迈进，贸易自由化、金融国际化和生产一体化已成为当代世界经济发展的主旋律。从实际结果来看，目前国际资本流动的增长速度已经大大超过国际商品和劳务贸易的增长速度，并且还有加速增长的趋势。自 20 世纪 90 年代以来，世界上大多数国家对资本的管制都在逐步放松，许多国家都已实现了货币经常项目下的自由兑换，有些国家还在逐步实现资本项目的自由兑换。在汇率制度方面，国际货币汇率体系表现出更大的灵活性，实行自由浮动和有管理的浮动汇率制度的国家不断增加，这为国际资本流动自由化创造了制度条件。国际资本流动自由化的结果，必然会促使国际资本在更大的范围内和更高的层次上，以更大的流量和流速在国际上流动。

（二）国际资本流动高速化

金融创新和金融衍生工具不断涌现，现代通信技术飞速发展，这些都为国际资本流动高速化提供了物质基础。由于在目前的国际货币体系下金融风险越来越大，金融交易者在传统的交易工具的基础上，创造出了大量的金融衍生工具以规避金融风险。金融衍生工具具有灵活性、适应性和多样性特点，而且现成的管制条例约束较少。同时，由于现代电子通信技术的发展，金融运作手段已实现高科技化，全球金融交易联成一体，使国际资本的跨国交易更加迅速、自由和便捷。巨额资金的交叉流动完全超越时空限制，大大简化了国家间资金的划拨和结算程序，使全球范围内的资金调拨和融通得以在极短的时间内完成。在这种条件下，巨额资本的高速流动将成为各国经济发展必须面对的现实。

（三）国际资本流动规模巨额化

金融市场的国际化发展为国际资本流动提供了更广阔的空间。金融市场国际化包括两层含义：一是指世界各国国内金融市场逐步放松或取消金融管制，国际资本流动的速度在不断加快，流量日益增大，为居民或非居民进入金融市场运作或融资提供了极大的便利；二是指离岸金融市场或境外金融市场的创立和发展，真正体现了全球金融一体化的本质。因为离岸金融市场是在境外设立的，所以不受或较少受有关国家的金融管制和约束，国际货币管理当局的管制力量也受到极大的削弱，这样国际资本就可以突破地域限制，实现全球的自由流动。随着全球经济一体化的发展，离岸金融市场将会更加繁荣发达，国际资本大规模流动的势头将异常强劲，数量也将不断增加。

（四）国际资本流动协调合作化

国际经济组织的发展和国际经济协调能力的增强，为国际资本流动自由化创造了良好的国际环境。为了适应世界经济的一体化和金融全球化的发展需要，国际经济组织发展较快，这些国际经济组织的建立和发展，加强了国际上的经济联系和合作，为国际资本流动自由化创造了良好的条件，并且进一步推动了国际资本流动自由化的发展。同时，随着全球性国际经济组织的发展，国际经济的协调能力不断增强，这将有利于减少国际金融市场风险，促使国际资本更大程度地在国际上自由流动和转移。

本章小结

1. 资本与金融资本是双向可逆转的货币流，其本性是追逐高额收益。

2. 国际资本流动是指资本基于经济或政治目的的需要从一个国家或地区的政府、企业、个人向另一个国家或地区的政府、企业、个人的转移，即资本在国际范围内的转移。

3. 国际资本根据其表现形式可分为商业资本、产业资本和金融资本，尤以金融资本为主。

4. 国际资本流动与国内资本流动的差异主要体现在资本拥有者和使用者的居民属性上。

5. 资本流动的政治风险是指由于一国的投资气候恶化而可能使资本持有者所持有的资本遭受损失。

6. 资本流动的经济风险是指由于一国投资条件发生变化而可能给资本持有者带来的损失。

7. 资本流动的战争风险是指可能爆发或已经爆发的战争对资本流动可能造成的影响。

8. 国际游资又称国际投机资本，它是一种游离于本国经济实体之外，承担高度风险，追求高额利润，主要在他国金融市场做短期投机的资本组合。

9. 麦克杜加尔模型，也称完全竞争理论，是一种用于解释国际资本流动的动机及其效果的理论。

10. 国际资本流动的历史最早可以追溯到 13 世纪。

复习思考题

1. 金融资本具有哪些特点？

2. 简述国际资本流动的分类。

3. 国际资本流动的原因有哪些?

4. 国际资本流动具有什么经济效应?

5. 国际资本流动具有什么负效应?

6. 简述国际资本流动的发展趋势。

第九章

国际直接投融资

知识框架图

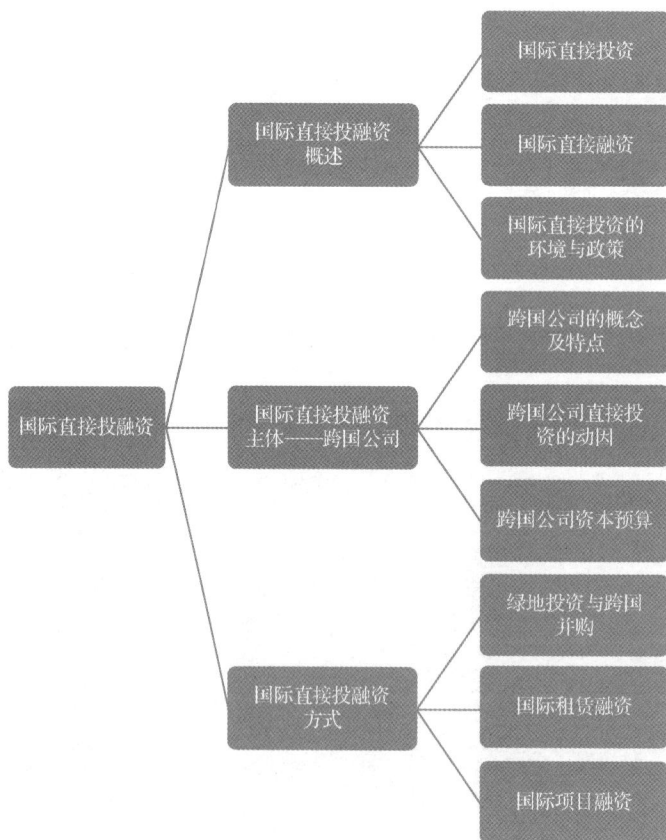

> **学习目标**
> - 了解国际直接融资的概念与特点
> - 掌握国际直接投资的环境与政策
> - 理解跨国公司的概念及特点
> - 了解跨国公司直接投资的动因
> - 了解国际租赁融资
> - 了解国际项目融资

第一节　国际直接投融资概述

一、国际直接投资

（一）国际直接投资的概念

国际投资包括国际直接投资和国际间接投资两种形式。国际直接投资（International Direct Investment）是指一国的自然人、法人或其他经济组织单独或共同出资，在其他国家的境内创立新企业或增加资本扩展原有企业或收购现有企业，并且拥有有效管理控制权的投资行为。国际间接投资一般是指不以控股为目标的国际证券投资和中长期的国际信贷。

国际直接投资在形式上虽然也表现为股权投资，但其特有的标志是投资者对有关的海外经营性资产拥有控制权。国际货币基金组织对其描述为"从事获取投资者所在国之外的企业的长期利益的投资活动，投资者的目的是能够对企业的管理拥有有效的控制"。

（二）国际直接投资的形式

国际直接投资又称对外（或海外）直接投资（Foreign Direct Investment，FDI），它的投资形式多种多样。

（1）到本国以外的国家或地区创办新企业。

（2）购买外国企业的股票并达到控股水平。

（3）利用以前投资的利润在海外进行再投资。

（三）国际直接投资方式

国际直接投资的基本方式有三种：股权式合营、契约式合营和独资经营。

1. 股权式合营（Equity Joint Venture）

股权式合营在我国又称中外合资企业，多采取公司制的组织方式，包括股份有限公司和有限责任公司两种形式。股份有限公司是指注册资本由等额股份构成，通过发行股票（或股权证）筹集资本，股东以其所认购的股份对公司承担有限责任，公司以其全部资产对其债务承担有限责任的企业法人。有限责任公司是指由两个以上的股东以其所认缴的出资额对公司承担有限责任，公司以其全部资产对其债务承担有限责任的企业法人。我国的中外合资企业主要采用有限责任公司的形式，如零售企业中的家乐福、百盛沃尔玛、宜家等。

2. 契约式合营（Contractual Venture）

契约式合营在我国又称中外合作企业，大多采用合伙制，是一些专业性较强的服务机构和时间性较强的工程开发项目常用的组织形式，如国际知名的四大会计师事务所（普华永道、毕马威、德勤、安永）在华投资设立的机构就是合作企业。在我国，合作企业具体是指由中国企业或其他经济组织与外国企业、其他经济组织或个人在中国境内以实施联合经营为目的，双方以平等的地位通过签订合约、明确双方权利和义务、履行合同规定条款而产生的经济组织。中外合作企业既可以作为企业法人承担有限责任，也可以不是法人，类似于国外的合伙企业。

3. 独资经营

独资经营是指一国投资者（公司、企业、其他经济组织或个人）按照东道国法律，经政府批准，在其境内单独投资、独立经营、自负盈亏的一种国际直接投资方式。独资经营的基本形式主要有两种：一种是独资子公司，另一种是分公司。前一种的概念如上述定义；后一种是分支机构，在法律上、经济上没有独立性，仅仅是母公司的附属机构，分公司没有自己的名称、章程，没有自己的财产，以母公司的资产对分公司的债务承担法律责任。在国际直接投资中，发达国家的跨国公司往往偏好全面控股，设立独资公司，对子公司实行严密控制，这将有利于其保守技术秘密，协调母公司与子公司之间的问题和冲突，如美国友邦人寿保险公司进入中国市场时，就以独资企业的形式在中国开设公司。然而，发展中国家作为东道国，更欢迎合资和合作方式，因为这样可以学习先进的技术，掌握一定的控制权，保护本国的民族产业，防止国有资产的流失。

二、国际直接融资

国际融资是指通过国际金融市场来筹集企业发展所需的流动资金和中长期资金，目的是进入资金成本更优惠的市场，扩大企业发展资金的可获取性，降低资金成本。直接融资是指资金融通是由资金供应者与筹资者直接协商进行，或者通过经纪人把融资双方结合起来进行，经纪人只收取佣金。国际直接融资包括国际债券融资、国际股票融资、海外投资基金融资和利用外商直接投资四种方式。

（一）国际债券融资

国际债券是指一国政府及其所属机构、企业、私人公司、银行或国际金融机构等在国际债券市场上以外国货币面值发行的债券。国际债券主要分为欧洲债券和外国债券。

1. 欧洲债券融资特点

（1）管制松散，欧洲债券市场所在国的货币当局，对银行及金融机构、跨国公司、国际金融机构的融资活动管制都较为宽松。如果在美国纽约市场发行美元债券，因为美国对此审查相当严格所以很难获准；而在欧洲货币市场发行美元债券，手续较为简单，不需评级机构评级，也不必向任何机构登记注册，只需向当地证券交易所提交说明书即可。

（2）币种多样化，欧洲债券可以有更多的货币种类选择，而且当一些借款人想对债务展期或想筹集较大金额的资金时，欧洲债券市场都能满足这些需要。

（3）交易集中，欧洲债券市场的交易全部在证券交易所里成交，没有场外交易，但要接受证券交易所规章制度的管理和监督。

（4）资金调拨方便，欧洲市场是完全自由的市场，不存在限制和标准。加上在欧洲的一些金融中心、银行林立，业务经验丰富，融资类型多，电信联系发达，资金的调拨非常方便，如果融资以后需要转换币种，就可以在最短的时间内完成并将资金调拨到世界各地。

2. 外国债券融资特点

（1）发行外国债券首先要对借款者进行评级，借款者的信誉程度决定了能否发行债券及借款的数额和成本，资信高的可以获准发行，并且发行额度较高、发行利率较低。比如，日本政府规定，发行日元债券属于政府级，即 AAA 级，贷款数额可不受限制；AA 级的限额为 300 亿日元；未评级的只能发行 100 亿日元。

（2）外国债券发行金额较大且筹资多国化、多样化，美国规定在美国发行美元债券，规模至少为 5000 万美元，全球境外债券筹资数额约占国际筹资总额的 60%。

（3）虽然资金使用无严格限制，但不得干扰债权国的财政金融政策。发行外国债券筹到的资金，其具体的用途及使用进度，债权国一般没有特殊要求。可是，债券毕竟是在外国发行，各国的经济、金融、税收等政策法令各不相同，在发行过程中要熟悉掌握和注意执行当地的法律。

（4）外国债券要受外国当地有关金融当局的管理，因此筹资手续相当复杂。比如，在美国发行扬基债券要经美国证券交易委员会批准。而且，外国债券融资对资信评级、申请手续和报送的资料都有严格要求，程序复杂。

（二）国际股票融资

国际股票即境外发行股票，是指企业通过直接或间接途径向国际投资者发行股票并在国内外交易所上市。国际股票融资的特点如下所述。

1. 永久性

这是由股票融资这一方式决定的，由于股票没有到期日，股东在任何情况下都不得要求退股。因此，引进的外资能够成为永久的生产性资金留在企业内部，而不至于像一般合资或合作企业那样，因合同到期或意外变故，导致外方抽回资金使企业陷入困境。特别是通过发行 B 股融资，因为 B 股只能在外国投资者之间进行交易而不能卖给国内投资者，所以筹资国吸收利用外资就较为稳定，该国吸引外资的数量也不易受到游资的冲击。

2. 主动性

通过股票吸引外资，筹资国可以运用法律和政策性手段约束投资者的购买方式、购买种类、资金进出的方式、税率等，并且做出相应的规定，筹资国还可以自主决定哪些行业、企业允许外商投资，哪些行业、企业不允许外商投资，从而正确引导投资方向。

3. 高效性

国际股票融资有利于对外发行股票的企业在更高层次上走向世界。国外股票持有者从自身的利益出发，十分关心企业的经营成果，这有利于企业改善经营管理，提高盈利水平。企业因股票境外发行，提高了企业品牌的国际知名度和信誉，有利于企业开拓国际市场，开展国际化经营。

（三）海外投资基金融资

海外投资基金融资的作用在于使社会闲散的资金聚合起来，并且在较长时期内维系在一起，扩充筹资者的资金来源渠道。同时，作为机构投资者，投资基金一般采取稳健型投资策略，这有助于资本市场的良性发展。海外投资基金的共同特点是以开放型为主，上市销售，追求成长性，有利于具有持续盈利能力和高成长潜力的企业获得资金，并得到快速发展。投资基金不能参与被投资企业的经营管理，投融资双方利益冲突较小，避免了融资方资产流失及丧失控股权等情况的发生。

视野拓展

> **控股权**
>
> 控股权指的是股东对企业拥有 50% 以上的股份或虽然股份在 50% 以下但所占股份比例最多，并且因此能够获得对企业的经营活动实施影响和控制的权利。

（四）利用外商直接投资

利用外商直接投资是企业以协议、合同等形式从外国企业、公司、个人等直接吸收资金，是国外投资者不通过金融机构而由投资者直接到其他国家或地区进行的投资活动。20世纪 80 年代以来，世界经济出现了两个引人注目的现象：一是国际直接投资超越了国际贸易，成为国际经济联系中更主要的载体；二是国际直接投资超过了国际银行间贷款，成为发展中国家外资结构中更重要的构成形式。自外商直接投资产生开始，发达国家或地区就是外商直接投资的主角。发达国家或地区不仅是外商直接投资流出的主角，也是外商直接投资流入的主角。20 世纪 80 年代至 90 年代前期，发展中国家在外商直接投资发展中的地位一度有所提高。1993 年，发展中国家对外直接投资占全球的比重达 16.1%；1994 年，对外直接投资流入占全球的比重达 39.9%。然而，20 世纪 90 年代后期，这一趋势却急转直下，发达国家重新占据主导地位。外商直接投资发展的另一个特点是发达国家之间相互投资非常活跃。1995—1999 年，美国和西欧的相互投资由 840 亿美元增加到 2863 亿美元，增加了 240.8%。其中，美国对欧盟的投资由 488 亿美元增加到 582 亿美元，欧盟对美国的投资由 351 亿美元增加到 2281 亿美元，分别增加了 19.3% 和 549.9%。由于美国和欧盟间相互投资的迅速增加，其相互投资占外商直接投资的比重（按对内直接投资额计算）由 1995 年的 25.3% 提高到 1999 年的 33.1%。

三、国际直接投资的环境与政策

美国的一位食品加工商在墨西哥一条河流的三角地带建造了一家菠萝罐头厂，由于菠萝种植园在该河的上游，工厂打算用驳船把成熟的菠萝运到厂区加工。然而，令人失望的是，在菠萝收获的季节里，河水太浅，无法行船。由于没有其他可行的运输方案，工厂被迫关闭。新设备以极低的价格卖给了墨西哥的一个社区，该工厂付出了巨大的代价。该项目投资之所以失败就是因为没能对投资环境做出准确的判断。

（一）国际直接投资环境的概念

国际直接投资环境（Investment Climates）又称投资气候，是指影响投资者在东道国投资活动的各种条件的综合，包括东道国的经济环境、法律环境、政治环境、基础设施条件和自然地理环境等。上述各个环境因素构成了一个系统，成为国际直接投资的外在约束条件。在这些因素中，经济环境是基础，政治环境是保障，各个要素之间互相影响、互相制约。国际直接投资受到投资环境的约束，面临竞争风险和环境风险：前者是因为在市场经济条件下企业间存在竞争，跨国投资企业与东道国本土企业相比，不熟悉当地环境，处于竞争劣势；后者是由于东道国的政治、经济和法律等环境发生变动，给直接投资带来不确定性，甚至导致投资失败。

（二）国际直接投资环境的特点

国际直接投资环境的特点主要包括以下几个方面。

1. 综合性

国际直接投资环境是由政治、经济、自然、社会、文化等因素交织而成的一个大系统，每个因素又包含若干子系统，所有因素都以其特有的方式影响国际投资。因此，投资者在进行对外投资决策时，必须对东道国的各种因素进行综合分析，统筹考虑。投资者要全盘考虑主要因素和关键因素，以及有利因素和不利因素，对东道国的投资环境进行整体评价，以便优选国际直接投资环境因素的最佳结构方式。

2. 差异性

国际直接投资环境在不同国家或地区之间存在明显差异，同一个国家或地区在不同时间也会有差异。因此，在某一时期内一些国家或地区会成为国际直接投资的热点地区，而另一些国家或地区却缺少投资者前来光顾。同时，一个既定的投资环境对不同行业的吸引力也不同。例如，我国纺织服装行业目前正在寻求到国外进行国际直接投资，以规避欧美与我国日益增加的贸易摩擦，因此投资者在进行投资环境考察时就需要充分考虑纺织服装行业的特点，要选择具有投资优势的国家。

3. 动态性

国际直接投资环境本身一直都处于变化之中。一般说来，在投资环境的构成因素中，除地理位置不可变动外，其他因素（政治、经济、法律、管理、社会文化、物质技术等）都将随着时间的推移而发生不同程度的变化，甚至自然条件也会发生变化。例如，气候变化导致某些地区降水减少、水资源匮乏，不利于某些行业的投资。

4. 系统性

国际投资环境是一个有机整体，各部分相互联系、相互协调，构成了一个完整的投资环境系统，其中任何一个因素的变化都可导致其他因素发生连锁反应，进而引起整个投资环境的变化，投资的规模和投资的流向也会随之改变。

（三）国际直接投资环境评价方法

美国教授威廉·A.戴姆赞于 1972 年提出加权等级评分法，该方法首先对各个环境因素的重要性进行排列，并且给出相应的重要性权数。然后，根据各个环境因素对投资产生的不利影响或有利影响的程度进行等级评分，每个因素的评分范围都是从 0（完全不利的影响）到 100（完全有利的影响）。最后，将各个环境因素的实际得分乘以相应的权数并进行加总，按总分高低排列，投资对象可被分为投资环境最好的国家、投资环境较好的国家、投资环境一般的国家、投资环境较差的国家、投资环境恶劣的国家。

第二节　国际直接投融资主体——跨国公司

一、跨国公司的概念及特点

（一）跨国公司的概念

跨国公司（Transnational Corporation）又称多国公司（Multinational Corporation）、多国企业（Multinational Enterprise）、全球公司（Global Corporation）或国际公司（International

Corporation），泛指从事跨国生产经营活动的企业。联合国经济及社会理事会在全面讨论跨国公司的定义和准则之后，决定采用"跨国公司"这一名称，并且设立一个政府间的跨国公司委员会和跨国公司中心，作为永久性的机构。

跨国公司至今没有比较统一的定义，一般是指由两个或两个以上国家的经济实体所组成的，从事生产、销售和其他经营活动的国际性大型企业。

（二）跨国公司的经营特点

1. 生产经营活动跨国化

跨国公司由于在两个或两个以上的国家组织生产，经营活动必然具有跨国化特征。这意味着跨国公司需要对外投资，在海外多个国家或地区新建或收购企业，在世界范围内购买原材料或雇用劳动力，合理安排生产，并且将产品在全球范围内销售，以实现成本最小化、收益最大化。

2. 实行全球性战略

虽然跨国公司的各子公司分散在世界各地，但它们不是各自为政，而是在跨国公司全球性战略框架下统一协调和行动。跨国公司以全世界作为生产经营活动的舞台，以整个国际市场为目标，在世界范围内有效配置生产力，通过对公司所处的竞争环境和公司自身竞争优势的分析，充分利用各国和各地区的优势，制定全球性的经营战略、原材料采购战略、分销战略和投融资战略。这种整体利益的最大化有时需要牺牲个别子公司的利益，因此跨国公司常常通过转移定价的方式转移利润。

3. 公司内部一体化原则

跨国公司通过对外直接投资，在世界范围内进行生产、配置，并且把研究与发展、采掘、提炼、加工、装配销售及服务等生产过程和流通过程拓展至世界各地，而把最高决策权保留在总公司。总公司对整个公司的投资计划、生产安排、价格体系、市场安排、利润分配、研究方向及其他重大决策负责。所有的国内外子公司或分支机构的经营活动都必须服从总公司的利益，在总公司的统一指导下，遵循一个共同的战略，合理利用人力、物力和财力等各种资源。

4. 多元化经营

为了分散经营风险，获得更多收益，越来越多的跨国公司采用多元化经营战略。例如，美国杜邦公司和联合化学公司，除了经营化学工业产品，还兼营制药、食品、化妆品、首饰工艺品、纺织、冶金、电子、化肥、农药、运输和旅馆业等各种行业。由于不同行业在各年度之间的获利状况相关度较小，进行多元化经营的跨国公司就可以避免因一项经营活动的波动而影响整个公司的收益。

二、跨国公司直接投资的动因

（一）获得规模经济收益

根据"规模经济"理论，在企业未达到最佳生产规模之前，增加产品的生产和销售可以进一步增加企业的利润。如果企业在本国市场面临激烈的竞争，很难继续扩大市场份额，就会希望通过对外直接投资开拓海外市场，扩大产品销量。东道国的市场常常具有规模巨大且成长迅速的特征。

（二）发挥比较优势获取超额利润

各国经济发展产业结构和技术水平不同，这就使某一产业在各国之间由于生产能力、技术创新和供求关系不同而产生"级差"。技术先进、市场成熟国家的企业具有比较优势，能够在技术相对落后、市场相对封闭的国家获得比较利益和超额利润。具有技术优势的跨国公司利用对外直接投资的方式进入东道国，通过垄断技术、扩大市场份额等方式提高企业的利润率。因此，技术密集型行业的跨国公司对外投资容易获得超额利润。

（三）利用国外的生产优势

在现实中，市场上存在很多壁垒，如信息不完全行业壁垒、技术垄断等，这些因素会造成各国的劳动力、技术、土地、资金和其他要素的稀缺程度和价格水平的不同。跨国公司可以选择生产要素成本较低、技术发达的市场进行投资，充分利用国外的优势资源组织生产，以降低成本、提高技术和管理水平、扩大市场份额。一般来讲，发达国家的跨国公司往往可以发挥技术优势到发展中国家投资，如东南亚国家和地区，利用当地成本较低的劳动力和原材料；而发展中国家的跨国公司对发达国家进行直接投资，主要是为了获取技术优势、人才资源和品牌营销渠道。

（四）利用国外的原材料资源

各个国家和地区自然资源差异巨大，如我国台湾地区盛产水果，澳大利亚畜牧业发达，俄罗斯、中东地区石油资源丰富，非洲有大量的金矿和钻石资源，瑞典、挪威森林资源丰富。石油、木材、矿产品和原材料是生产资料，其价格与运输成本直接构成产品的成本和销售价格。从控制成本的角度考虑，企业应该尽量避免采用从国外进口原材料的方式组织生产，尤其要避免将生产出来的最终产品再出口到原材料来源国销售。因此，在资金和技术条件许可的情况下，跨国公司应选择在原材料来源国投资建厂组织生产。例如，我国知名的煤矿上市公司——兖州矿业集团公司收购了新西兰南部煤矿（Southland Mine），目的就是充分利用新西兰的煤矿资源。

（五）更好地贴近市场

跨国公司海外投资可以通过绕过贸易壁垒和占领市场两种手段更好地贴近东道国市场。贸易壁垒导致市场失灵，跨国公司因进入某国市场时受到歧视性待遇而影响出口，所以可以通过直接投资在东道国进行生产销售。比如，20 世纪 80 年代，日本汽车企业受制于"出口自限制"条约，为了保住美国市场，转向对美国直接投资。而为了更好地占领东道国市场，跨国公司研发生产适合当地需求的产品，或者由于竞争对手在东道国投资，为了保住现有市场份额紧跟竞争对手进行投资。同时，合资企业具有本国背景，其生产的产品比较容易被消费者接受，因此直接投资的效果比出口要好。

（六）稳定现金流量，规避风险

全球化和国际化虽然使很多国家的经济周期逐渐接近，但各国经济发展仍然难以保持完全同步。特别是发展中国家和发达国家的经济周期往往不同步，如 2008 年次贷危机以后，我国成为首个从危机中恢复的国家，而亚洲地区都比美国和欧洲率先走出危机阴影。跨国公司在经济周期不同的国家组织生产和销售，可以减少经济周期对企业现金流量波动的影响，与仅在一国生产和销售相比，跨国公司的收入现金流量更具稳定性。稳定的现金流量降低了跨国公司的整体经营风险，向投资者和债权人传递了有价值的信号，使他们不会要求过多的风险溢价，这就有利于降低跨国公司的资本成本，提高收益。

三、跨国公司资本预算

跨国公司资本预算是指经营者面对错综复杂的国际环境和东道国环境，以实现企业价值最大化为目标，通过建立资本预算体系对可供选择的各项国际投资项目的收益能力进行评估，并且对其所需资金进行筹措的过程。如果一家公司决定到国外进行投资，那么对劳动力条件、设备种类、融资方式等因素必须加以考虑，以分析未来的现金流量。除此之外，这家公司对特定的投资工程，还必须认真分析母公司与子公司合并后的净收入、子公司的现金流入和母公司的市场价值等各种问题。

（一）导致母公司与子公司资本预算差异的因素

当跨国公司以设立子公司的方式进行项目投资时，处在不同国家的母公司和子公司，在对同一项目进行资本预算时，由于影响现金流量的因素有所不同，而得出的预算结果往往也不一致。对母公司有利的投资项目可能对子公司却没有什么吸引力，反之亦然。因此，在进行跨国投资时，跨国公司需要从母公司和子公司两个不同的角度进行测算和评估，导致两者存在差异的主要因素有税收、汇率、资本管制和管理费等。

1. 税收

税收是国家财政政策的重要组成部分，在不同的经济发展水平和管理模式下，政府会制定不同的税收政策。为了鼓励国际直接投资，许多国家订立了避免双重征税的协议，对在国外的子公司缴纳的所得税给予抵扣，一些国家还给予国外直接投资税收优惠。比如，我国曾给予外商投资企业"两免三减半"的政策优惠，即外商投资企业可享受从获利年度起两年免征、三年减半征收企业所得税的待遇。除此之外，我国对设在中西部地区的国家鼓励的外商投资企业，在五年的减免税期满以后，还可延长三年减半征收所得税。这样，只要选择在税率较低的国家进行投资，母公司的投资收益就不会因子公司所在国的税收而减少。

2. 汇率

当母公司和子公司之间需要进行资金调拨时，或者子公司需要将利润汇回母公司时，跨国公司将面临汇率波动产生的交易风险和折算风险。交易风险是指在资金兑换过程中汇率变动给跨国公司带来的实际损失；折算风险是指企业在把外币资产负债折算为本币计价时，汇率变动导致的会计账面风险，虽然折算风险不直接影响企业的现金流量，但会通过影响企业的权益价值或缴纳的所得税而给企业带来间接影响。比如，以子公司利润汇回母公司为例，站在子公司的立场上，不涉及货币兑换问题；但是站在母公司的立场上，就会由于汇率的不确定性而影响对该项目的整体评价。因此，汇率是导致母公司与子公司资本预算差异的重要因素。

3. 资本管制

世界上许多国家为了维持国际收支平衡和保护经济发展的稳定性，实施比较严格的资本管制，如设置"再投资比例"，限制子公司将利润汇回国内，或者增加跨国公司的用汇成本。比如，一些国家规定，外商投资企业必须将其利润的一定比例（如 30%）保留在东道国进行再投资，对再投资利润免征所得税；再如，一些国家规定，外商投资企业所分配的利润必须再投资在东道国，若干年后（如 5 年）方可汇回国内。资本管制使跨国公司失去对子公司利润的控制权，存在较大的流动性风险，难以在整个集团层面灵活调拨资金，也难以降低资本成本。这样的投资项目即使有丰厚的利润，也会因资本管制丧失对母公司的吸引力。

4. 管理费

母公司对子公司的控制主要通过管理层进行，子公司的管理层人事关系、报酬确定、激励机制都集中在母公司，母公司要向子公司摊派较高的管理费用。这笔资金是母公司的收益，同时是子公司的管理费支出，相应地减少了子公司的利润。因此，在对同一项目进行评估时，母公司与子公司的资本预算可能因管理费支出的规模而表现出较大差异。基本上，跨国公司倾向于从母公司的角度考虑预算管理，但如果是合资企业和合作企业，就会产生母公司与子公司的分歧，甚至导致项目投资的失败。

（二）跨国公司制定资本预算时需要考虑的因素

1. 税收

资金短缺的国家往往通过制定优惠的税收政策吸引外资，因此在其他条件相似的情况下，跨国公司应选择税率水平相对较低，或者有税收优惠政策的国家进行投资。

2. 汇率

直接投资的时间一般较长，而且经历着频繁的资金调拨和货币兑换问题，因此汇率波动会对投资项目产生较大的影响。在投资之前，跨国公司应该通过压力测试、敏感性分析等方法估算汇率风险。在投资过程中，跨国公司还需要通过衍生金融产品，如外汇期权、期货、远期产品等来规避汇率风险。在管理风险时，汇率预测的准确性尤为重要，因为如果汇率走势判断失误，有时套期保值措施反而会增加跨国公司的成本。因此，在对外直接投资时，跨国公司要把评估汇率所需的成本考虑到项目投资的总成本中。

3. 资本管制

如果东道国有比较透明和一致的资本管制政策，那么在对外投资时，跨国公司需要在资金上进行全面的安排和考虑，只有项目的收益能超过被限制资金的机会成本时，投资才是有利的。当然，这是仅仅考虑财务因素的判断，实际上，跨国公司进行海外投资常常有更长远和战略性的打算。如果东道国的资本管制措施是临时的和阶段性的，就会打乱跨国公司整体的资金预算，这时跨国公司需要慎重考虑投资项目的可行性，并且在投资项目开始前做好管理准备。

4. 市场需求

跨国公司海外投资需要考虑的重要因素之一就是市场需求，因为其关系到跨国投资的利润和可持续性。通常，规模较大且有一定成长性的市场容易受到跨国公司的青睐。虽然对市场需求的预测与汇率预测一样困难，但是跨国公司依然要尽力预测需求，降低经营风险。跨国公司的通常做法是，通过预测公司在目标市场可能占领的市场份额大小，来推算公司未来的产品销售量。预测市场份额的方法有以下两种。

第一，利用目标市场的历史数据，如以目标市场中现存外商在进入该市场时达到的市场份额为依据，剔除个性差异以后进行估算。这种类比方法容易受到目标市场外商企业数目的影响及目标市场结构和成熟度的影响，不能指望有太高的准确性。

第二，聘请专业投资咨询机构，请他们提供详细的目标市场分析报告，包括宏观、微观因素，以及行业、市场竞争者的变化和市场份额变化等。跨国公司是否能依赖市场分析报告也要依据不同东道国市场的特点，如在我国进行市场需求的预测和分析就有较大的不确定性，因此像麦当劳这样的跨国公司会选择逐步尝试开设分店的做法，而不会一开始就贸然地进行大规模的投资。

5. 产品的市场价格

产品的定价决定着公司的投资收益，同时又受到竞争者价格、通货膨胀、经济周期、收入政策、消费习惯、产业结构等因素的影响。跨国公司在进入一个市场时，要考虑采用什么样的定价策略既能形成自身的价格优势，又不会被竞争者模仿、引发价格战，还要考虑价格波动对公司利润的影响。

6. 项目生命周期

对外投资一般要约定投资项目的存续期，特别是合作项目，时期可以是 5 年、10 年，时期的选择也会由于不同的项目而适用于不同东道国的政策。资本预算要在整个存续期内进行，这样才能全面地核算现金流的贴现值，最大限度地估计项目的收益和风险状况。不过，在投资项目存续期内，跨国公司也会遇到难以估计的情况。

7. 可变成本

可变成本主要包括随产品产量变化的劳动力成本和原材料成本。在预算成本时，跨国公司主要考虑竞争产品的原材料价格和工资水平，同时需要特别注意两方面：一是东道国的预期通货膨胀率水平会对可变成本产生很大影响；二是不能简单地以产品的单位成本来估算总可变成本，因为总可变成本受单位成本和产量的双重影响。即使跨国公司能够准确预测单位可变成本，如果不能准确估计产品的需求量，那么也会使总变动成本的预测值大打折扣。

8. 固定成本

固定成本对需求量一般不太敏感，在项目投资、项目回收期确定的情况下，固定成本较容易测算出来。固定成本主要包括设备投资、厂房的租金、水电费等制造费用，通常为一次性支付或分期定额支付。通货膨胀会对固定成本产生较大影响，如20世纪80年代，墨西哥、阿根廷等国家因债务危机、通货膨胀使固定资产严重贬值，重置成本飞速上升，导致这些国家的外商直接投资纷纷撤退，外资流失进一步恶化了国内的经济形势和汇率走势，最终使债务危机演变为货币危机和经济危机。

第三节 国际直接投融资方式

一、绿地投资与跨国并购

随着世界经济一体化的发展，FDI规模不断扩大。跨国公司进行国际直接投资有绿地投资（又称新设投资）和跨国并购两种基本方式，企业究竟应该选取哪种方式进行直接投资呢？以下对这两种方式进行了比较分析，以对国际直接投资参与方式的选择提供借鉴。

国际直接投资的参与方式是指跨国公司等投资主体对外投资所采取的基本形式，跨国公司可以灵活地选择参与方式来达到控制其国外分支机构的目的。

（一）绿地投资与跨国并购的概念

跨国投资有两种主要方式：一种是新设投资，即"绿地投资"，它是指投资者在东道国设立新的企业，新设立的企业可以是独资企业，也可以是合资企业；另一种投资方式是并购投资，并购是兼并和收购的简称，兼并是指两家或更多的独立企业、公司合并成一家企业，通常由一家占优势的公司吸收另一家或更多的公司，收购是指一家企业通过收买另一家企业部分或全部股份，取得另一家企业控制权的产权交易行为。

在采用绿地投资方式设立的新企业中，跨国公司可以以全部股权参与，即设立独资企业；也可以以一部分股权参与，即设立合资企业；还可以以非股权形式参与，如与东道国企业合作经营；甚至还可以以技术、生产诀窍、设备等入股的形式参与。

与绿地投资相比，跨国并购的优点是可以省掉建厂的时间，迅速获得现成的生产设备、技术人员、管理人员和管理制度，及时建立国外的生产销售网点，有利于跨国公司快速做出反应，抓住商业机会。对于多元化经营的跨国公司，采用并购方式可以更加稳妥地进入新领域、新行业，扩大产品种类，获取生产经验、销售渠道和市场份额，也可以以低成本获取专利、专有技术、品牌、商标等无形资产。

并购也有其内在的缺点。首先，会计准则的国别差异、市场信息障碍和无形资产转让壁垒等问题，使并购项目的评估变得更加复杂和困难。其次，并购后管理体制的整合及对目标企业原有问题的变革也会遇到很大的障碍。跨国并购意味着对被收购企业的变革，没有人喜欢改变，特别是原有的既得利益阶层，这会使并购失败的概率增大。

（二）跨国并购的方式

1. 按照并购双方业务的关联程度划分

（1）横向并购，又称水平式并购，是指处于同一行业内的企业间的并购活动，即生产相同或类似产品的不同国家厂商之间的兼并收购。横向并购是最基本的并购类型，多发生在汽车制造、制药、石油化工等行业，现代服务业如银行、保险、事务所等也是近年来横向并购的热门行业。横向并购可以快速扩大企业生产经营规模，产生协同效应，提高并购企业的获利能力。然而，横向并购也会导致卖方集中，引起市场的垄断，不利于形成有效的竞争环境。因此，很多国家认为横向并购是削弱竞争的垄断行为，会造成福利损失，因此对其高度关注和限制。

（2）纵向并购，又称垂直式并购，是指企业与供应厂商或客户的合并，即优势企业将同本企业生产紧密相关的生产、营销企业并购过来，以形成纵向生产一体化。换句话说，跨国公司的纵向并购是两个以上国家（地区）生产同一产品或相似产品，但又各自处于不同生产阶段的企业之间的并购活动。跨国纵向并购的目的是降低生产链前向和后向关联的交易成本和不确定性及获得规模经济收益。

（3）混合并购，又称复合式并购，是指从事不相关业务类型的企业间的并购。进行混合并购的双方企业处于不同的产业部门，并且这些产业部门的产品没有密切的替代关系，也没有显著的投入产出关系。混合并购的目的是寻求业务多元化、分散风险，以深化规模经济。

2. 按并购的支付方式划分

（1）现金并购是指以现金作为支付方式进行的并购，购买方一旦支付了议定的现金后即取得目标公司的所有权，而目标公司的股东一旦得到现金，就失去对原公司的所有权。现金并购可分为现金购买资产和现金购买股份两种，现金购买资产是指并购方以现金购买目标公司的全部或部分资产，将其并入并购方或对目标企业实施经营管理控制权；现金购买股份是指并购方以现金的形式购买目标公司的全部或部分股份，以达到控制目标公司的目的。

（2）股票并购，又称股票互换，是指以股票作为支付方式进行的并购，并购方增发新股换取被并购方企业的旧股。该方式的特点是目标公司的股东并不因此而失去对原公司的所有权，而且该方式可以节约并购的交易成本，在跨国并购时也不会对相关国家的国际收支产生直接影响。股票并购可分为股票购买资产和股票交换股票两种：前者是指并购方以自身的股票或股权来交换目标公司的全部或部分资产；后者又称换股并购，并购方用自身的股票或股权来交换目标公司的股票或股权。

（3）其他方式的并购，除了上述两种并购方式，还有杠杆并购、企业剥离等。杠杆并购是指并购企业在银行贷款或在金融市场融资的情况下所进行的企业并购行为，因为它以企业少量的自有资金"撬动"企业并购，故被称为杠杆并购。企业剥离是企业资产结构重组战略的重要组成部分，通过剥离资产，无论是并购方还是被并购方都能增强其核心竞争力。企业剥离是潜在的被并购企业对付并购企业故意并购的一种重要策略。

（三）跨国并购的趋势和特点

1. 强强联手盛行，超大型跨国企业不断产生

自20世纪90年代以来，发达国家企业的并购规模日益增大，并购金额连创新高，诞生了许多超大型跨国公司。比如，1998年德国的奔驰公司和美国的克莱斯勒公司合并，成立戴姆勒-克莱斯勒汽车公司，新公司的市场资本额在世界汽车业中名列第二。再如，1999年1月15日，英国沃达丰移动电话公司宣布与美国空中火炬公司合并成立沃达丰空中火炬公司，新公司成为当时世界最大的移动电话公司。

2. 跨国并购集中在北美和欧盟等发达国家

根据联合国贸发会发布的《2002年世界投资报告》对10亿美元以上的大宗跨国并购案的统计，世界跨国并购活动以英国、法国、美国、德国、瑞士、荷兰和加拿大7个国家为主。特别是前4个国家的大宗并购额超过2000亿美元，其流出量共计12 612亿美元，约占总额的73.8%。其中，尤为突出的是英国，其大宗并购额约占总流出量的36.2%。

3. 行业构成中吸收外资

发达国家以服务业为主，发展中国家则集中在制造业，美国吸收的外国直接投资中有1/3投向了金融保险领域，欧盟吸收的外国直接投资主要集中在公共服务、媒体、金融等领域。日本跨国公司在英国的投资50%以上集中在金融保险领域。发展中国家所具有的劳动力优势促使跨国公司加速向这些地区的制造业转移生产投资。

4. 战略性并购占有绝对优势，恶意并购减少

与20世纪80年代出现的大量恶意收购行为不同，20世纪90年代以来的跨国并购主

要是企业出自长远发展考虑的，并购协议也是经过当事人双方谨慎选择、长时间接触、耐心协商之后达成的。因此，恶意收购案件明显减少。由于战略性并购是一种理性并购行为，虽然给产业、市场等各方面带来较强的震动，却是一种双赢的交易，不会像恶意收购那样，造成两败俱伤的结果。

5. 以横向并购为主

20 世纪 90 年代以来的跨国并购主要是横向并购，无论在传统产业领域还是在新兴产业领域，横向并购都占主导地位。传统产业领域的横向并购主要是为了减少过剩的生产能力，提高技术创新的能力，以取得行业领先地位。其所涉及的行业几乎遍布传统产业的各个领域，包括汽车、医药、石油、化学、食品、饮料、烟草、航空航天等在内的制造业和电信、金融、能源等服务业，其中资本和技术密集型的行业尤为突出。新兴产业的横向并购是为了扩大实体规模，提高科技研发能力，确立技术上的领先地位，如思科公司就是通过并购成为市值超过微软的世界知名企业。垂直并购虽然有所增加，但是所占比例一直低于 10%，所涉及的行业集中在电子和汽车工业，其目的在于降低生产链前向和后向关联的不确定性和交易成本，以及获取范围经济收益。混合并购则大幅度下降，其目的在于分散风险和深化范围经济。

二、国际租赁融资

租赁是指出租人根据与承租人签订的租赁契约，以收取一定的租金为条件，将租赁物在规定的时期内交给承租人使用，其所有权仍属出租人的一种经济行为。1952 年 5 月，美国人 H. 杰恩费尔德首创世界第一家租赁融资公司——美国租赁公司，即现在的美国国际租赁公司，这标志着现代租赁融资业务的诞生。目前，国际租赁融资已经成为国际融资中的重要方式，租赁业务额在设备总投资额中所占的比例超过 10%。我国的首笔租赁融资业务发生在 1979 年 10 月，中国国际信托投资公司采用跨国租赁方式从日本租进一批日产汽车；同期，中国民航总局在中信公司协助下，首次以杠杆租赁方式从美国租进一架波音 747 飞机。国际租赁融资方式为我国引进外资、学习先进技术提供了重要的途径。

（一）国际租赁融资的概念

国际租赁是指跨越国境的租赁业务，即在一定时期内，一个国家的出租人把租赁物件租给另一个国家的承租人使用，承租人按照协议规定分期向出租人支付租金的一种业务活动。国际租赁的设备金额一般非常大，承租人难以筹集到相应的资金，因此这种租赁业务属于分期支付利息的借贷行为，又称国际租赁融资。

国际租赁融资的类型和一般的租赁业务不同，国际租赁融资业务通过契约安排提供融资，将资产设备租赁给另一家公司（承租人）使用，收取固定租金。承租人有义务维修资产设备，支付财产税和保险费。在协议租赁期间，承租人一般不能中断租赁，租金支付总额和每年支付额都是固定的，即使承租人后来不使用资产设备，也必须按合同支付租金。

（二）国际租赁融资的优点

1. 相对节约融资成本

我们可以将租赁融资和外币借款的融资成本相互比较，分析租赁融资的成本。两者都需要在税后现金流量基础上计算，通常分别计算租赁和借款的每年净现金流量，然后按恰当的折现率将预期现金流量折成现值，当其他条件相同时，现金流出净现值越低，该种融资方法越可取。如果资产设备的预期使用寿命和租赁期限远远超过贷款期限，那么租赁的现金流出量可以分布到更长的时期中，更长的租赁期还可以降低资产设备的残值，这些都会降低资金流出的净现值，使租赁成本低于外币贷款。

2. 租赁融资更加灵活方便

对于经营规模较小的借款人，他们不易获得贷款承诺和展期信贷，但如果采用租赁融资方式，就可以对资产设备进行续租，变相达到货款展期的效果。对于那些成本高、需要大量外汇资金的设备，租赁融资是先期投入最小的融资方式，租赁期满以后还可以选择折价购入设备，或者不购买设备。当设备使用年限和租赁年限大体相同时，基本上是零成本购入。

3. 扩大融资范围

承租人通过租赁，释放了购买新设备的一部分资金，承租人可以利用这部分资金更好地组织生产或将其投向其他领域。特别是那些债务率已经较高的公司，受制于借款限制性契约，它们很难以低成本得到融资，而通过租赁融资就可以在不提高负债水平的情况下扩大再生产，进一步提高企业的获利能力。

4. 利用投资税和折旧税优惠

国际租赁融资可以根据各国对租赁设备的税收法规不同而灵活地选择租赁的方式。如果出租人利用租赁资产加速折旧的方法，获得大幅度减税，并且将部分利益以租金优惠转让给承租人，那么对使用直线折旧法的承租人特别有吸引力。如果承租人也适用加速折旧法，那么购买资产将会带来更多的税收利益，租赁融资的吸引力就会减小。

某些公司在购买新设备以后，会丧失税收减免，或者不能利用投资和折旧税减免，这样的公司倾向于采用先购买再转售的方式将税收优惠转移给有充分收入、能享受减税的出租人，并且以较低的租金作为回报，这便是"售后回租"安排。具体操作方法是，由希望使用某种资产的公司首先购得资产设备，然后将该设备出售给出租人，公司同时作为承租人向出租人租回已售的资产。

（三）国际租赁融资的程序和方法

1. 直接购买进口租赁的业务程序

直接购买进口租赁是由国内租赁机构直接从国外购入技术设备，然后将设备出租给国内承租人使用的一种租赁形式。

2. 进口转租赁的业务程序

进口转租赁是国内租赁机构先从国外租赁公司租进设备再转租给国内承租人的一种租赁形式。进口转租赁中一台设备或一个项目的两次租赁交易，其期限可以一致，也可以不一致。第二次租赁，即转租国内承租人的租期，可以长于第一次租赁，即从国外租入的租赁期。如果租赁期一致，国内租赁机构只能赚取进口手续费和两次租赁的租金差；如果租赁期不一致，国内租赁机构主要赚取两次租赁期之差的租金。

3. 进口返租赁的业务程序

进口返租赁是指国内租赁机构根据国内承租单位的要求，从国外购进所需要的设备后，再将设备卖给国外租赁公司，取得设备价款，然后从国外租赁公司将设备租入，取得使用权，最后再出租给国内承租单位使用的一种租赁形式。

三、国际项目融资

（一）国际项目融资的概念

项目融资（Project Financing）又称工程项目贷款，是指向一个特定的工程提供贷款，贷款人将该项目所产生的收益作为还款的资金来源，并且将经营该项目经济单位的资产作为贷款人的附属担保物。这里的"项目"多为石油、电力、农林等大型工程建设项目，项目的主办方难以完全承担投资风险，因此虽然名为贷款，但项目融资实质上为多种融资方式的有机组合，并且和项目的建设与投产使用有密切的联系，更接近于直接投融资项目。我国20世纪80年代兴建平朔煤矿就是利用国际项目融资来筹措资金的。

（二）国际项目融资的特点

与传统的融资方式相比，国际项目融资有以下特点。

1. 从借款对象来看

在传统的贷款方式中，贷款人将资金贷给借款人，借款人再将该资金用于某一项目，此时贷款人看中的是借款人的信用。在国际项目融资中，项目主办人一般都专门为某项目成立一家项目公司，在项目所在国登记注册并受其法律约束，该公司是独立经济单位，项目主办人只投入自己的部分资产，并且将项目资产与自己的其他财产分割，贷款人着眼于该项目的获利前景，而不是根据主办人的信用情况来发放贷款。

2. 从还款来源来看

传统的贷款方式是贷款人以借款人（项目主办人）的所有资产及其收益作为偿债来源。在国际项目融资中，贷款人以项目投产后所取得的收益作为还款来源，即使项目的日后收益不足以还清贷款，借款人也不承担从其所有资产及收益中偿还全部项目贷款的义务，而仅以项目公司的资产为限。

3. 从贷款担保来看

在国际项目融资中，贷款人用抵押权和经转让取得的合同权益作为对借款人违约的补救，前者一般以土地、建筑物、厂房、机器设备等资产作为抵押品，后者包括产、供、销方面的长期合同和其他附属性协议或合同权益的转让。这种层层紧扣的担保形式比传统贷款方式中的抵押担保要复杂得多。

4. 从东道国的利益来看

首先，国际项目融资不以主办方的资信为考虑因素，而是以项目的预期收益为主要考虑因素来发放，项目本身的收入是偿还贷款的资金来源；承办单位是专门为项目而组成的经济实体，既可能是地方机构组建，也可能是合资或合营企业，这样会减轻东道国的直接对外负债，提高对外融通资金的能力。其次，将来偿还项目融资的外汇，无须动用本国的财政资金或国家的外汇储备，而来源于承购产品的公司（或设施用户）。国家或政府只承担完工保证义务，一旦工程竣工，保证责任也就解除了。再次，精确的可行性研究与规划是取得国际项目融资的前提，各种计划经过专家与技术人员的精密核算和比较，有效保证了项目的经济效益，降低了项目的建设成本。而且，承办单位在与外商合营合作过程中可以学习国外先进的管理和技术经验，培养人才，提高本国的管理和技术水平。在取得工程资金的过程中，一部分可以采取竞争性招标方式，这样可以降低设备的货价或工程造价。

（三）国际项目融资的程序

国际项目融资结构复杂，制约因素多，其准备工作过程也较长。在一般情况下，国际项目融资工作大致可分为国际项目融资决策、国际项目融资结构分析、国际项目融资准备和国际项目融资文件签署与执行四个阶段。

1. 国际项目融资决策

在国际项目融资工作开始之前，项目投资人或主办人通常要对拟投资项目进行初步分析，做出投资决策和融资方式决策。一般来说，国际项目融资适用于投资规模大、周期长、投资收益和现金流量稳定、股权投资人或项目公司信用不足以支持简单贷款的新建投资项目。此外，拟投资项目如采用国际项目融资方式解决资金问题，通常需要取得所在地政府部门的政策支持和计划管理部门的批准。应当说，认真分析拟投资项目的特点和条件是正确做出项目融资决策的基础。

项目投资人或主办人在决定采用国际项目融资方式以后，需要确定项目投资与项目融资的初步方案，并且做出项目可行性研究。在这一决策过程中，项目投资人或主办人可以聘请专业顾问取得咨询意见和帮助。国际项目融资通常以项目投资人或主办人聘请和任命未来拟担任融资牵头经理人的融资顾问为正式开端。按照国际融资实践，国际项目融资的融资牵头经理人通常由具备较强资金实力、具有良好信誉和融资经验的金融机构担任，而此类金融机构在决定担任融资牵头经理人并组织项目融资之前，往往要求先作为项目融资顾问参与项目。

2. 国际项目融资结构分析

在此工作阶段，项目融资顾问和项目主办人将聘请包括律师、会计师、工程顾问和行业性专业顾问在内的专业性中介机构进行尽责审查，其中最重要的是对各种项目风险，特别是项目现金流量进行分析预测。

因为国际项目融资以项目未来的现金流量为主要的偿债基础，而不同投资项目中制约可偿债现金流量的具体风险又不尽相同，所以对拟投资项目进行各项风险预测或评价是最终确定项目融资具体结构和细节法律安排的重要前提。可以说，在特定国际项目融资中投资与贷款的比例，有关当事人关系、担保结构、信用保障结构及每一项合同文件的安排都是针对具体项目的经济强度和风险因素而设计的。其基本目标在于保障贷款偿还，分散融资风险，平衡不同当事人之间的利益关系。

概括地讲，项目融资结构分析阶段的工作主要包括以下几方面：对项目基础状况和基础资料进行调查；做出专业性分析报告和结论性意见；根据项目经济强度和风险因素修改确定具体的项目融资结构、项目融资方案和项目融资细节安排。在这一工作阶段，有关项目融资的各项工作性结论应当是定量化的，有关项目融资的结构和方案应当是具体化的，项目主办人和项目融资顾问应当就项目分析结论和投资项目的条件取得大体一致的意见。从实践来看，在国际项目融资中，项目融资顾问和专业性中介机构往往更注重融资市场的要求和自身的信誉，其工作结论多遵循审慎保守原则；而项目主办人则更注重拟投资项目的融资要求，追求更高的融资效率和融资速度。

3. 国际项目融资准备

当项目融资的具体方案及其细节安排确定以后，应由项目主办人委托融资牵头经理人组织贷款银团，由融资牵头经理人和专业性中介机构准备信息备忘录和各种融资法律文件，并且应由主办人与融资牵头经理人就国际项目融资文件进行协商谈判，此种正式法律文件的协议定稿既是对国际项目融资方案的实施，也往往最终调整着国际项目融资方案的内容。

根据国际融资惯例，项目融资顾问在确认国际项目融资方案以后，应当做出其是否承担融资牵头经理人职责的表示，项目主办人则应以书面文件做出委托其担任融资牵头经理人和授权其组织贷款银团的意思表示，其程序与国际贷款过程无异。融资牵头经理人在得到授权以后，将与专业性中介机构共同准备旨在推销贷款的信息备忘录或事实说明文件；同时委托专业性中介机构依照已拟定的国际项目融资方案准备各种项目融资法律文件的草稿，此类法律文件不仅包括贷款协议和担保协议，还包括政府特许文件、项目公司设立文件、项目公司管理文件、项目工程承包合同、设备与原材料供应合同、产品长期购买合同、信托文件及大量的工作文件等。这些法律文件通过严谨而确定的法律关系形成统一的项目融资结构，在许多项目融资中，保障其基本结构的法律文件往往由几十项甚至上百项合同文件组成。

在国际项目融资准备阶段，贷款银团的融资牵头经理人通常在信息备忘录正式定稿前就已经开始贷款推销与银团组织工作，仅将文件正式签署留待最后实施阶段进行。与此类似，在国际项目融资法律文件的准备阶段，融资牵头经理人将协调国际项目融资的所有参与者进行相关法律文件的谈判工作，通过协商使各项法律文件的内容处于定稿或可签署状态，其中贷款协议内容的确定既对其他法律文件具有指引作用，又以其他法律文件内容的确定为前提。在一般情况下，国际项目融资准备阶段的完成以各项法律文件的定稿或基本定稿为标志，但根据我国《境外进行项目融资管理暂行办法》的规定，上述业已定稿的主要合同的草案，应当报政府主管部门审核，其中某些合同还须取得政府主管部门的批准。

4. 国际项目融资文件签署与执行

从广义上说，国际项目融资的执行是指从各种项目融资法律文件签署至项目贷款清偿完毕的整个期间，此过程中的工作主要包括国际项目融资法律文件的签署、执行贷款与项目投资计划、融资牵头经理人监督项目建设与项目管理、项目运营与现金流量管理等。

国际项目融资文件的签署通常要求将具有相关性的一系列法律文件统一签署；其中项目公司设立文件和政府机构的特许文件具有基础意义，通常要求先行签署；银团贷款协议和担保文件是国际项目融资的核心文件，通常最后签署；而构成项目信用保障结构的工程承包合同、工程分包合同、设备与原材料供应合同、产品长期购买合同和信托文件通常含有附条件生效条款。在项目融资文件签署以后，项目投资人和贷款银团应当按约定履行项目投资和银团贷款，并且应及早启动项目工程建设。

在项目工程建设阶段，项目主办人通常负有统一协调和管理的职责，但根据项目方案的安排，也可以委托外方投资人或专业性管理公司对项目工程建设进行管理。在此阶段，工程联合承包人、设备与原材料供应商应全面履行合同义务，并且受到严格的责任约束。融资牵头经理人对于工程建设享有监督权与建议权，这与一般的银团贷款有所不同。在项目工程建设完工以后，通常要进行项目试生产，只有在通过试生产并由融资牵头经理人确认该项目达到融资文件规定的商业完工标准以后，才可通过验收并解除项目主办人或投资人提供的项目完工担保。

在项目运营阶段，对于项目的管理通常由项目公司或专业性管理公司主要负责；牵头经理人仍然对项目运营有监督权与建议权；而设备与原材料供应商、商品长期购买人、保证人和信托受托人则负有全面履行相关合同的义务。在此阶段，项目融资信用保障机制将全面产生效用，用于偿债的现金流量将得到控制和管理，以保证贷款本息的偿还。

本章小结

1. 国际投资包括国际直接投资和国际间接投资两种形式。
2. 股份有限公司是指注册资本由等额股份构成，通过发行股票（或股权证）筹集资本，股东以其所认购的股份对公司承担有限责任，公司以其全部资产对其债务承担有限责任的企业法人。

3. 独资经营是指一国投资者（公司、企业、其他经济组织或个人），按照东道国法律，经政府批准，在其境内单独投资、独立经营、自负盈亏的一种国际直接投资方式。

4. 国际融资是指通过国际金融市场来筹集企业发展所需的流动资金和中长期资金。

5. 国际股票即境外发行股票，是指企业通过直接或间接途径向国际投资者发行股票并在国内外交易所上市。

6. 跨国公司又称多国公司、多国企业、全球公司或国际公司，泛指从事跨国生产经营活动的企业。

7. 税收是国家财政政策的重要组成部分，在不同的经济发展水平和管理模式下，政府会制定不同的税收政策。

8. "绿地投资"，是指投资者在东道国设立新的企业，新设立的企业可以是独资企业，也可以是合资企业。

9. 兼并是指两家或更多的独立企业、公司合并组成一家企业，通常由一家占优势的公司吸收另一家或更多的公司。

10. 收购是指一家企业通过收买另一家企业部分或全部股份，取得另一家企业控制权的产权交易行为。

复习思考题

1. 国际直接投资方式有哪些？
2. 国际直接投资环境具有哪些特点？
3. 跨国公司具有哪些经营特点？
4. 跨国公司制定资本预算时需要考虑哪些因素？
5. 国际租赁融资具有哪些优点？
6. 国际项目融资具有哪些特点？

第十章

国际间接投融资

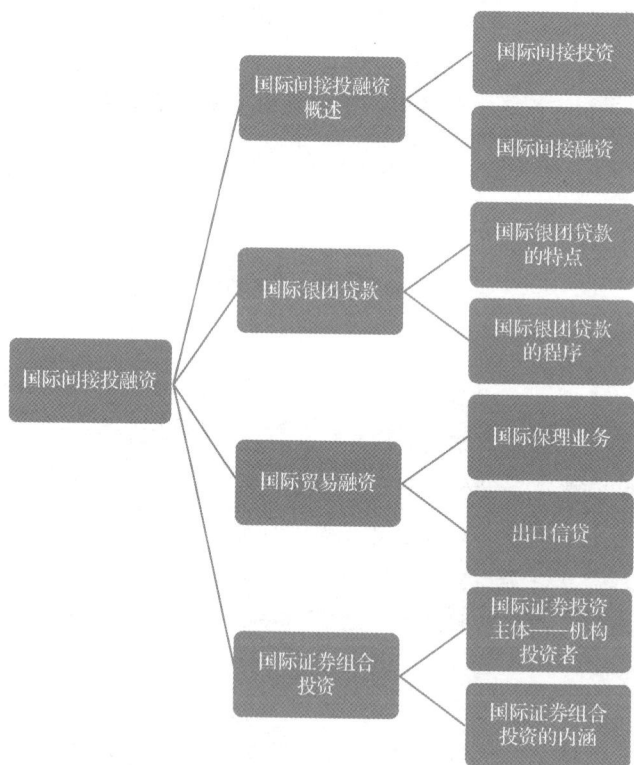

知识框架图

国际间接投融资
- 国际间接投融资概述
  - 国际间接投资
  - 国际间接融资
- 国际银团贷款
  - 国际银团贷款的特点
  - 国际银团贷款的程序
- 国际贸易融资
  - 国际保理业务
  - 出口信贷
- 国际证券组合投资
  - 国际证券投资主体——机构投资者
  - 国际证券组合投资的内涵

学习目标

- 理解国际间接投资
- 理解国际间接融资
- 了解国际银团贷款的程序
- 掌握国际保理业务
- 认识国际证券投资主体——机构投资者
- 了解国际证券组合投资的内涵

与国际直接投融资相比，国际间接投融资活动更加频繁和灵活。投融资主体呈现多元化特征，除跨国公司外还包括机构投资者、政府机构、国际组织等；投融资方式更加灵活多样，包括银行信贷、证券投资和贸易融资等。机构投资者已经成为国际金融市场最活跃的投资主体，其投融资行为不仅影响自身的收益和风险，还会对某国或某区域金融市场的利率和汇率水平产生重大影响，甚至引发金融动荡和金融危机。

第一节　国际间接投融资概述

一、国际间接投资

（一）国际间接投资的概念

国际间接投资（International Indirect Investment）是指以资本增值为目的、以取得利息或股息等为形式、以被投资国的证券为对象的跨国投资，即在国际债券市场上购买中长期债券，或者在外国股票市场上购买企业股票的一种投资活动。国际间接投资者并不直接参与国外企业的经营管理活动，其投资活动主要通过国际资本市场（或国际金融证券市场）进行。国际间接投资又称对外间接投资（Foreign Indirect Investment）。

国际间接投资与国际直接投资的根本区别在于对筹资者的经营活动有无控制权。因为投资者不可能仅仅依靠购买某国政府的债券而取得对该国政府经济活动的控制权，所以有人将"非限制性国际贷款"（无控制权）归入国际间接投资内容中，而将"限制性国际贷款"（有控制权）归入国际直接投资内容中。

（二）国际间接投资与国际直接投资的区别

国际间接投资和国际直接投资具有以下区别。

1. 经营控制权不同

国际间接投资对筹资者的经营活动无控制权,国际直接投资对筹资者的经营活动有控制权。

2. 流动性和风险性不同

国际间接投资与企业生产经营无关,随着二级市场的日益发达与完善,证券可以自由买卖,流动性大、风险小。国际直接投资要参与一国企业的生产,生产周期长,一般在10年以上,由企业的利润直接偿还投资。资金一旦投入某个特定的项目,要抽出投资比较困难,其流动性小、风险大。

3. 投资渠道不同

国际间接投资必须通过证券交易所才能进行投资,国际直接投资只要双方谈判成功就能签订协议进行投资。

4. 投资内涵不同

国际间接投资又称国际金融投资,一般只涉及金融领域的资金,即货币资本运动,运用的是虚拟资本。国际直接投资是生产要素的投资,它不仅涉及货币资本运动,还涉及生产资本和商品资本运动,以及对资本使用过程的控制,运用的是现实资本。

5. 自发性和频繁性不同

国际间接投资受国际上利率差别的影响表现为一定的自发性,往往自发地从低利率国家向高利率国家流动。国际间接投资还受到世界经济、政治局势变化的影响,经常在国际上频繁移动,以追求投机利益或寻求安全场所。第二次世界大战以后,随着国际资本市场的逐步完善,国际间接投资的规模越来越大,流动速度也越来越快。国际间接投资具有较大的投机性,在这个领域,投资与投机的界限有时难以划分。国际直接投资是运用现实资本从事经营活动,盈利或亏损的变化比较缓慢,一旦投资以后,就具有相对的稳定性。

6. 获取的收益不同

国际间接投资的收益是利息和股息,国际直接投资的收益主要是利润。

二、国际间接融资

(一)国际间接融资的概念

国际间接融资是指通过金融中介(如银行、保险、基金、信托等)进行的国际资金融通。金融中介一方面通过发行存单、保单、信托受益凭证等汇集资金,另一方面又通过贷款、投资有价证券等行为将资金转移到筹资者手中,以完成资金在盈余者和短缺者之间的合理配置。国际间接融资的主要方式是国际信贷,包括政府信贷、国际金融机构信贷、国际商业银行信贷和各种贸易信贷融资。

（二）国际间接融资的特征

1. 间接性

在国际间接融资中，资金供应者和资金需求者之间不发生直接借贷关系，而是由金融中介发挥桥梁作用。资金供应者和需求者都只是与金融中介（如银行）发生融资关系，由于金融中介的信誉卓著并起到了担保作用，处于不同国家的资金供应者和需求者才会打消顾虑，有效地完成投资和融资。一般来讲，国际间接融资的成本要小于国际直接融资的成本。

2. 相对集中性

国际间接融资通过金融中介进行，金融中介一般不是针对某个资金供应者与某个资金需求者之间一对一的对应性中介，而是分别进行集中性交易。在国际间接融资中，金融中介的这种集中性提高了融资效率，但是风险也聚集在了金融中介身上。为了规避风险，国际商业贷款的期限往往较短，或者要求提供相应的抵押和担保；而期限较长、金额较大的国际信贷则一般是政府贷款、国际组织贷款或银团贷款。

3. 融资信誉度较高

世界各国对金融机构的监管都比较严格，特别是具有贷款职能的存款类金融机构尤其需要维持稳健和审慎经营的形象，从事国际间接融资的金融机构更要受到出资国和受资国金融法规的双重监管。因此，国际间接融资的信誉度较高，融资的稳定性较强。

4. 资金具有法定偿还义务

国际间接融资一般为信贷形式，采用债务契约，明确规定借款本金、利率、期限、偿还方式、违约责任等法定义务。如果到期未能偿还，就会给债务人带来严重的信誉影响，甚至导致债务人破产清算，这对资金使用者来说是一种硬约束。

第二节　国际银团贷款

国际中长期贷款的类型包括独家银行贷款和银团贷款。独家银行贷款又称双边中期贷款，每笔贷款金额为几千万美元，最多达到 1 亿美元，贷款期限为 3～5 年。银团贷款又称辛迪加贷款，是指多家商业银行组成一个集团，由一家或几家商业银行牵头向借款人共同提供巨额资金的一种贷款方式。银团贷款金额巨大一般为 5 亿～10 亿美元，并且专款专用，贷款的对象多为各国的政府机构（包括中央银行）或跨国公司。

一、国际银团贷款的特点

（1）因为银团是由多家银行组成的协议组织，所以参加银团的银行数目根据项目大小可多可少，大型项目有几十家银行参加，小型项目有 3～5 家银行参加，项目的风险并非由一家银行承担，而是由各参加行按其提供贷款的份额分担风险。同时，银团可以保证大型项目的资金需求，通过组织银团还可以加强国际银行间的交流，提高参加行的国际地位。

（2）对于借款人来说，采用国际银团贷款方式融资，只需要一次谈判借款条件，签订一个贷款协议，一次向国际银团成员银行报告其金融条件和信用要求。这对借款人有很大的吸引力。

（3）国际银团贷款对贷款人也有很多好处。银行贷款可以避免对单个借款人承担过多债权的风险，银行可以同时参与多个不同的国际银团贷款，面向更多的借款人，分散风险。

（4）国际银团贷款可以吸收较小的银行参与国际贷款批发销售市场。许多小银行本无力单独承担国际贷款，因此大银行在承担大部分信贷之后，可以再把部分信贷转售给小银行。

（5）银团贷款常常与项目融资相伴。银团贷款不是以主办单位的资产与信誉作为发放贷款考虑的原则，而是将为营建某一工程项目而组成的承办单位的资产状况及该项目完工后所创造出来的经济效益作为发放贷款考虑的原则，因为项目所创造的经济效益是偿还贷款的基础。

二、国际银团贷款的程序

（1）借款人慎重选择牵头银行。当借款人决定要用国际银团贷款方式筹资时，最重要的工作就是选择牵头银行。一般情况下，不同的借款人有不同的选择习惯。有的借款人选择同自己关系密切的银行；有的借款人轮流挑选国际上的一些大银行，以便和更多的国际银行建立关系；有的借款人邀请一些大银行投标，从中选择合适的牵头银行。如何确定牵头银行，要根据借款人的项目情况、信用要求和国际金融市场情况确定。

（2）借款人向牵头银行递交筹资委托书，同时附上有关文件，包括项目的批准证书、营业执照、合同、可行性研究报告等。

（3）牵头银行回复借款人贷款承诺书。牵头银行与借款人进行初步谈判，当借款人的条件基本符合贷款要求时，银行要向借款人递交贷款承诺书和贷款合同有关基本结构的条款，提出在什么条件下可以为其组织银团贷款。

（4）组建银团。如果借款人原则上同意银行贷款合同中的基本结构条款，就可以开始组织银团贷款的工作。首先，确定参加行名单，这些参加行必须经牵头行审查同意。其次，与有关参加行接触，简单介绍项目的情况并征询意见。

（5）起草"项目概况"并分发给各参加行。牵头行应根据借款人提供的有关资料认真地进行项目评估，写出评估报告并进行现金流量分析，在此基础上写出"项目概况"。"项目概况"的主要内容包括对项目的各当事人，包括主办人、承包商、管理公司、担保人等分别做出分析、评估和说明。"项目概况"分别提供给各参加行研究，牵头行收到各参加行的承诺电传以后，银团即宣告组成。

（6）准备有关文件，进行贷款合同的谈判。在银团基本组成以后，牵头行要与借款人进行谈判。文件的起草工作由牵头行委托或聘请的律师进行，这些文件包括贷款合同、还款担保、抵押担保、超支担保（或备用信贷协议）、完工担保（或服约保证）、合同转让书（包括管理合同、销售合同、工程合同等），牵头行针对这些文件逐项与借款人进行谈判。

（7）签约、发布"墓碑"广告。银团成员在贷款合同上共同签字，达成银团贷款协议以后，可以在发行量比较大的国际性商业报刊上发布广告，因其篇幅较小、措辞严谨、形式严肃，所以又被称为"墓碑"广告。广告对借款人、牵头行和参加行来说都有正面的宣传作用。对借款人来说，等于为工程做了一次促销广告，因为只有获利前景好的项目才能得到银团贷款的支持；对牵头行来说，银团贷款的成功一方面可以给它带来丰厚的收益，另一方面也是其信誉和能力的体现；对参加行来说，能够参与国际知名的银团贷款协议可以提高知名度。

（8）贷款监督和贷款偿还工作。银团贷款的签订只是贷款合同履行的第一步，银团贷款能否取得预期的收益还要看项目的完成情况和贷款的偿还情况。因此，在资金到位以后，就要按照协议进行贷款的监督，确保资金合理使用，保证款项得到偿还。

第三节　国际贸易融资

一、国际保理业务

（一）国际保理的概念

国际保理业务是一项集贸易融资、结算、代办会计处理、资信调查、账务管理和风险担保等于一体的综合性金融服务业务。这种新型的金融服务手段既能保证出口企业安全收汇，又能为进口企业提供买方信贷，在规避国际贸易风险、提高市场占有率等方面起着积极的作用。进出口贸易是国际保理业务的基石和生存土壤，2008 年，我国保理业务量达到 550 亿欧元，比 2002 年增长 26.5 倍，我国成为全球保理业务最大的 10 个国家之一，世界排名第 8，我国保理业务量占全球交易量的 4.15%。

国际保理业务是国际保付代理业务的简称，又称承购应收账款业务，是指提供赊销便利的出口商在货物装船以后，将发票、汇票、提单等有关单据卖断给国际银行或专业保理公司，立即收进全部或部分货款的国际金融业务。国际保理既是一种可供选择的国际结算方式，又是一种短期的贸易融资方式。

（二）国际保理业务流程

国际保理业务流程如图 10-1 所示。

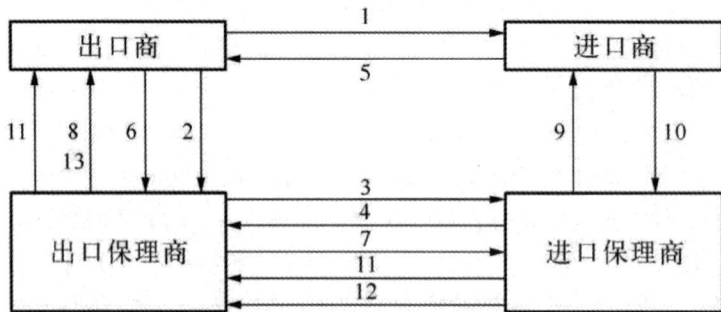

图 10-1　国际保理业务流程

具体运作步骤如下。

（1）出口商寻找有合作前途的进口商。

（2）出口商向出口保理商提出叙做保理的需求并要求为进口商核准信用额度。

（3）出口保理商要求进口保理商对进口商进行信用评估。

（4）如果进口商信用良好，进口保理商就可以为其核准信用额度。

（5）如果进口商同意购买出口商的商品或服务，出口商就可以开始供货并将附有转让条款的发票寄送进口商。

（6）出口商将发票副本交出口保理商。

（7）出口保理商通知进口保理商有关发票详情。

（8）如果出口商有融资需求，那么出口保理商付给出口商不超过发票金额 80%的融资款。

（9）进口保理商于发票到期日前若干天开始向进口商催收。

（10）进口商于发票到期日向进口保理商付款。

（11）进口保理商将款项付出口保理商。

（12）如果进口商在发票到期日 90 天后仍未付款，那么进口保理商就要做担保付款。

（13）出口保理商扣除融资本息及费用，将余额付给出口商。

（三）国际保理业务对出口商和进口商的益处

国际保理业务能为出口商和进口商带来增加营业额、降低风险、节约成本、简化手续、扩大利润等益处。

二、出口信贷

（一）出口信贷的概念

出口信贷是一种国际信贷方式，是一国为了支持和鼓励本国大型机械设备、工程项目的出口，提升国际竞争力，以向本国出口商或国外进口商提供利息补贴和信贷担保的优惠贷款方式，鼓励本国的银行对本国出口商或国外进口商提供利率较低的贷款，以解决本国出口商资金周转的困难，或者满足国外进口商对本国出口商支付货款需要的一种融资方式。

出口信贷多用于金额大、生产周期长的资本货物，主要包括机器、船舶、飞机、成套设备等。出口国官方机构、商业银行为支持本国出口，向本国出口商提供的信贷不属于国际出口信贷范围。出口信贷在国际贸易中是垄断资本争夺市场、扩大出口的一种手段。

（二）出口信贷的特点

1. 利率低

出口信贷的利率一般低于相同条件资金放贷的市场利率，由国家补贴利差。大型机械设备制造业在很多国家的经济中占有重要地位，其产品价值和交易金额都很大。为了加强本国设备的竞争力，削弱竞争对手实力，许多国家的银行竞相以低于市场水平的利率对外国进口商或本国出口商提供中长期贷款支持，以扩大本国资本货物的国外销路，银行提供的低利率贷款与市场利率的差额由国家补贴。

2. 贷保险相结合

中长期出口信贷偿还期限长、金额大，发放贷款的银行存在较大的风险，为了解决出口国银行的后顾之忧，保证其贷款资金的安全发放，国家一般设有信贷保险机构，对银行发放的中长期贷款给予担保。

3. 专门机构进行管理

一国提供的出口信贷，通常由商业银行发放，如果金额巨大而商业银行资金不足，就由国家专设的出口信贷机构给予支持，或者针对某种特定类型的出口信贷，直接由出口信贷机构承担发放的责任。出口信贷机构一般是国家政策性银行，如我国的进出口银行，它的作用是利用国家资金支持对外贸易中长期信贷，弥补私人商业银行资金的不足，改善本国的出口信贷条件，增强本国出口商占领国外销售市场份额的力量。

（三）出口信贷的形式

1. 卖方信贷

1）卖方信贷定义

卖方信贷是出口方银行向本国出口商提供的商业贷款。出口商（卖方）以此贷款为垫付资金，允许进口商（买方）赊购自己的产品和设备。出口商（卖方）一般将利息等资金成本费用计入出口货价中，将贷款成本转移给进口商（买方）。

2）卖方信贷方式

卖方信贷采取的是出口商向国外进口商提供的一种延期付款的信贷方式。一般做法：在签订出口合同以后，进口商支付 5%～10%的货款，在分批交货、验收和保证期满时再分期支付 10%～15%的货款，其余的货款则由出口商在设备制造或交货期间向出口方银行取得中、长期贷款，以便周转。在进口商按合同规定的延期付款时间付讫余款和利息时，出口商再向出口方银行偿还所借款项和应付的利息。因此，卖方信贷实际上是出口厂商从出口方银行取得中、长期贷款以后，再向进口方提供的一种商业信用。

3）卖方信贷的程序

（1）出口商（卖方）以延期付款的方式与进口商（买方）签订贸易合同，出口大型机械设备。

（2）出口商（卖方）向所在地的银行借款，签订贷款合同，以融通资金。

（3）进口商随同利息分期偿还出口商的货款以后，出口商再偿还银行贷款。

卖方信贷流程如图 10-2 所示。

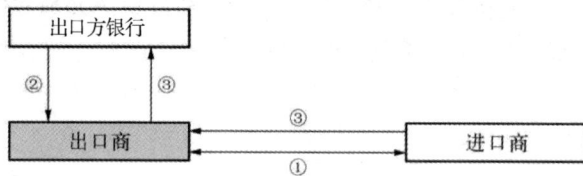

图 10-2　卖方信贷流程

2. 买方信贷

1）买方信贷定义

买方信贷是出口国政府支持出口方银行直接向进口商或进口方银行提供信贷支持，以供进口商购买技术和设备，并且支付有关费用，买方信贷一般由出口国信用保险机构提供买方信贷保险。买方信贷主要有两种形式：一是出口方银行将贷款发放给进口方银行，再由进口方银行转贷给进口商；二是由出口方银行直接贷款给进口商，由进口方银行出具担保。贷款币种为美元或经银行同意的其他货币。贷款金额一般不超过贸易合同金额的 80%～85%；贷款期限根据实际情况而定，一般不超过 10 年；贷款利率参照经济合作与发展组织确定的利率水平制定。

2）买方信贷方式

出口方银行直接向进口商提供贷款，而出口商与进口商签订的成交合同中则规定为即期付款方式。出口方银行根据合同规定，凭出口商提供的交货单据，将货款付给出口商；同时记入进口商偿款账户内，然后由进口商按照与银行订立的交款时间，陆续将所借款项偿还出口方银行并付给利息。因此，买方信贷实际上是一种银行信用。

3）买方信贷的程序

（1）进口商与出口商签订贸易合同以后，进口商先缴纳相当于货价 15%的现汇定金。现汇定金既可在贸易合同生效日支付，也可在合同签订以后的 60 天或 90 天支付。

（2）从贸易合同签订起到预付定金前，进口商再与出口商所在地的银行签订贷款协议，该协议以贸易合同为基础，如果进口商不购买出口国设备，那么进口商不能从出口方银行取得此项贷款。

（3）进口商用借到的款项，以现汇付款形式向出口商支付货款。

（4）进口商对出口方银行的欠款，按贷款协议的条件分期偿付。

具体流程如图 10-3 所示。

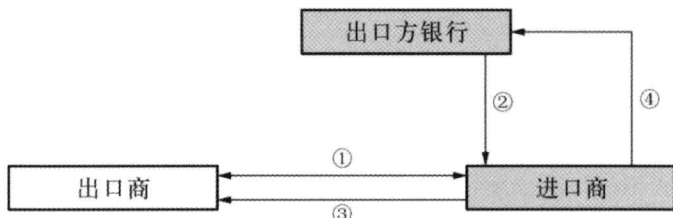

图 10-3　贷款给进口商的买方信贷流程

贷款给进口方银行的买方信贷程序如下。

（1）进口商与出口商洽谈贸易，签订贸易合同以后，买方先缴纳 15%的现汇定金。

（2）签订合同至预付定金前，进口方银行与出口方银行签订贷款协议，该协议虽以前述贸易合同为基础，但在法律上具有相对独立性。

（3）进口方银行以其借得的款项，转贷予进口商。

（4）进口商以现汇向出口商支付货款。

（5）进口方银行根据贷款协议分期向出口方银行偿还贷款。

（6）进口方与进口方银行间的债务按双方商定的办法在国内清偿结算。

具体流程如图 10-4 所示。

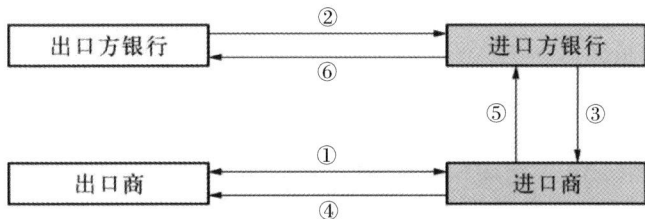

图 10-4　贷款给进口方银行的买方信贷流程

4）买方信贷的贷款原则

（1）接受买方信贷的进口商所得贷款仅限于向提供买方信贷国家的出口商或在该国注册的外国出口公司进行支付，不得用于第三国。

（2）进口商利用买方信贷，仅限于进口资本货物，一般不能以贷款进口原料和消费品。

（3）提供买方信贷国家出口的资本货物限于本国制造，如果该项货物系由多国部件组装，那么本国部件应占 50%以上。

（4）贷款只提供贸易合同金额的 85%，其中船舶占 80%，其余部分需支付现汇。贸易合同签订以后，进口商可先付 5%的定金，一般需付足 15%或 20%现汇以后才能使用买方信贷。

（5）贷款均为分期偿还，一般规定半年还本付息一次，还款期限根据贷款协议的具体规定执行。

（6）发达国家还款总期限为 5 年，中等发达国家还款总期限为 8 年，发展中国家还款总期限为 10 年。

5）买方信贷利率和利息计算方法

买方信贷一般低于市场利率，大致可分为以下几种类型。

第一，经济合作与发展组织（Organisation for Economic Co-operation and Development，OECD）国家的利率类型。一种是模式利率，它是由美元、英镑、法国法郎、德国马克和日元五种一篮子货币的政府债券利率加权平均而成的综合利率，目前已经停止使用；另一种是商业参考利率，它是经合组织国家各国的政府债券利率，是单一货币利率。

第二，伦敦银行同业拆放利率（London Inter-Bank Offered Rate，LIBOR）类型，此利率高于 OECD 类型。

第三，加拿大类型，一般高于 OECD 类型，低于 LIBOR 类型。

第四，美国类型。美国发放的买方信贷资金一部分由进出口银行提供，一部分由商业银行提供，前者收取的利率较低。

3. 混合信贷

混合信贷是出口方银行在发放卖方信贷或买方信贷的同时，从政府预算中提出一笔资金，将其作为政府贷款或给予部分赠款，连同卖方信贷或买方信贷一并发放。由于政府贷款利率比一般出口信贷低，更有利于出口国设备的出口。混合信贷的形式大致有两种。

第一，对某一项目的融资，同时提供一定比例的政府贷款（或赠款）和一定比例的买方信贷（或卖方信贷）。

第二，对某一项目的融资，将一定比例的政府信贷（或赠款）和一定比例的买方信贷（或卖方信贷）混合在一起，然后根据赠予成分的比例计算出一个混合利率，如英国的 ATP 方式。

4. 福费廷

1）福费廷的概念

福费廷是指在延期付款的大型设备贸易中，出口商把经进口商承兑的、期限在半年到五六年的远期汇票，无追索权地售予出口方银行，提前取得现款的一种资金融通形式，它是出口信贷的一种类型。

2）福费廷业务的主要内容

（1）进口商与出口商在洽谈设备、资本货物的贸易时，如果要使用福费廷，就要先行与其所在地银行约定。

（2）进口商与出口商签订贸易合同言明使用福费廷，则由进口商提供担保。

（3）进口商与出口商签订合同。

（4）出口商发运货物以后，将全套货运单据通过银行的正常途径寄给进口商，以换取进口商银行承兑的附有银行担保的汇票。

（5）进口商将经银行承兑的汇票寄交出口商。

（6）出口商取得经进口方银行的附有银行担保的汇票以后，按照约定出售给出口商银行，办理贴现手续。

3）福费廷业务与一般贴现业务的区别

（1）贴现业务中的票据有追索权，而福费廷业务中贴现的票据无追索权。

（2）贴现业务中的票据一般为国内贸易和国际贸易往来中的票据，而福费廷票据则多是与出口大型设备相联系的有关票据，包括数张等值的汇票（或期票），每张票据的间隔时间一般为 6 个月。

（3）有的国家规定贴现业务中的票据要具备三个人的背书，但一般不需要银行担保，而办理福费廷业务的票据必须有信誉良好的银行担保。

（4）贴现业务的手续比较简单，而福费廷业务的手续则比较复杂。贴现的费用负担一般仅按当时市场利率收取贴现息，而办理福费廷业务的费用负担则较高，除按市场利率收取利息外，一般还要收取管理费、承诺费、罚款等费用。

4）福费廷业务与保理业务的区别

（1）福费廷用于大型成套设备交易，金额大，付款期限长，多在较大的企业间进行；而保理业务用于一般商品的进出口贸易，金额不大，付款期在 1 年以下，通常在中小企业之间进行。

（2）福费廷的票据要求进口方的银行担保，而保理业务中的票据不要求担保。

（3）福费廷业务是经进出口双方协商确定的，而保理业务可由进口商或出口商单边决定。

（4）福费廷业务内容单一，主要用于大型成套设备的出口和结算，而保理业务内容比较综合，包括多种金融服务项目。

5）福费廷业务对进出口商的影响

福费廷业务对出口商来说，能提前融通资金，改善资产负债表，有利于其证券的发行和上市；福费廷业务可以加速出口商的资金周转，使出口商不受汇率变化与债务人情况变化的影响；福费廷业务可以减少出口商信贷管理和票据托收费用并将风险转嫁给银行。

对进口商来说，办理福费廷业务虽然手续比较简单，但也有不利之处：一是福费廷业务的利息和所发生的费用要计算在货价之中，因此进口成本比较高；二是要有一流银行的担保，需要支付较高的担保费用。

我们来看一下光大银行福费廷业务流程，如图 10-5 所示。

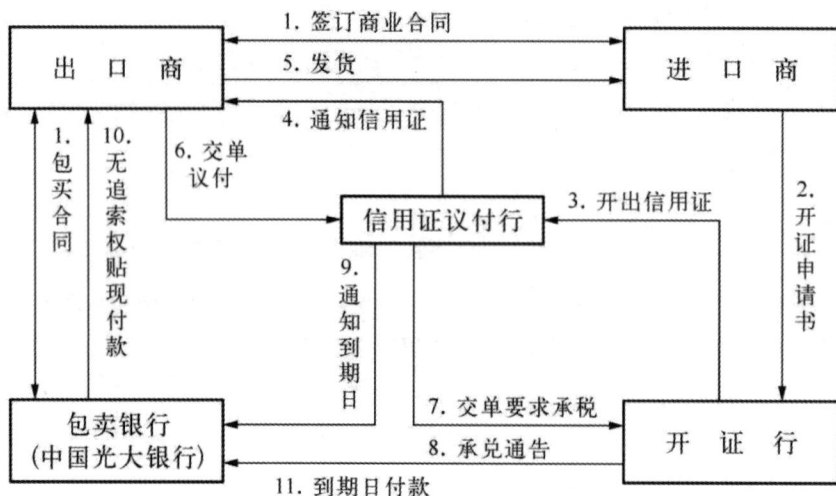

图 10-5　光大银行福费廷业务流程

第四节　国际证券组合投资

一、国际证券投资主体——机构投资者

（一）机构投资者的含义

从广义上讲，机构投资者是指用自有资金或从分散的公众手中筹集资金专门进行投资活动的金融机构，包括商业银行、保险公司、投资公司、证券公司、基金等。从狭义上讲，机构投资者是指通过自己的经营活动从投资者手中筹集资金，代表小投资者管理他们的资产，在可接受的风险范围内，利用这些资产进行投资，以获得最大收益的金融机构，主要包括养老基金、保险公司和共同基金。

随着各国金融市场的融合和一体化进程加深，机构投资者也开始走出国门，进行国际性投资。机构投资者一方面希望通过多元化来分散风险，另一方面又希望通过对一些新兴市场进行投资来增加收益，这就促使机构投资者在全球范围内配置收益和风险。机构投资者在国际市场上的投资促进了各国金融市场和国际金融市场的发展，同时也给国际金融市场带来了风险。在金融市场开放以后，机构投资者的进入或退出可能造成或加剧本国金融市场价格的波动。如果本国市场规模较小、流动性不强，那么大规模外资的流入和流出会明显影响本国市场的价格走势，加剧市场的波动。此外，机构投资者主要从事短线投资，一旦投资国发生金融动荡，机构投资者会由于心理预期的变化和投资信心危机所造成的情绪变化而减持这些国家的资产，从而引发危机的大范围爆发。

（二）主要跨国机构投资者

机构投资者是国际金融市场上最重要的投资主体，它们既是金融资产的供应者，也是金融资产的需求者，其投资行为决定着市场的走势。在国际金融市场上，活跃的机构投资者主要有商业银行、投资银行、保险公司、养老基金、投资基金、主权财富基金等。

1. 商业银行

商业银行的证券投资是银行资产管理的重要组成部分。商业银行通过证券投资可以熨平收入在经济周期各阶段的差异，因为当贷款收入下降时，证券投资收入可能上升；商业银行通过持有高质量的证券，还可以抵消贷款组合的信用风险；因为贷款往往是地区性的，而证券通常在不同地区发行，所以证券投资可以使商业银行的投资地区分散化；证券在银行需要资金时可以出售变现，还可以成为商业银行借入额外资金的抵押品，因此能够提高商业银行资金的流动性。各国对商业银行能否从事投资业务的规定并不一致：在实施全能银行制的国家（如德国），银行的证券投资可以包括企业的普通股股票；日本允许银行和企业之间相互交叉持股，即日本的主银行制度，因此日本银行拥有大量的股权性投资资产；在美国，1999 年之前银行受制于《格拉斯-斯蒂格尔法案》，银行必须分业经营，因此只能投资在一定期限内支付固定利息的债券，1999 年的《金融服务现代化法案》取消了银行、证券和保险分业经营的限制，银行业可以投资股票；而我国实行严格的分业经营、分业管理体制，因此商业银行不得投资股票，只能持有法律许可的一些固定收益类债券，如国债和金融债。

2. 投资银行

投资银行是主要从事证券发行、承销、交易、企业重组、兼并与收购、投资分析、风险投资项目融资等业务的非银行金融机构，它是资本市场上的主要金融中介。投资银行是国际金融市场上重要的机构投资者，外国债券、欧洲债券、资产支持证券等都是由大型国际投资银行承销或发行的；同时，投资银行也广泛投资证券市场上的多种金融工具。投资银行的资金主要有自有资金和资产管理，自有资金所占比重一般较小，大部分资金来自受托管理的资产，即投资银行的资产管理业务。投资银行在二级市场中扮演着做市商、经纪商和交易商的三重角色。作为做市商，在证券承销结束之后，投资银行有义务为该证券创造一个流动性较强的二级市场，并且维持市场价格的稳定。作为经纪商，投资银行代表买方或卖方，按照客户提出的价格代理进行交易。作为交易商，投资银行有自营买卖证券的需要，这是因为投资银行接受客户的委托，管理着大量的资产，必须保证这些资产的保值与增值。此外，投资银行还在二级市场上进行无风险套利和风险套利等活动。

3. 保险公司

保费收入和投资收益是保险公司的两大收入支柱。保险公司是管理风险的金融机构，保费是风险转移的价格，由于保险业激烈的市场竞争，保费收入已经不够支付风险转移的成本。因此，如果没有保险投资，保险公司的经营就难以为继。从保险公司的发展来看，承保业务上的过度竞争使保险公司承保利润日益下滑，甚至出现承保亏损，因此保险投资就成为保险公司经营的生命线。保险基金成为各国资本市场的重要资金来源，发达国家的保险基金不仅投向不动产，用于购买有价证券和发放贷款，还采用银行和信托存款的形式投资。有些国家为了更好地实施资金运用原则，还创设了保险资金安全运用保障服务系统。虽然跨国投资一般能带来更大的收益，但同时也面临着新的金融风险，各国保险公司都对全球的金融风险极为重视，对投资取向采取更为灵活的选择手段，投资结构也更为合理。

4. 养老基金

养老基金是一种用于支付退休收入的基金，是社会保障基金的一部分。养老基金通过发行基金股份或受益凭证，募集社会上的养老保险资金，委托专业基金管理机构用于产业投资、证券投资或其他项目的投资，以实现保值与增值的目的。

5. 投资基金

投资基金一般由发起人设立，通过发行证券募集资金。基金的投资人不参与基金的管理和操作，只定期取得投资收益。基金管理人根据投资人的委托进行投资运作，收取管理费。在证券市场品种不断增多、交易复杂程度不断提高的背景下，普通人与专业人士在经营业绩方面的差距越来越大。将个人不多的资金委托专门的基金管理人集中运作，可以实现投资分散化和降低风险的效果。投资基金的资金来源于公众、企业、团体和政府机构。居民个人投资既可以在基金募集发行时申请购买，也可以在二级市场上购买已挂牌上市的基金。

投资基金的投资领域可以是股票、债券，也可以是实业、期货等，而且对一家上市公司的投资额不得超过该基金总额的 10%（这是我国的规定，各国都有类似的投资额限制）。这使投资风险随着投资领域的分散而降低，因此投资基金是介于储蓄和股票两者之间的一种投资方式。按法律地位划分，投资基金可分为契约型基金和公司型基金，契约型基金是根据一定的信托契约原理制定的代理投资制度。委托者、受托者和受益者三方订立契约，由经理机构（委托者）经营信托资产，银行或信托公司（受托者）保管信托资产，投资人（受益者）享有投资收益。公司型基金是按照股份公司方式运营的，投资者购买公司股票成为公司股东。

在投资基金中，对冲基金引人注目，对冲基金起源于 20 世纪 50 年代初的美国。20 世纪 90 年代，世界通货膨胀的威胁逐渐减小，同时金融工具日趋成熟和多样化，对冲基金进入了蓬勃发展的阶段。据英国《经济学人》杂志的统计，1990—2000 年，3000 多个新的对冲基金在美国和英国出现。2002 年以后，对冲基金的收益率有所下降，但对冲基金的规模依然不小。据英国《金融时报》2005 年 10 月 22 日报道，截至当时，全球对冲基金总资产额已经达到 1.1 万亿美元。

对冲基金采用各种交易手段（如卖空、杠杆操作、程序交易、互换交易、套利交易、衍生品种等）进行对冲，换位、套期来赚取巨额利润。在最基本的对冲操作中，基金管理人在购入一种股票以后，同时购入这种股票的一定价位和时效的看跌期权，看跌期权的效用在于当股票价位跌破期权限定的价格时，卖方期权的持有者可将手中持有的股票以期权限定的价格卖出，从而使股票跌价的风险得到对冲。在另一类对冲操作中，基金管理人首先选定某类行情看涨的行业，买进该行业中看好的几只优质股，同时以一定比率卖出该行业中较差的几只劣质股。

6. 主权财富基金

主权财富（Sovereign Wealth）与私人财富相对应，是指一国政府通过特定税收与预算分配、可再生自然资源收入和国际收支盈余等方式积累形成的，由政府控制与支配的，通常以外币形式持有的公共财富。在传统上，主权财富的管理方式非常被动保守，对本国与国际金融市场的影响也非常有限。

随着近年来主权财富得益于国际油价飙升和国际贸易扩张而急剧增加，其管理成为一个日趋重要的议题。国际上目前的发展趋势是成立主权财富基金（Sovereign Wealth Funds，SWFs），并且设立通常独立于央行和财政部的专业投资机构管理这些基金。随着主权财富基金数量与规模的迅速增加，主权财富的投资管理风格也更趋主动活跃，其资产分布不再集中于 G7 定息债券类工具，而是着眼于包括股票和其他风险性资产在内的全球性多元化资产组合，甚至扩展到外国房地产、私人股权投资、商品期货、对冲基金等非传统类投资类别。主权财富基金已经成为国际金融市场一个日益活跃且重要的参与者。

二、国际证券组合投资的内涵

（一）投资组合理论

现代投资组合理论最早是由美国著名经济学家哈里·马柯维茨于 1952 年提出的。1952 年 3 月，哈里·马柯维茨在《金融杂志》上发表题为《资产组合选择-投资的有效分散化》一文，标志着现代投资组合理论的开端。现代投资组合理论主要由投资组合理论、资本资产定价模型、APT 模型、有效市场理论及行为金融理论等部分组成，它们的发展极大地改变了过去主要依赖基本分析的传统投资管理实践，使现代投资管理日益朝着系统化、科学化、组合化的方向发展。

投资组合理论建立在对理性投资和行为特征的研究基础之上，认为风险厌恶和追求收益最大化是理性投资者最基本的行为特征。在金融市场上，交易主体追求的是收益最大化，但高收益意味着高风险，因此对风险的承受力直接制约人们对收益预期的定位。对于理性投资者来说，当预期收益相当时，他们总是选择风险较小的投资组合；而当两个投资组合的风险水平相近时，他们倾向于选择预期收益高的组合项目。

（二）国际证券组合投资的风险和收益

根据证券投资组合理论，一般的投资者都是风险厌恶者，通过证券组合能在多大程度上降低风险取决于各证券收益变动之间的相关系数，各个证券收益之间的相关程度越低，降低风险的效果就越好。在国内市场上，价格受相同的或类似的因素影响，如货币供应量、利率、财政赤字和经济增长等，在同一交易所上市的国内股票的价格变动有较高的相关性，在国内市场上债券价格也有较高的相关性。如果各个国家资本市场的相关系数低于国内证券之间的相关系数，那么通过在外国资本市场上分散投资就为降低风险提供了新的机会。根据投资组合理论，一个证券组合的预期收益等于无风险收益加上风险溢价。在有效资本市场上，通过增加低风险的投资来降低投资组合的整体风险意味着要降低投资组合的预期收益。然而，通过国际分散投资来降低风险，并不一定会降低投资组合的预期收益。由于各国资本市场相关系数较低，国际组合投资不仅能分散非系统风险，还可以降低部分系统风险。同时，国外经济的高速增长、汇率升值等也为境外投资者带来额外的盈利机会。

影响国际证券组合投资的因素有以下几点。

（1）投资外国证券存在过高的信息成本和交易成本。

（2）国外证券交易所的法规使海外投资成本过高。某些国家出于资本控制目的禁止投资者向境外投资，多数国家对机构投资者持有的境外资产占总资产的比例有严格的限制。

（3）对外国投资者持有国内证券的法律限制。

（4）流动性风险。一是一些市场的交易量太小，难以从这类市场上抽出大量的资金；二是对外国投资的资本控制，即阻止将外国资产卖掉，将资金汇出。当严重经济危机发生时，政府就可能控制资本外流。

（5）外汇风险。对于不熟悉外国资本市场的投资者而言，国外投资具有高风险，国外资产高风险的一个重要原因是外汇风险。在国际范围内组合投资，对于投资者来说，最后的收益大小不仅决定于按当地货币计算的收益率，还受该外币与本币汇率变化的影响。在当今世界主要实行浮动汇率制度的条件下，汇率不确定性常常被认为是影响国际投资的一个重要因素。

（三）国际证券组合投资渠道

进行国际证券组合投资有多种渠道，投资者可以根据自身的资金实力和风险偏好进行选择。

1. 在外国市场直接购买外国证券

在不实施资本管制的国家和地区，投资者可以自由地选择在外国市场购买股票和债券，进行组合投资。在外国市场直接购买外国证券的好处是投资者可以完整地实现自己的投资策略，但有时这种方式存在技术上的障碍，如跨境交易成本过高、存在信息壁垒、外汇兑换、风险过大等。因此，对于个人投资者来说，在外国市场直接购买外国证券并不是好的选择，但这种投资方式却受到机构投资者的青睐。

2. 购买本国市场上的外国证券

现在，很多公司的股票和债券都采取了海外发行的方式，这就为投资者在本国市场上购买外国证券提供了可能。目前，大多数公司海外发行采取存托凭证的方式，因此购买存托凭证成为国际证券投资组合的重要渠道。

存托凭证（Depository Receipt，DR）又称存券收据或存股证，是指在一国证券市场流通的代表外国公司有价证券的可转让凭证，属公司融资业务范畴的金融衍生工具。存托凭证一般代表公司股票，但有时也代表债券。1927 年，美国人 J. P. 摩根为了方便美国人投资英国的股票发明了存托凭证。以股票为例，存托凭证是这样产生的：某公司为使其股票在外国流通，就将一定数额的股票委托某家中间机构（通常为银行，称为保管银行或受托银行）保管，由保管银行通知外国的存托银行在当地发行代表该股份的存托凭证，之后存托凭证便开始在外国证券交易所或柜台市场交易。存托凭证的当事人在国内有发行公司、保管机构，在国外有存托银行、证券承销商及投资人。从投资人的角度来说，存托凭证是由存托银行签发的可转让股票凭证，其所有的权利与原股票持有人相同。

3. 投资共同基金

投资者可以通过购买投资于外国证券市场的共同基金来实现国际证券组合投资，这也是个人投资者最好的选择，投资于外国证券市场的共同基金可以分为以下五类。

（1）全球基金又称世界基金，广泛投资于全球证券市场，包括美国等发达国家的证券市场和亚洲、拉丁美洲、欧洲的新兴市场。但全球基金并不一定意味着在全球范围内的广泛投资，可能集中于几个证券市场。例如，Idex 全球股票基金将 20% 的资产投资于美国，将 11% 的资产投资于英国，将 8% 的资产投资于法国，在日本和德国各投资了 6% 的资产。

（2）国际基金又称外国基金，广泛投资于除本国以外的其他国家的证券市场。国际基金和全球基金的差异在于是否对基金注册所在国市场进行投资。同全球基金一样，国际基金可以有各自不同的投资侧重点。

（3）区域基金特定投资于世界上某一地理区域的证券市场，如区域基金可以集中投资于东南亚国家的证券市场。

（4）国家基金在本国市场以外的单一国家进行投资，如中国基金、韩国基金、日本基金等。

（5）新兴市场基金是专门投资于新兴市场的基金，近年来发展迅速，受到投资者的青睐。

本章小结

1. 国际间接投资是指以资本增值为目的、以取得利息或股息等为形式、以被投资国的证券为对象的跨国投资，即在国际债券市场上购买中长期债券，或者在外国股票市场上购买企业股票的一种投资活动。

2. 国际间接融资是指通过金融中介（如银行、保险、基金、信托等）进行的国际间资金融通。

3. 独家银行贷款又称双边中期贷款，每笔贷款金额为几千万美元，最多达到一亿美元，贷款期限为 3~5 年。

4. 银团贷款又称辛迪加贷款，是指多家商业银行组成一个集团，由一家或几家商业银行牵头向借款人共同提供巨额资金的一种贷款方式。

5. 国际保理业务是一项集贸易融资、结算、代办会计处理、资信调查、账务管理和风险担保等于一体的综合性金融服务业务。

6. 出口信贷是一种国际信贷方式，是一国为了支持和鼓励本国大型机械设备、工程项目的出口，加强国际竞争力，以向本国出口商或国外进口商提供利息补贴和信贷担保的优惠贷款方式，鼓励本国的银行对本国出口商或国外的进口商提供利率较低的贷款，以解决本国出口商资金周转的困难，或者满足国外进口商对本国出口商支付货款需要的一种融资方式。

7. 买方信贷是出口国政府支持出口方银行直接向进口商或进口方银行提供信贷支持，以供进口商购买技术和设备，并且支付有关费用。

8. 混合信贷是出口方银行在发放卖方信贷或买方信贷的同时，从政府预算中提出一笔资金，将其作为政府贷款或给予部分赠款，连同卖方信贷或买方信贷一并发放。

9. 机构投资者是指用自有资金或从分散的公众手中筹集资金专门进行投资活动的金融机构，包括商业银行、保险公司、投资公司、证券公司、基金等。

10. 投资银行是主要从事证券发行、承销、交易、企业重组、兼并与收购、投资分析、风险投资项目融资等业务的非银行金融机构，它是资本市场上的主要金融中介。

复习思考题

1. 简述国际间接投资与国际直接投资的区别。
2. 国际间接融资具有哪些特征？
3. 国际银团贷款具有哪些特点？
4. 简述国际银团贷款的程序。
5. 简述国际保理业务的具体运作步骤。
6. 出口信贷具有哪些特点？
7. 什么是福费廷？
8. 什么是主权财富基金？

第十一章

国际金融机构

知识框架图

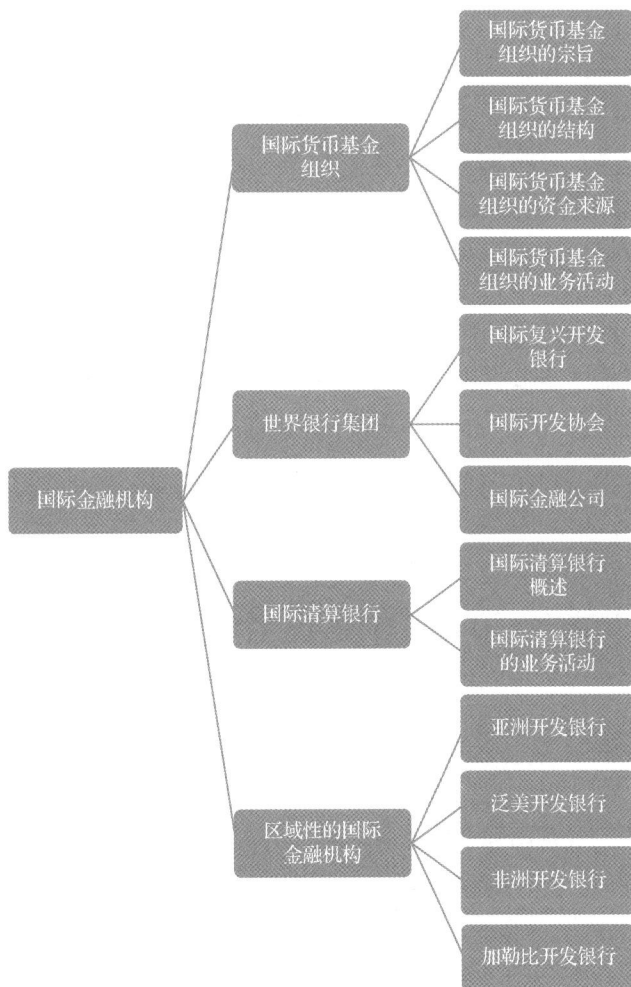

知识目标

⮕ 理解国际货币基金组织的宗旨

⮕ 了解国际货币基金组织的资金来源

⮕ 认识国际开发协会

⮕ 认识国际金融公司

⮕ 了解国际清算银行的业务活动

⮕ 认识加勒比开发银行

国际金融机构是指从事国际金融业务、协调国际金融关系、维持国际货币及信用体系正常运作的超国家的金融机构,国际金融机构的产生与发展同国际经济政治的状况及变化密切相关。

国际金融机构的建立始于第一次世界大战之后的战争赔款需要,1930 年 5 月在瑞士巴塞尔成立了国际清算银行。此后,随着生产国际化和资本国际化趋势的日益深化,特别是第二次世界大战以后,为了配合"布雷顿森林体系"的需要,几个全球性的国际金融机构先后成立,其中最重要的是世界银行和国际货币基金组织。世界银行和国际货币基金组织自成立以来,在国际经济和金融领域发挥了重要的作用,主要表现在以下五个方面:第一,当发生重大的国际经济或金融事件时,或者某国发生重大事件进而对国际经济和金融领域产生重大影响时,组织协调各国间的相互关系和各国的行动;第二,当某国发生经济困难时,提供短期资金融通,以解决该国的国际收支逆差,在一定程度上缓解该国的支付困难,稳定其货币的汇率;第三,提供长期的发展资金,促进成员方特别是发展中国家的经济发展;第四,提供普通提款权和分配特别提款权,提高国际货币基金组织成员方的清偿能力;第五,稳定汇率,为国际货币体系的正常运转提供安全保障。

第一节　国际货币基金组织

国际货币基金组织(以下简称基金组织)根据 1944 年 7 月签订的《国际货币基金组织协定》,于 1945 年 12 月成立,于 1947 年 3 月 1 日开始开展金融业务活动,同年 11 月 15 日成为联合国专门经营国际金融业务的机构。在维持汇率稳定、消除外汇管制、平衡国际收支及促进国际货币合作方面,基金组织做了大量工作,并在许多方面发挥着重要的职能。

一、国际货币基金组织的宗旨

基金组织的主要宗旨是确保国际货币体系，即各国（及其公民）购买商品和服务所依赖的汇率体系及国际支付体系的稳定。国际货币基金组织的基本职能是向成员方提供短期信贷，调整国际收支的不平衡，维持汇率的稳定。《国际货币基金组织协定》强调"消除竞争性的货币贬值"与"消除阻碍国际贸易发展的外汇管制"，这对于实现可持续的经济增长、提高人民生活水平和减轻贫困至关重要。经历了近些年的金融危机以后，基金组织正在明确并更新其职能，制定与全球稳定有关的各类宏观经济和金融的政策。

二、国际货币基金组织的结构

基金组织的成员方分两种，凡参加 1944 年布雷顿森林会议并于 1945 年 12 月 31 日前在《国际货币基金组织协定》上签字的国家，是基金组织的创始成员方，一共 39 个，基金组织成员方的数量每年都有所增加。按照《国际货币基金组织协定》的要求，每个成员方必须能够自行掌握其对外关系并履行基金组织所规定的各项义务。

凡参加基金组织的成员方都要缴纳一定数量的基金份额，成员方的投票权就是按其缴纳份额的大小来确定的。按照基金组织的规定，每个成员方都有基本票数 250 票，每缴纳 10 万特别提款权份额就增加一票，份额越多，增加的票数就越多，两者相加就是该成员方的投票权。各理事会和执行董事会权力的大小由其所代表的成员方拥有票数的多少决定，一般来讲，理事会和执行董事会做出的大多数决定由简单多数票通过即可，但是在重大问题上，如修改基金组织协定条款和调整基金份额等，则需要获得占总投票 85%的多数票才能通过。

基金组织对成员方政府负责，其组织结构的最高层是理事会，理事会由每个成员方中的一位理事组成，全体理事每年在基金组织与世界银行年会之际开会一次。国际货币与金融委员会由 24 位理事组成，每年至少举行两次会议。基金组织的日常工作由包括 24 位成员的执行董事会进行，其工作受国际货币与金融委员会指导并由基金组织的专业工作人员提供协助。总裁是基金组织工作人员的首脑，担任执行董事会主席，由三位副总裁协助。

基金组织由理事会、执行董事会、总裁和众多业务机构组成，根据业务需要，理事会和执行董事会可建立若干特定的常设委员会，理事会还可以建立临时委员会。

2009 年 9 月，二十国集团领导人第三次金融峰会在匹兹堡举行，会议取得突破性进展，基金组织改革治理结构是会议取得的重要成果之一。根据会议决议，发达国家将把部分配额转移给发展中国家，发展中国家的配额将从 43%提高到 48%。这是该组织发展史上的一次重要改革，它对提高发展中国家在国际金融机构中的地位有积极影响。

三、国际货币基金组织的资金来源

基金组织的资金来源于成员方缴纳的基金份额、出售黄金所得的信托基金和借款三个方面，其中成员方缴纳的基金份额是基金组织的主要资金来源。

（一）基金份额

基金份额在性质上相当于股东加入股份公司的股金，成员方缴纳的基金份额是基金组织的财产。成员方应缴份额的大小要综合考虑成员方的国民收入、黄金外汇储备、平均进口额、出口变化率和出口额占国民生产总值的比例等因素，最后由基金组织成员方磋商确定。份额的计算单位原为美元，1969年以后改为SDR（特别提款权）。

视野拓展

> ### 特别提款权
>
> 特别提款权是国际货币基金组织创设的一种储备资产和记账单位，又称"纸黄金"，它是基金组织分配给成员方的一种使用资金的权利。成员方在发生国际收支逆差时，可使用特别提款权向基金组织指定的其他成员方换取外汇，以偿付国际收支逆差或偿还基金组织的贷款，特别提款权还可与黄金、自由兑换货币一样充当国际储备。由于特别提款权只是一种记账单位，不是真正的货币，使用时必须先换成其他货币，不能直接用于贸易或非贸易的支付。因为特别提款权是国际货币基金组织原有的普通提款权以外的一种补充，所以被称作特别提款权。

1978年4月1日生效的《国际货币基金组织协定》第二次修改条文规定，取消"份额的25%以黄金缴纳"的规定，改用基金组织制定的外汇或特别提款权缴纳。此外，基金组织如果对成员方应缴本国货币在业务上不需要时，成员方可用其发行的见票即付、不可转让且无息的国家有价证券代替。

成员方缴纳的份额，除作为基金组织发放短期信贷的资金来源外，份额的大小对成员方还有其他三个作用：一是决定成员方从基金组织借款或提款的额度；二是决定成员方投票权的多少；三是决定成员方分得的特别提款权的多少。

至少每5年对特别提款权的配额进行审查，1998年特别提款权的配额增加了45%，而2003年1月和2008年1月的配额没有任何变化。2006年，作为特别提款权配额和投票权改革的两年计划的第一步，特别提款权的配额升幅为1.8%。2008年4月28日，由理事会批准，特别提款权的配额提高9.55%，总体计划提高11.5%。

（二）黄金储备

2010年1月底，基金组织的黄金持有量约为96.6万美元，基金组织成为全球第三大官方黄金持有人。《国际货币基金组织协定》的条款严格限制基金组织对黄金的使用，必须经过成员方 85% 投票权的批准，基金组织才可以出售黄金或接受成员方支付的黄金，同时禁止基金组织购买黄金或从事其他黄金交易。

国际货币基金组织在 1976 年决定将它持有的 1/6 的黄金分 4 年按市价出售，所得利润作为信托基金，向贫困的发展中国家提供优惠贷款。

（三）借款

基金组织可以凭借所持有的配额货币进行融资贷款，通过大多数工业国家，但也包括博茨瓦纳、印度等低收入国家的货币来进行融资。如果有需要，那么基金组织还可以通过各成员方缴纳的基金份额的储备货币，连同其持有的特别提款权，进行融资借款安排以补充所需资金。国际货币基金组织在与成员方协议下，向成员方借入资金，将其作为对成员方提供资金融通的一个来源。

四、国际货币基金组织的业务活动

（一）汇率监督与政策协调

为了使国际货币制度得到顺利实施，保证金融秩序的稳定和世界经济的增长，基金组织检查各成员方以保证它们与基金组织、其他成员方进行合作，以维持有秩序的汇率安排和建立稳定的汇率制度。

除了对汇率政策进行监督，基金组织在原则上还应每年与各成员方进行一次磋商，以对成员方的经济和金融形势、经济政策做出评价。这种磋商的目的是使基金组织能够履行监督成员方汇率政策的义务，并且有助于基金组织了解成员方的经济发展状况及其制定的政策措施，从而能够迅速处理成员方申请贷款的要求。

（二）创造储备资产

基金组织在 1969 年的年会上正式通过了十国集团提出的特别提款权方案，决定创设特别提款权以补充国际储备的不足。特别提款权于 1970 年 1 月开始正式发行，成员方可以自愿参加提款权的分配，也可以不参加，目前除了个别国家，其余成员方都是账户的参加方。

特别提款权由基金组织按成员方缴纳的份额分配给各成员方，分配后即成为成员方的储备资产。当成员方发生国际收支逆差时，可以动用特别提款权将其划给另一个成员方，偿付收支逆差或用于偿还基金组织的贷款。

（三）贷款业务

发放贷款是基金组织最主要的业务活动，如有国际收支需要，即无法以可负担的条件获得足够资金来满足净国际支付需要，同时保持足够的储备缓冲时，成员方可以请求基金组织提供资金援助。基金组织的贷款可以为成员方提供缓冲，帮助成员方采取必要的调整和改革措施，解决国际收支问题并恢复强劲经济增长所需的条件。

基金组织所提供的贷款数额的波动幅度非常大。20世纪70年代石油危机和20世纪80年代债务危机之后，基金组织的贷款急剧增加。20世纪90年代，中欧和东欧的转轨过程及新兴市场经济体发生的危机导致对基金组织资金的需求进一步激增。21世纪初，拉丁美洲的严重危机导致该地区对基金组织资金的需求一直居高不下，在条件得到改善之后，这些贷款已基本偿还。充裕的资本流动和低风险定价时代结束之后，西方发达国家经济体发生的金融危机导致全球的去杠杆过程，使2008年基金组织的贷款再次增加。

第二节　世界银行集团

世界银行集团是根据1944年7月签订的《国际货币基金组织协定》于1945年12月和国际货币基金组织同时成立的，属于联合国下属的一个专门机构。世界银行集团是由国际复兴开发银行、国际开发协会、国际金融公司、多边投资担保机构和国际投资争端解决中心组成的，其目标最初是为西欧国家和日本在第二次世界大战后的重建复兴提供资金支持。1948年，马歇尔计划中的欧洲复兴资金落实以后，世界银行的职能主要集中在帮助发展中国家的经济复兴上，其业务转为向发展中国家提供低息贷款、无息信贷和赠款，帮助发展中国家提高生产力，促进社会进步与经济发展，改善和提高人民生活水平。

按照世界银行协定规定，一个国家在加入世界银行之前，必须是国际货币基金组织的成员方，而国际货币基金组织的成员方不一定是世界银行的成员方。我国于1980年5月恢复了在世界银行的合法席位。

一、国际复兴开发银行

国际复兴开发银行成立于1945年12月27日，又称世界银行，在世界银行集团中，该行是提供贷款最多的金融机构。

（一）国际复兴开发银行的宗旨

根据《国际复兴开发银行协定》，国际复兴开发银行的宗旨：对用于生产目的的投资提供便利，用来协助成员方的复兴与开发；促进私人的对外投资，鼓励国际投资，以开发成员方的生产资源，促进国际贸易的长期平衡发展，以维持国际收支的平衡；在提供贷款保证时，应与其他方面的国际贷款配合。总之，国际复兴开发银行的主要任务是向成员方提供长期贷款，促进第二次世界大战后经济的复苏，协助发展中国家发展生产和开发资源，从而起到配合国际货币基金组织贷款的作用。

国际复兴开发银行是联合国的专门机构之一。国际复兴开发银行的减贫战略是基于创造投资环境和投资于穷人，其在进行投资过程中，特别强调以下几点。

第一，投资于人，特别是要提供基本的卫生和教育服务，注重人力资源的培养。另外，国际复兴开发银行也致力于保护环境，因为环境保护、减贫同社会可持续发展之间有内在联系。可持续发展的含义首先是资源在发展进程中必须得到保护和加强，以免受到破坏，因此要防止环境恶化、空气和水域污染、臭氧层损耗、生物品种消失、沙漠化、森林毁坏、气候变化等问题的出现。

第二，支持和鼓励民营企业发展。国际复兴开发银行认为最成功的发展往往是由私人部门主导的，但政府必须为经济活动创造有利的环境，如制定保护私人投资者的基本法律法规等。

第三，加强政府的反腐败工作，提供高质量的服务。腐败对于经济和社会具有破坏性的影响，它削弱了人民对政府的信任，减弱了公共政策的有效性，降低了投资者的信心，对吸引外资产生负面影响。要通过改革来加大金融监管和信息披露的力度，提高公共部门决策的透明度。

第四，促进改革，创造一个有利于投资和长期规划的稳定的宏观经济环境。国际复兴开发银行鼓励东道国政府减少预算赤字，降低通货膨胀率，开放贸易与投资，实行国有企业民营化，建立健全金融体制，加强司法制度，保护产权。这些改革措施有助于吸引外国私人资本，增加国内储蓄与投资。

第五，重视推进可持续的社会和人类发展，强调参与、治理和机构建设。因为贫困的含义不仅仅是缺少收入，贫困还意味着穷人在影响他们生活的重大问题决策方面没有发言权，在国家政治机构中没有代表性，所以要注重社会发展，让穷人适当参与行政机构建设，并将其视为实现减贫的关键要素。

第六，帮助借款国政府推进社会保障和养老金制度改革，资助建立社会安全网，协助保护贫困人群及那些容易受经济结构重组影响的弱势群体。发展中国家能否取得进步，在很大程度上也取决于其自身能否实行政治和经济体制改革，从而为实现经济增长奠定基础。

（二）国际复兴开发银行的组织机构

1. 理事会

理事会是国际复兴开发银行的最高权力和决策机构，由每个成员方中的理事和副理事组成。理事一般由各国财政部部长或中央银行行长担任，任期5年，可以连任。副理事只是在理事缺席时才有投票权。理事会的主要职能是批准接纳新成员方，增加或减少世界银行资本，停止成员方资格，决定世界银行净收入的分配及其他重大问题。理事会每年举行一次会议，一般与国际货币基金组织理事会联合举行。

2. 执行董事会

执行董事会是负责组织并处理日常业务的机构，行使董事会赋予的职权。执行董事会现为21人，其中5人由持股最多的美、日、英、德、法5国指派，其余16人由其他成员国按地区分组推选，我国和沙特阿拉伯均作为单独选区选派执行董事。执行董事每两年指派或选举一次，每个执行董事可以指派一名副执行董事，在执行董事缺席时，副执行董事代替执行董事行使职权，执行董事会主席由国际复兴开发银行行长担任。

国际复兴开发银行行政管理机构由行长、若干副行长、局长、处长及工作人员组成。行长由执行董事会选举产生，是银行行政管理机构的首脑，其在执行董事会的有关方针政策指导下，负责银行的日常行政管理工作，任免银行高级职员和工作人员；行长同时兼任执行董事会主席，但没有投票权，只有在执行董事会表决中双方的票数相等时，才可以投关键性的一票。国际复兴开发银行除了在华盛顿设有总部，还在主要发达国家和许多发展中国家设有办事处，并派出常驻代表。总部是国际复兴开发银行的执行机构，负责业务经营。

（三）国际复兴开发银行的投票权

国际复兴开发银行按股份公司的原则建立。成立初期，国际复兴开发银行法定资本100亿美元，全部资本为10万股，每股10万美元。凡是成员方都要认购银行的股份，认购额由申请国与国际复兴开发银行协商并经国际复兴开发银行董事会批准。一般来说，一国认购股份的多少由该国的经济实力决定，同时参照该国在国际货币基金组织缴纳的份额大小而定。国际复兴开发银行的重要事项都需要成员方投票决定，投票权的大小与成员方认购的股本成正比，与国际货币基金组织有关投票权的规定相同。国际复兴开发银行每个成员方有250票基本投票权，每认购10万美元的股本即增加一票。美国认购的股份最多，是国际复兴开发银行最大的股东，有226 178票的投票权，占总投票数的17.37%，对国际复兴开发银行事务与重要贷款项目的决定起着重要作用。

（四）国际复兴开发银行的资金来源

1. 成员方认购的股份

成员方认购的股份由两部分组成：一是成员方实际认购的股份，即先缴20%的股份，其中2%的股份要用黄金或美元缴纳，18%的股份用成员方的本币缴纳；二是其余80%的股份为待缴部分，当国际复兴开发银行催缴时，用黄金、美元或国际复兴开发银行需要的货币缴付。国际复兴开发银行自建立以来一直未要求成员方缴付待缴股份，但是待缴股份为国际复兴开发银行在国际资金市场借款提供信用保证。

2. 借款

借款是世界银行资金的一个重要来源。世界银行主要采用两种方式在各国和国际金融市场发行债券筹措资金：一是直接向成员方政府、政府机构或中央银行出售中短期债券；二是通过投资银行、商业银行等中间包销商向私人投资者出售中长期债券，通过这种方式筹措资金的期限较长。国际复兴开发银行提供贷款的资金约有70%来自债券的发行，而且随着银行贷款业务的迅速增加，通过发行债券筹措的资金也不断增加。

3．净收益

自 1984 年起，国际复兴开发银行开始拥有巨额的净收益，除了将一部分净收益以赠款形式拨给国际开发协会，其余均充作本身的储备金，成为其发放贷款的一个资金来源。

4．债权转让

国际复兴开发银行将贷出款项的债权转让给商业银行等私人投资者，以提前收回资金，这也是国际复兴开发银行发放贷款的一个资金来源。

（五）国际复兴开发银行的贷款业务

1．贷款条件

第一，只向成员方政府、中央银行担保的公私机构提供贷款。

第二，贷款一般与国际复兴开发银行审定、批准的特定项目结合，并且必须用于申请国特定的生产性项目。

第三，申请贷款的国家确实不能以合理的条件从其他方面获得贷款时，国际复兴开发银行才考虑发放贷款或提供保证。国际复兴开发银行只提供项目建设总投资的 20%～50%，其余部分由借款国自己筹措。

第四，贷款必须专款专用并接受国际复兴开发银行的监督。国际复兴开发银行不仅在使用款项方面进行监督，还在工程的进度、物资的保管和工程管理方面进行监督。国际复兴开发银行一方面派遣人员进行现场督察，另一方面要求借款国随时提供可能影响工程进度或贷款偿还的有关资料。根据资料与实际情况，国际复兴开发银行可建议借款国对工程项目进行政策性的修改。

第五，贷款的期限一般为 20～30 年，最长可达 30 年，宽限期为 5～10 年。

第六，贷款利率自 1976 年 7 月起实行浮动利率，随金融市场的利率变化进行定期调整，每三个月或半年调整一次。贷款利率比市场利率要低一些，基本按国际复兴开发银行在金融市场借款成本再加息 0.5%计算。对贷款收取的杂费也较少，对已订立借款契约而未提出的部分，按年征收 0.75%的手续费。

2．贷款种类

国际复兴开发银行提供包括贷款和赠款在内的多种工具，支持世界扶贫与经济发展事业，主要有两种贷款工具。

第一，投资贷款。这种贷款用于资助众多部门经济与社会发展项目建设所需的货物、工程和服务，其执行期一般为 5～10 年。投资贷款原先注重硬件、工程服务及砖、泥灰等建材，而现在更注重制度建设、社会发展及促进私营部门介入公共政策基础设施建设。投资项目涉及多个部门，包括城市扶贫（如让私营承包商参与新房建设）、农村发展（土地所有权合法化，提高对小农户的保障水平）、供水与环境卫生（提高供水公用事业效率）、自然资源管理（提供可持续林业与农作培训）、后冲突重建（使军人重新融入社区）、教育（促进女童教育）及卫生（农村诊所建设与卫生保健员培训）。

第二，发展政策贷款。这种贷款提供快速支付型外部资金，支持政策与制度改革，其执行期一般为 1～3 年。发展政策贷款原先旨在为贸易政策和农业改革等宏观经济政策改革提供支持，随着时间的推移，已演变为更加注重结构性、金融部门及社会政策改革，注重改进公共部门资源管理。目前，发展政策项目的总体宗旨是推广竞争性市场结构（如法制改革），纠正激励机制（税收和贸易改革）扭曲，建立适当的监测与安全保障体系（金融部门改革），营造有利于民营部门投资的环境（司法改革通过现代投资法规），鼓励私营部门开展活动（私有化与公私伙伴合作），促进良政治理（公务员制度改革），缓解发展政策的短期不利影响（建立社会保障基金）。

少数赠款也可以通过国际复兴开发银行提供，这些赠款或由国际复兴开发银行直接资助或通过伙伴合作方式管理。大部分赠款旨在鼓励创新，同其他组织合作及各利益相关方在国家和地方层面的参与。捐赠机构委托国际复兴开发银行管理 850 多个运行中的信托基金，它们与国际复兴开发银行的资金分开，设有单独的账户。这种管理方式与外部捐赠机构制定的财务管理办法使赠款资金被用于资助发展需求中的重点项目，包括技术援助和咨询服务、减债和后冲突过渡。

此外，国际复兴开发银行还提供了几种担保与风险管理工具，帮助商业放贷人防范在发展中国家投资过程中出现的风险。

二、国际开发协会

国际开发协会是根据 1960 年 9 月 24 日通过的《国际开发协会协定》成立的，它是世界银行的附属机构之一，也是联合国的专门机构之一，总部设在华盛顿。国际开发协会是专门向低收入发展中国家提供长期优惠贷款的国际金融机构。按照规定，凡是国际复兴开发银行成员方均可加入该协会，但国际复兴开发银行的成员方不一定必须参加协会。

（一）国际开发协会的宗旨

国际开发协会是专门向贫困的低收入发展中国家提供无息贷款的国际金融机构，它每年向世界上贫穷的国家提供 60 亿～70 亿美元的长期无息贷款，贷款期限为 35～40 年，宽限期为 10 年。虽然国际开发协会在传统上是提供无息贷款的，但它现在越来越多的是向贫穷的国家提供赠款。

国际开发协会的宗旨：对欠发达国家提供比国际复兴开发银行条件优惠、期限较长、负担较轻，并可用部分当地货币偿还的贷款，以促进这些国家经济的发展和居民生活水平的提高，从而补充国际复兴开发银行的活动，促进国际复兴开发银行目标的实现。

（二）国际开发协会的组织机构

虽然国际开发协会在法律上和财务上是独立的国际金融机构，但是在人事管理上却是世界银行的附属机构。国际开发协会的管理办法和组织机构与国际复兴开发银行相同，正/副理事、正/副执行董事由世界银行的相应人员兼任，经理、副经理由国际复兴开发银行行长、副行长兼任，办事机构各部门的负责人也都由国际复兴开发银行相应部门的负责人兼任。

（三）国际开发协会的资金来源

（1）成员方认缴的股份。成员方认缴股份的 10% 必须以自由外汇支付，其余的 90% 以本国货币支付。成员方认缴的股份总额，按其在国际复兴开发银行认购股份的比例确定。

（2）成员方提供补充资金。由于成员方认缴的股份有限，远远不能满足成员方不断增长的信贷需要。同时，协会有规定，该协会不得依靠各国际金融市场发行债券来筹集资金。因此，协会要求各成员方政府不断地提供补充资金，以维持其业务活动。

（3）国际复兴开发银行的拨款。国际复兴开发银行从 1964 年起，每年从自身净收益中拨出一部分款项捐赠给国际开发协会。

（4）国际开发协会本身业务经营的净收入。

（四）国际开发协会的贷款业务

国际开发协会发放贷款的主要条件有以下几点。

（1）按人均收入衡量，符合低收入要求的发展中国家，即人均年收入低于 925 美元的国家。

（2）从传统来源借款，渠道和信誉有限的国家。

（3）受援国的经济成就，包括受援国有效利用资金的能力和是否有合适的项目。

（4）贷款对象仅限于成员方政府，并且当受援国的经济发展和借款信誉前景已达到按商业条件衡量可借入相当数量的借款时，即不能再享受国际开发协会的无息软贷款。

（5）无息贷款，即每年只对未偿还部分征收 0.75% 的手续费，另外加收 0～0.5% 的承诺费（对由国际复兴开发银行承诺，但借款人还未支取的部分贷款征收的费用）。

（6）贷款期限，从 1987 年 7 月起，规定为 35 年，含宽限期 10 年。

（7）贷款按特别提款权为计算单位，也可以部分或全部用本国货币偿还。

国际开发协会的主要业务是向低收入的发展中国家提供长期优惠贷款。贷款用途与国际复兴开发银行的贷款用途一样，是对借款国具有优先发展意义的项目或发展计划提供贷款，即贷款主要用于发展工业、电力、交通运输、电信、城市供水、教育设施等。国际开发协会的贷款条件优惠，与国际复兴开发银行的贷款混合发放。国际开发协会的贷款部分被称为软贷款，国际复兴开发银行提供的贷款条件较严，被称为硬贷款。国际开发协会的贷款实际上只贷给成员方的地方政府项目，在 1987 年 7 月以前贷款的期限为 50 年，宽限期为 10 年。第 1 个 10 年不必还本，第 2 个 10 年，每年还本 1%，其余 30 年每年还本 3%。成员方政府在偿还贷款时，可以全部或一部分使用本币。国际开发协会不收利息，只收取 0.75% 的手续费；对未用部分的信贷收 0.5% 的承诺费，而且对贷款运作机构的贷款运作佣金也制定了不得超过 0.1%～0.2% 的规定。

三、国际金融公司

国际金融公司的建立与国际复兴开发银行的贷款原则有着密切联系，国际复兴开发银行的贷款对象为成员方政府，如果对私营企业贷款就必须由政府机构担保。另外，国际复兴开发银行只能经营贷款业务，无权参与股份投资，不能为成员方的私人企业提供其他有风险的投资。这些规定不仅在一定程度上限制了国际复兴开发银行业务活动的拓展，还不利于发展中国家经济的发展。因此，为了加大向成员方私人企业提供国际贷款的力度，国际开发协会于 1951 年提出在国际复兴开发银行下设立国际金融公司的建议。1956 年 7 月，国际金融公司正式成立。

（一）国际金融公司的宗旨

国际金融公司的宗旨是，通过对发展中国家尤其是欠发达地区的重点生产性企业提供无须政府担保的贷款与投资，鼓励民间私人资本流向发展中国家，支持当地资本市场的发展来推动私人企业的成长，促进成员方的经济发展，从而补充国际复兴开发银行的活动范围。

（二）国际金融公司的组织机构

国际金融公司在法律上和财务上虽然是独立的，但实际上是世界银行的附属机构，它的管理办法和组织结构与国际复兴开发银行的相同。国际复兴开发银行行长兼任国际金融公司总经理，也是公司的执行委员会主席。公司的内部机构和人员多数由国际复兴开发银行的相应机构人员监管。按照规定，只有国际复兴开发银行的成员方才能成为国际金融公司的成员方，但国际复兴开发银行的成员方不一定参加国际金融公司。

（三）国际金融公司的主要业务活动

国际金融公司的贷款与投资只面向发展中国家的私营中小型生产企业，而且也不要求成员方政府为偿还贷款提供担保，国际金融公司提供贷款与投资的部门主要是制造业、采掘业、旅游业等。国际金融公司在办理贷款业务时，通常采用与私人投资者、商业银行和其他金融机构联合投资的方式。这种联合投资活动既扩大了国际金融公司的业务范围，又促进了发达国家对发展中国家私人企业的投资。国际金融公司贷款的方式：直接向私人生产性企业提供贷款；向私人生产性企业入股投资，分享企业利润，并且参与企业的管理。

多边投资担保机构最高可以承保投资额的 90%，目前单个项目的承借限额为 5000 万美元。国际投资争端解决中心成立于 1966 年，目的是在政府与外国投资者之间产生争端时提供调停和仲裁服务，从而促进国际投资流量的增加。该中心也提供咨询服务，开展研究工作，出版外国投资法律方面的著作。

第三节　国际清算银行

国际清算银行是世界上最早的国际金融机构，如今它仍是各国中央银行开展合作的一个中心舞台。世界上绝大多数有影响的国家和地区的中央银行或货币管理局，都与国际清算银行有业务联系。我国的中央银行——中国人民银行于 1996 年被接纳为国际清算银行的新成员，此外，我国香港特别行政区的金融管理局也是国际清算银行的成员。

一、国际清算银行概述

（一）国际清算银行的含义

国际清算银行是由西方国家的中央银行、商业银行，为解决第一次世界大战以后德国的战争赔偿问题，以及实施在海牙会议上通过且 1930 年 9 月生效的"杨格计划"而建立起来的一个国际金融组织，该组织于 1930 年 5 月 17 日开始工作。随着第二次世界大战的爆发和德国的战败，德国为第一次世界大战赔款的问题已经不复存在。此后，国际清算银行的工作重点发生了变化。

（二）国际清算银行的宗旨

国际清算银行的宗旨：促进各国中央银行之间的合作；为国际金融活动提供更多的便利；是各国中央银行的银行，向各国中央银行并通过中央银行向整个国际金融体系提供一系列高度专业化的服务，实现货币与金融稳定；作为国际清算的受托人或代理人，办理多种国际清算业务。

国际清算银行的核定资本原为 5 亿法郎，后来增至 15 亿法郎，目前国际清算银行的股份有 4/5 掌握在各成员方的中央银行手中，其余 1/5 由中央银行转让给私人。持有国际清算银行股份的多少与投票权有关。中国人民银行于 1996 年正式加入国际清算银行，中国人民银行是国际清算银行亚洲顾问委员会的成员。中国认缴了 3000 股的股本，实缴金额为 3879 万美元。

国际清算银行的组织架构由大会、董事会、办事机构组成。大会是国际清算银行的最高权力机构，每年在 6 月底或 7 月初举行一次，负责批准银行的年度报告、资产负债表、权益表，决定银行储备金的提取和分红等事项。负责国际清算银行的日常经营活动与管理事务的机构是董事会，董事会负责每月在巴塞尔举行一次由西方主要国家中央银行行长出席的会议。国际清算银行的总部设在瑞士的巴塞尔，在中国香港特别行政区和墨西哥城设有两个办事处。国际清算银行下设银行部、货币经济部、法律处、秘书处等办事机构。

董事会是国际清算银行的经营管理机构，由 13 名董事组成。比利时、德国、法国、英国、意大利和美国的中央银行行长是董事会的当然董事，这6个国家可以各自任命1名本国工商和金融界的代表做董事，此外董事会可以选举出其他董事，但最多不超过9人。董事会设主席1名、副主席若干名，每月召开一次例会，审议银行日常业务工作，决议以简单多数票做出，票数相等时由主持会议的主席投决定票。董事会主席和银行行长由同一人担任。董事会根据主席建议任命1名总经理和1名副总经理，就银行的业务经营向银行负责。

二、国际清算银行的业务活动

（一）处理国际清算事务

第二次世界大战以后，国际清算银行先后成为欧洲经济合作组织、欧洲支付同盟、欧洲煤钢联营、黄金总库、欧洲货币合作基金等国际机构的金融业务代理人，承担着大量的国际结算业务。

（二）办理或代理有关银行业务

第二次世界大战以后，国际清算银行的业务不断拓展，可从事的业务主要有接受成员方中央银行的黄金或货币存款、买卖黄金和货币、买卖可供上市的证券、向成员方中央银行贷款或存款。除此之外，国际清算银行也可与商业银行、国际机构进行类似业务，但不得向政府提供贷款或以其名义开设往来账户。目前，世界上很多国家的中央银行在国际清算银行存有黄金和硬通货，并且获取相应的利息。

（三）定期举办中央银行行长会议

国际清算银行于每月的第一个周末在巴塞尔举行西方主要国家中央银行行长的会议，商讨有关国际金融问题，协调有关国家的金融政策，促进各国中央银行的合作，因此该会议又被称为"巴塞尔俱乐部"。除了上述国际金融活动，国际清算银行还作为中央银行的俱乐部，承担着各国中央银行之间进行合作和交流的职责；它的董事会和其他会议为各国货币当局提供了研讨把握国际货币金融最新发展态势的良好机会；它所发表的有关国际货币金融的数据构成了世界上最权威的研究、分析和预测的信息来源渠道之一。

第四节　区域性的国际金融机构

在国际金融领域，许多地区性开发银行发挥着重要作用，其中最重要的有四家银行，即亚洲开发银行、泛美开发银行、非洲开发银行和加勒比开发银行，它们的活动范围基本上涵盖了整个亚洲、非洲和拉丁美洲。

一、亚洲开发银行

亚洲开发银行（Asian Development Bank，ADB），简称亚行，是亚洲和太平洋地区的区域性金融机构，由联合国亚洲及太平洋经济社会委员会（简称联合国亚太经社会）赞助建立，不属于联合国的下属机构，但同联合国及其区域和专门机构有密切的联系。1963年12月在菲律宾首都马尼拉由联合国亚太经社会主持召开第一届亚洲经济合作部长级会议，1965年11月至12月在马尼拉召开第二届会议并通过了亚洲开发银行章程，该章程于1966年8月22日生效。1966年11月在东京召开首届理事会，宣告亚洲开发银行正式成立，1966年12月19日正式营业，总部设在马尼拉。

亚洲开发银行有来自亚洲和太平洋地区的区域成员，以及来自欧洲和北美洲的非区域成员。亚洲开发银行在成立之初只有34个成员，如今成员数量已增至67个，其中48个成员来自亚太地区。1986年2月17日，亚洲开发银行理事会通过决议，接纳我国加入该行。1986年3月10日，我国成为亚洲开发银行正式成员国。

（一）亚洲开发银行的宗旨和具体任务

亚洲开发银行的宗旨是向其成员方提供贷款和技术援助，帮助协调成员方在经济、贸易和发展方面的政策，同联合国及其专门机构进行合作，以促进亚太地区的经济发展。亚洲开发银行的具体任务：为亚太地区发展中国家成员的经济发展筹集与提供资金；促进公私资本对本地区各成员的投资；帮助本地区各成员协调经济发展政策，以便更好地利用自己的资源并在经济上取长补短，促进对外贸易的发展；为成员拟定、执行发展项目与规划提供技术援助；以适当的方式同联合国及其所属机构向本地区及其发展基金投资的国际公益组织，以及其他国际机构、各国公营和私营实体进行合作，并向它们展示投资和援助的机会。

（二）亚洲开发银行的组织机构

亚洲开发银行是以成员方入股的方式组成的企业性金融机构，设有理事会、董事会等组织机构。

1. 理事会

理事会是亚洲开发银行的最高权力与决策机构，负责总管该行的业务，由各成员方的一名理事和一名副理事组成。在亚洲开发银行的章程中，对必须由理事会行使的权力做出明确的规定，这些权力主要有接纳新成员方和确定接纳条件、增加或减少核定股本、修改章程、决定储备金及纯收益的分配等。理事会通常每年举行一次会议，即亚洲开发银行理事会年会。

2. 董事会

董事会是亚洲开发银行日常业务的领导机构，负责领导亚洲开发银行的业务经营，既行使亚洲开发银行章程所赋予的权力，也行使理事会所授予的权力。董事会由理事会选举产生，本地区成员选举 8 名理事，非本地区成员选举 4 名理事。亚洲开发银行分成 12 个选区，其中日本、美国、中国、印度单独构成选区，其他 8 个选区由各成员方自愿结合形成。

3. 行长

行长由理事会选举产生，行长应是本地区成员的国民，任董事会主席，是亚洲开发银行的合法代表、亚洲开发银行的行政负责人。在董事会指导下，行长负责处理亚洲开发银行的日常业务并负责亚洲开发银行官员和工作人员的任命和辞退。行长可以参加理事会，但无表决权，任期为 5 年，可连任。

4. 亚洲开发银行总部

亚洲开发银行总部是亚洲开发银行的执行机构，负责亚洲开发银行的业务经营，在总部设有 9 个局和 11 个局级办公室。此外，亚洲开发银行还在一些国家和地区设立常驻代表处。

（三）亚洲开发银行的成员方及其投票权

亚洲开发银行的成员方包括联合国亚太经社会的成员方、亚太地区的其他国家或地区，以及亚太地区以外的国家或地区。亚洲开发银行建立之初，有 34 个成员方，其中 22 个成员方来自亚太地区，12 个成员方来自西欧、拉美地区。亚洲开发银行虽然是一个区域性国际金融机构，但带有明显的国际性。

亚洲开发银行成员方的投票权采用按股东额计算的原则，按照规定，每个成员方均拥有基本投票权 778 票，每认缴一股银行股本就增加 1 票。因此，对成员方来说，所认缴的银行股本越多投票权就越大。

（四）亚洲开发银行的主要业务活动

1. 贷款

贷款对象限于该地区成员国或地区，并且对成员间的协作项目给予优先考虑。贷款要求指明用途，专款专用，并且限定由贷款国或贷款地区供给物资和劳务。贷款业务分为普通基金贷款和特种基金贷款两种，前者年限为 10~30 年；后者条件优惠，年限可达 40 年，不计利息，只收 1% 的手续费。

按贷款条件划分，亚洲开发银行的贷款可分为硬贷款、软贷款和赠款 3 类。硬贷款的贷款利率为浮动利率，每半年调整一次，贷款期限为 10~30 年。软贷款即优惠贷款，仅提供给人均国民收入低于 670 美元（1983 年价格）且还债能力有限的亚洲开发银行成员，贷款期限为 40 年，不收利息，仅收 1% 的手续费。赠款用于技术援助，资金由技术援助特别基金提供，但赠款金额有限制。

2. 技术援助

多年来的经验表明，仅靠向发展中国家提供贷款和投资，不能达到促进其社会经济发展的目的，还必须向发展中国家提供能加强机构建设和提高劳动生产率水平的技术援助，使其能够有效地利用投资，并且搞好经济开发项目的建设。因此，亚洲开发银行在办理各项贷款业务的同时，积极开展广泛的技术援助。

亚洲开发银行的技术援助可分为三种：第一种是项目准备技术援助，用于筹备将由亚洲开发银行或其他外部渠道提供融资的项目贷款、规划贷款和部门贷款；第二种是咨询技术援助，用于为制度建设、计划编制或亚洲开发银行融资项目的实施、运营和管理，以及为部门、政策和问题的研究提供融资；第三种是区域技术援助，用于涉及多个发展中成员国的前述两类开发活动，以及其他开发活动。

亚洲开发银行提供技术援助的方式主要有贷款和无偿赠款两种，其中以贷款为主。技术援助在亚太地区社会经济发展中起着重要的作用，它不仅能够增强受援国机构建设的能力、提高其技术水平，还有助于扩大贷款业务。许多发展中国家特别是一些不发达国家，都需要大量的资金来帮助它们提高技术水平并建设机构。因此，亚洲开发银行已将技术援助作为其主要的业务之一。

二、泛美开发银行

1959 年 4 月 8 日，20 个拉丁美洲国家和美国签订了建立泛美开发银行的协定，1959 年 12 月 30 日该协定生效。泛美开发银行于 1960 年 10 月 1 日正式开业，总部设在美国首都华盛顿，是世界上成立最早的、最大的区域性多边开发银行，是南美洲、北美洲及加勒比海国家联合一些西方国家成立的区域性政府间国际金融组织。

泛美开发银行是美洲国家组织的专门机构，其他地区的国家也可加入，但非拉丁美洲国家不能利用该行资金，只可参加该行组织的项目投标。从 1976 年开始，泛美开发银行决定接纳西半球以外的其他国家，日本、德国、西班牙、法国、意大利和英国等都是该组织的成员国。2009 年 1 月 12 日，我国正式加入泛美开发银行。

泛美开发银行的宗旨：集中各成员方的力量，对拉丁美洲国家的经济、社会发展计划提供经济和社会发展项目贷款资金、技术援助，以促进该地区经济发展和"泛美体制"的实现。

（一）泛美开发银行的组织机构

1. 董事会

董事会是最高权力机构，由各成员方的 1 名董事组成，每年举行一次会议。

2. 执行董事会

执行董事会是董事会领导下的常设机构，由 12 名董事组成，其中拉丁美洲国家 9 名，美国、加拿大和日本各 1 名，其他地区国家 2 名，任期 3 年。

3. 行长和副行长

行长和副行长在执行董事会的领导下主持日常工作，行长由理事会选举产生，任期 5 年，副行长由执行董事会任命。

4. 分支机构

分支机构设在拉丁美洲各成员国首都，代表银行同当地官方和借款者处理有关事务，并且对银行资助的建设项目进行监督。泛美开发银行在巴黎、伦敦也设立了办事机构，以便同区外成员方和金融市场保持联系。

5. 投资机构

美洲投资公司于 1989 年成立，以不易获得优惠条件贷款的中小型企业为其主要服务对象；多边投资基金于 1992 年成立，主要目的是促进私人产业的发展，为私人产业创建更好的投资环境。

6. 拉美一体化研究所

拉美一体化研究所于 1964 年成立，设立在阿根廷首都布宜诺斯艾利斯，负责培养高级技术人才，研究有关经济、法律和社会等重大问题，为成员方提供咨询。

（二）泛美开发银行的资本组成

泛美开发银行的资本由以下三部分组成。

（1）成员方分摊。

（2）发达国家成员方提供。

（3）在世界金融市场和有关国家发行债券。各成员方的表决权依其加入股本的多少而定，其中美国占 30%、加拿大占 4%、拉丁美洲国家占 50%（阿根廷和巴西各占 11%）、日本占 5%、其他非本地区成员方占 11%。按章程规定，拉丁美洲国家的表决权在任何情况下都不得低于上述比例。

（三）泛美开发银行的贷款

贷款对象是拉丁美洲成员方政府和公私团体。贷款分为普通贷款和特种贷款两种：前者利率较高，期限为 10～20 年，并且需要以所借货币偿还；后者利率较低，期限为 25～40 年，可全部或部分以借款国货币偿还。

三、非洲开发银行

非洲开发银行于 1964 年 9 月成立，总部设在科特迪瓦的经济中心阿比让。非洲开发银行设立非洲开发基金、非洲投资与开发国际金融公司、尼日利亚信托基金、非洲再保险公司 4 个合办机构。非洲开发银行的宗旨是为促进成员方经济发展提供资金，协调非洲大陆各国经济发展计划，以逐步实现非洲经济一体化。

非洲开发银行的最高权力机构是理事会，董事会由理事会选派 9 人组成，负责日常工作。理事会由各成员方的 1 名理事组成，理事一般为成员方的财政和经济部部长，通常每年举行一次会议，必要时可举行特别理事会，讨论制定银行的业务方针和政策，决定银行重大事项，并且负责处理银行的组织和日常业务；理事会在年会时选举行长和秘书长。董事会由理事会选举产生，是银行的执行机构，负责制定银行的各项业务政策，一般每个月举行两次会议；理事会共有 18 名执行董事，其中非洲以外国家占 6 名，任期 3 年。

非洲开发银行的资金来源为成员方认缴的股本，以及向外借款和发行债券。

非洲开发银行经营的业务分为普通贷款和特种贷款两种，贷款对象仅限于成员方。特种贷款不计利息，期限可达 50 年以上。1972 年 6 月，非洲开发银行开设非洲开发基金，允许非洲以外的国家认股，基金贷款不计利息，期限可达 50 年以上。

四、加勒比开发银行

1969 年 10 月 18 日，16 个加勒比国家和两个非本地区成员在牙买加金斯敦签署协议，成立加勒比开发银行（Caribbean Development Bank，CDB），1970 年 1 月 26 日该协议生效，1970 年 1 月 30 日理事会成立大会在拿骚举行。加勒比开发银行是地区性、多边开发银行，总部设在西印度群岛的巴巴多斯首都布里奇顿。该行的宗旨：促进加勒比地区成员方经济的协调增长和发展，推进经济合作及本地区的经济一体化，为本地区发展中国家提供贷款援助。1997 年 5 月 22 日，在加拿大多伦多召开的第 27 届加勒比开发银行年会决定接纳我国为加勒比开发银行的非本地区成员方。1998 年 1 月 20 日，我国正式成为该行成员。

理事会为加勒比开发银行的最高决策机构，由 22 名理事组成，每年举行会议，选举其中 1 名理事为主席、2 名理事为副主席，任期 1 年。董事会负责日常业务，由 18 名成员组成，其中 12 名由本地区的理事选举，6 名由代表非本地区的理事选举。董事任期 2 年，可连选连任。每名董事指定 1 名代表，行长是董事会主席。

加勒比开发银行设有一个技术援助基金，技术援助基金负责融资咨询服务，并且进行总体发展、项目实施、项目准备、投资前准备及银行发展的研究。技术援助基金下设培训部，为借贷成员方公共服务部门的中上层人员提供培训。

加勒比开发银行的资金来源有两个渠道：一是成员认缴股本和借款，称为普通资金来源；二是成员和非成员的捐款，称为特别资金来源。目前，加勒比开发银行普通资金来源除了成员实缴股本，借入资金的主要渠道为欧洲投资银行、泛美开发银行、国际复兴开发银行和国际金融市场。特别资金来源又分为两类：一类为特别发展基金，另一类为其他特别基金。特别发展基金是加勒比开发银行的软贷款窗口，其资金来源为每 4 年一次的成员捐资，它着重向加勒比开发银行借款国的社会和经济发展优先领域提供贷款和赠款。其他特别基金的来源为加勒比开发银行成员和其他机构所提供的有附带条件的资金，按出资人的意向，以符合该宗旨为原则加以使用和管理。

本章小结

1. 基金份额在性质上相当于股东加入股份公司的股金，成员方缴纳的基金份额是基金组织的财产。

2. 国际复兴开发银行成立于 1945 年 12 月 7 日，又称世界银行，在世界银行集团中，该行是提供贷款最多的金融机构。

3. 国际开发协会是根据 1960 年 9 月 24 日通过的《国际开发协会协定》成立的，它是世界银行的附属机构之一，也是联合国的专门机构之一，总部设在华盛顿。

4. 无息贷款，即每年只对未偿还部分征收 0.75% 的手续费，另外加收 0~0.5% 的承诺费（对由国际复兴开发银行承诺，但借款人还未支取的部分贷款征收的费用）。

5. 国际金融公司的建立与国际复兴开发银行的贷款原则有着密切联系，国际复兴开发银行的贷款对象为成员方政府，如果对私营企业贷款就必须由政府机构担保。

6. 国际清算银行是由西方国家的中央银行、商业银行，为解决第一次世界大战以后德国的战争赔偿问题，以及实施在海牙会议上通过且 1930 年生效的"杨格计划"而建立起来的一个国际金融组织。

7. 亚洲开发银行，简称亚行，是亚洲和太平洋地区的区域性金融机构。

8. 泛美开发银行是美洲国家组织的专门机构，其他地区的国家也可加入，但非拉丁美洲国家不能利用该行资金，只可参加该行组织的项目投标。

9. 非洲开发银行于 1964 年 9 月成立，总部设在科特迪瓦的经济中心阿比让。

10. 加勒比开发银行是地区性、多边开发银行。

复习思考题

1. 简述国际货币基金组织的资金来源。
2. 国际复兴开发银行的宗旨是什么？
3. 国际复兴开发银行的贷款业务需要具备哪些条件？
4. 国际金融公司的主要业务活动是什么？
5. 简述国际清算银行的宗旨。
6. 简述泛美开发银行的组织机构。

第十二章

国际金融结算操作

知识框架图

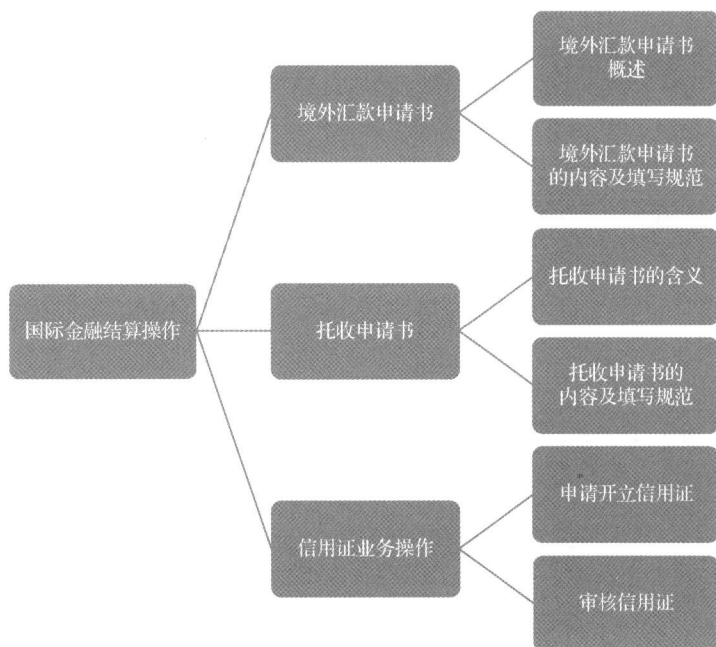

学习目标

- 了解境外汇款申请书的概念
- 了解境外汇款申请书的内容及填写规范
- 了解托收申请书
- 掌握托收申请书的内容及填写规范
- 了解申请开立信用证
- 认识审核信用证

第一节　境外汇款申请书

一、境外汇款申请书概述

境外汇款申请书的联数各个银行不同，但一般至少有两联。一联为申请书正本，作为支款凭证；另一联为汇款回执或汇款收据，银行受理汇款以后退还汇款人，作为收条或会计凭证。

例如，中国农业银行的汇款申请书是一式四联，第一联上加盖银行转讫章及经办、复核人员名章以后交汇款部门办理汇款手续，第二、第三联凭以处理有关汇出汇款会计科目，第四联加盖转讫章及经办、复核人员名章以后退申请人。在三种汇款方式中，汇款人填写申请书除了汇款种类选择不同，其他内容的填写都一样。

二、境外汇款申请书的内容及填写规范

（1）致：汇出行。

（2）日期：指汇款人填写此申请书的日期。

（3）申报号码：由银行填写。

（4）银行业务编号：由银行填写。

（5）收电行/付款行：由银行填写。

（6）汇款币种及金额：指汇款人申请汇出的实际付款币种及金额。

（7）现汇金额：指汇款人在申请汇出的实际付款金额中，直接从外汇账户（包括外汇保证金账户）中支付的金额，汇款人将从银行购买的外汇存入外汇账户（包括外汇保证金账户）后对境外支付的金额应作为现汇金额。

（8）购汇金额：指汇款人在申请汇出的实际付款金额中向银行购买外汇直接对境外支付的金额。

（9）其他金额：指汇款人除购汇和现汇以外对境外支付的金额，包括跨境人民币交易及记账贸易项下交易等的金额。

（10）账号：指银行对境外付款时扣款的账号，包括人民币账号、现汇账号、现钞账号、保证金账号、银行卡号。如果从多个同类账户扣款，就填写金额大的扣款账号。

（11）汇款人名称及地址：对公项下指汇款人预留银行印鉴或全国组织机构统一社会信用代码数据服务中心（隶属于国家市场监督管理总局）颁发的组织机构代码证或国家外汇管理局及其分支局（以下简称外汇局）签发的特殊机构代码赋码通知书上的名称及地址；对私项下指个人身份证件上的名称及住址。

（12）组织机构代码：按国家质量监督检验检疫总局颁发的组织机构代码证或外汇局签发的特殊机构代码赋码通知书上的单位组织机构代码或特殊机构代码填写。

（13）个人身份证件号码：包括境内居民个人的身份证号、军官证号及境外居民个人的护照号等。

（14）中国居民个人/中国非居民个人：根据《国际收支统计申报办法》中对中国居民/中国非居民的定义进行选择。

（15）收款银行之代理行名称及地址：指中转银行的名称，以及所在国家、城市、在清算系统中的识别代码。

（16）收款人开户银行名称及地址：指收款人开户银行名称，以及所在国家、城市、在清算系统中的识别代码。

（17）收款人开户银行在其代理行的账号：指收款银行在其中转行的账号。

（18）收款人名称及地址：指收款人全称及其所在国家、城市。

（19）汇款附言：由汇款人填写所汇款项的必要说明，可用英文填写且不超过 140 字符（受 SWIFT 系统限制）。

（20）国内外费用承担：指汇款人确定办理对境外汇款时产生的国内外费用由何方承担，并且在所选项前打"√"。

（21）收款人常驻国家（地区）名称及代码：指该笔境外汇款的实际收款人常驻的国家或地区。名称用中文填写，代码根据"国家（地区）名称代码表"填写。

（22）交易编码：应根据与本笔对境外付款交易性质对应的"国际收支交易编码表（支出）"填写。如果本笔付款为多种交易性质，就在第一行填写最大金额交易的国际收支交易编码，在第二行填写次大金额交易的国际收支交易编码；如果本笔付款涉及进口核查项下交易，就将核查项下交易视同最大金额交易处理；如果本笔付款为退款，就应填写本笔付款对应原涉外收入的国际收支交易编码。

（23）相应币种及金额：应根据填报的交易编码填写，如果本笔对境外付款为多种交易性质，就在第一行填写最大金额交易相应的币种和金额，在第二行填写其余币种及金额，两栏合计数应等于汇款币种及金额；如果本笔付款涉及进口核查项下交易，就将核查项下交易视同最大金额交易处理。

（24）交易附言：应对本笔对境外付款的交易性质进行详细描述。如果本笔付款为多种交易性质,就应对相应对境外付款的交易性质分别进行详细描述;如果本笔付款为退款,就应填写本笔付款对应原涉外收入的申报号码。

（25）外汇局批件/备案表号/业务员编号：指外汇局签发的、银行凭以对外付款的各种批件、备案表号、业务编号。如果本笔付款涉及外汇局核准件,就优先填写该核准编号。

（26）购汇汇率（银行专用栏）：指在对境外汇款金额中,以人民币购汇部分的汇率。

第二节　托收申请书

一、托收申请书的含义

托收申请书（Collection Application）又称托收委托书,是委托人与托收行之间的契约。托收行在接受委托人的托收委托以后,应根据托收申请书的指示,向代收行发出托收指示,连同汇票及商业单据一并寄交代收行,要求代收行按照指示的规定向付款人代收款项。它一般是一式两联,第一联留托收行据以编制托收指示,第二联交委托人作为回单。有关内容全部用英文填写。

二、托收申请书的内容及填写规范

（1）代收行（Collecting Bank）：出口商在该栏填写国外代收银行（一般为进口商的开户银行）的名称和地址,这样有利于国外银行直接向付款方递交单据。如果没有填写或不知道进口商的开户银行,那么托收行将为出口商选择进口商所在国家或地区的一家银行进行通知,但这样出口商收到款项的时间会较长。

（2）委托人（Principal or Drawer）：填写出口商的名称、地址和联系方式。

（3）付款人（Drawee）：指进口商,填写其名称、地址和联系方式。如果资料不详细,就会增加代收行的工作难度,使出口商收到款项的时间较长。

（4）汇票的时间和期限（Issue Date and Tenor of Draft）：应该与汇票上的日期和期限一致。

（5）委托人的参考号码（Contract Number）：通常填写合同号码。

（6）金额（Amount）：与汇票金额保持一致。

（7）单据（Documents）：提交给银行的正本和副本的单据名称和数量。

（8）托收条款（Terms and Conditions of Collection）：需要的时候用"×"标记。托收条款主要包括以下几点：第一,要求付款交单还是要求承兑交单；第二,银行费用由付款人承担；第三,货到后是否委托国外代收行代为仓储或办理保险；第四,付款人如果拒绝付款或拒绝承兑,是否要做成拒绝证书；第五,仅以航邮或电报发出拒付；第六,对方一切费用及银行手续费是否向付款人收取,可否放弃等。

第三节 信用证业务操作

一、申请开立信用证

（一）信用证结算的一般收付程序

信用证业务流程，如图 12-1 所示。

（1）买卖双方在合同中约定以信用证方式结算。

（2）进口人（开证人）向开证行提出申请，依照合同填写各项规定和要求，填写开证申请书并交押金或提供其他担保，申请开证。

（3）开证行审核申请书无误以后，根据申请书的内容，开出信用证并寄交给通知行。

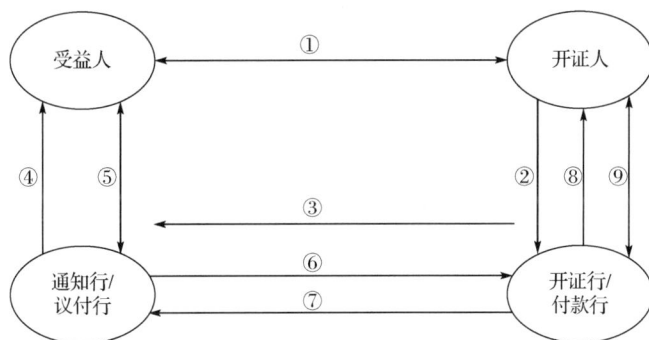

图 12-1 信用证业务流程

（4）通知行核对印鉴或密押无误以后，将信用证通知给受益人。如果收到的信用证是以通知行为收件人的，那么通知行应以自己的通知书格式照录信用证全文并通知受益人。

（5）受益人收到经通知行转来的信用证以后，对照合同条款、有关惯例、信用证的条款及有无影响到受益人安全收汇的软条款来审核信用证；审核无误以后，按信用证规定装运货物并备齐各项货运单据，然后开立汇票并连同信用证在信用证有效期内向议付行交单议付。

（6）议付行办理完议付以后，按信用证要求将单据连同汇票和索偿证明（证明单据符合信用证规定）分次以航邮方式寄给开证行或其指定的付款行。

（7）开证行审单无误以后向议付行偿付款项。

（8）开证行将赎单通知单交给开证申请人，通知开证申请人赎单。

（9）开证人审核单据无误以后付款赎单。开证行根据"单证相符、单单相符、符合法律、符合常规"的标准，在不迟于交单之翌日起第 5 个银行工作日内审单。如果是相符交单，就向受益人付款、延期付款或承兑。如果发现单据存在不符点的就这样处理：根据《跟单信用证统一惯例》的规定，开证行必须在收到单据之翌日起第 5 个银行工作日一次性、清晰明确地向受益人提出全部不符点，并且在拒付通知中说明对不符单据的处理办法。如果这项通知无法采用电信方式发出，就应该采用其他快捷方式发出。具体的处理办法有以下四种：第一，银行留存单据，听候审单人的进一步指示；第二，开证行留存单据，直至其从开证申请人处接到放弃不符点的通知并同意接受放弃的内容，或者其同意接受对不符点的放弃之前从交单人处收到进一步指示；第三，银行将退回单据；第四，银行按之前从交单人处获得的指示处理。

（二）开立信用证基本操作流程

（1）根据合同或卖方的形式发票等资料填写开证申请书，向银行提出开证申请。

（2）银行审核开证申请人的资信和开证申请书。

（3）对于超过授信额度的，开证申请人向银行提供押金或担保。

（三）开证申请书的填制要求

（1）致（To）：银行印制的申请书上事先都会印就开证银行的名称、地址。

（2）申请开证日期（Date）：在申请书右上角填写实际申请日期。

（3）通知行（Advising Bank）：由开证行填写。

（4）信用证号码（L/C No.）：此栏由银行填写。

（5）申请人（Applicant）：填写申请人的全称及详细地址，有的要求注明联系电话、传真号码等。

（6）受益人（Beneficiary）：填写受益人的全称及详细地址。

（7）信用证金额（Amount）：分别用数字和文字两种形式表示并表明币制。如果允许有一定比率的上下浮动，要在信用证中明确表示出来。

（8）到期日期和地点（Expiry Date and Place）：填写信用证的有效期及到期地点。有效期通常掌握在最迟装运日期后 15 天，到期地点一般在议付地。

（9）分批装运（Partial Shipment）、转运（Transshipment）：根据合同的实际规定打"×"进行选择。

（10）装运地/港、目的地/港的名称、最迟装运日期（Loading on board/Dispatch/Taking in Charge at/from、For Transport to、Latest Date of Shipment）：按实际填写，如允许有转运地/港，也应清楚标明。

（11）付款方式（Credit Available with/by）：在所提供的即期、承兑、议付和延期付款四种信用证有效兑付方式中选择与合同要求一致的类型。

（12）汇票要求（Beneficiary's Draft）：金额应根据合同规定填写发票金额的一定百分比。付款期限可根据实际填写即期或远期，如果属于后者就必须填写具体的天数。信用证条件下的付款人通常是开证行，也可能是开证行指定的另外一家银行。

（13）单据条款（Documents Required）：各银行提供的申请书中已印就的单据条款通常有发票、运输单据、保险单、装箱单、质量证书、装运通知和受益人证明等，最后一条是"Other documents，if any"（其他单据），如果要求提交超过上述所列范围的单据，就可以在此栏填写，比如有的合同要求"CERTIFICATE OF NO SOLID WOOD PACKING MATERIAL"（无实木包装材料证明）等。申请人在填制这部分内容时应依据合同规定，不能随意增加或减少。选中某单据以后对该单据的具体要求（如一式几份、是否签字、正副本的份数、单据中应标明的内容等）也应如实填写，如果申请书印制好的要求不完整就应在其后予以补足。

（14）商品描述（Description of Goods or Services）：所有内容（品名、规格、包装、单价、唛头）都必须与合同内容相一致，价格条款里附带"AS PER INCOTERMS 2000"、数量条款中规定"MORE OR LESS"或"ABOUT"、使用某种特定包装物等特殊要求必须清楚列明。

（15）附加指示（Additional Instructions）：如果需要已印就的上述条款，那么可在条款前打"×"，对合同涉及但未印就的条款还可以用其他条款做补充填写。

二、审核信用证

（一）出口商审核信用证的依据

信用证开出来以后，出口商应立即根据买卖双方已签订的合同及有关国际惯例，特别是《跟单信用证统一惯例》的规定对信用证内容逐项认真检查。信用证是依据合同开立的，信用证的内容理应与合同的条款相一致。然而，在实际业务中由于种种原因，如国外客户或开证银行工作的疏忽和差错、某些国家对开立信用证有特别规定、国外客户对我国政策不了解、开证申请人或开证行的故意行为等，往往会出现开立的信用证条款与合同条款不符或与我国外贸政策不符的情况。

（二）信用证的审核要点

1．对信用证金额的审核

（1）信用证的金额，除冠有"大约"字样外，不能超额支用，其币别与金额必须与合同规定的相符。如果合同中有商品数量的"溢短装"条款时，信用证金额也应规定相应的机动幅度。

（2）信用证列有商品数量或单价的，应复核总值是否正确。如果信用证金额不足，那么应该要求开证人增加金额，以确保收汇数字。

（3）有无佣金，如何规定，是否符合合同规定。如果所开的金额已扣除佣金，就不能在信用证上出现"议付行内扣佣金"字样。

2．对货物描述的审核

审核信用证中货物的名称、货号、规格、包装、合同号码、订单号码等内容是否与合同规定的完全一致。

（三）对开证申请人名称、受益人名称和地址的审核

开证申请人名称和受益人名称是出口单证中必不可少的，如果开错应及时修改，以免制单和寄单发生困难，影响收汇。

（四）对信用证截止日、交单期和装运期的审核

1．截止日

按《跟单信用证统一惯例》的规定，信用证必须规定一个交单的截止日，规定的承付或议付的截止日将被视为交单的截止日。除非适逢银行正常歇业，否则受益人或代表受益人的交单应在截止日当天或之前完成。据此，未注明截止日（有效期）的信用证是无效的，晚于截止日的交单也是无效的。

信用证的截止日还涉及交单地点的问题。按《跟单信用证统一惯例》规定，可在其处兑用信用证的银行所在地即为交单地点；可在任一银行兑用的信用证其交单地点为任一银行所在地；除了规定的交单地点，开证行所在地也是交单地点。据此规定，交单地点与兑用方式直接相关。在实际业务中一般有三种情况：在出口地到期、在进口地到期、在第三国到期。在这三种情况中，第一种情况对出口人最有利，而第二、第三种情况到期地点均在国外，对出口商来说，寄单费时且有延误可能，风险较大。因此，出口商应争取在出口地到期，如果争取不到，就必须提前交单，以防逾期。

2．交单期

信用证还应规定一个运输单据出单日期后必须提交符合信用证条款的单据的特定期限，即交单期。如果信用证无此期限的规定，那么按《跟单信用证统一惯例》规定，受益人或其代表必须在不迟于发运日之后的 21 天内交单，在任何情况下都不得迟于信用证的截止日。

3．装运期

装运期是指出口商将货物装上运往目的港（地）的运输工具或交付给承运人的日期。事实上，不同的运输方式所使用的运输单据出单日期所表示的交货期是不同的。如果信用证未规定装运期，那么出口商最迟应在信用证到期日前几天装运。信用证中可以没有装运期，只有有效期，在实际业务中叫作双到期。如果办不到，就要修改有效期。有效期和装运期应有一定的合理间隔（一般在 10 天左右），以便在装运以后有足够的时间做好制单、审单、交单等工作。

（五）对运输条款的审核

（1）装运港（地）和目的港（地）。信用证运输条款中的装运港（地）和目的港（地），应与合同的规定相符，交货地点也必须与价格条款相一致。如果不符就应该修改。

（2）如果来证指定运输方式、运输工具或运输路线，以及要求承运人出具船龄或船籍证明，就应及时与承运人联系。

（3）分批装运和转运问题。多数来证是允许转运及/或分批的（其中包括信用证中未注明可否转运及/或分批），这对出口商较为有利。但也有信用证列明不许转运及/或不准分批，在这种情况下出口商应及时了解在装运期内是否有直达船到目的地，能否提供直运提单及了解货源情况，是否可以在装运期内一次出运。如果上述有办不到的，出口商就应修改信用证。对信用证列有必须分批，并且规定每批出运的日期和出运数量，或者类似特殊的分运条款，应根据货源情况决定是否可以接受。对于分期装运，惯例规定，除非信用证另有规定，如果一期未能按期完成，那么本期及以后各期均告失效。如果要续运，就必须修改信用证。

（4）信用证中指定唛头。如果货已备妥，唛头已刷好而信用证后到，并且信用证指定的唛头与原唛头不一致，就应要求修改唛头；否则，需按信用证重新刷制。

视野拓展

唛头

　　唛头又称运输标志，它通常是由一个简单的几何图形，以及一些字母、数字及简单的文字组成的，其作用在于使货物在装卸、运输、保管过程中容易被有关人员识别，以防错发错运，国际贸易主要采用的是凭单付款的方式，而主要的出口单据，如发票、提单、保险单上都必须显示运输标志。商品在以集装箱方式运输时，运输标志可被集装箱号码和封口号码取代。

（六）对保险条款的审核

如果来证要求的投保险别或投保金额超出了合同的规定，那么出口商应及时和保险公司联系，如果保险公司同意且信用证上也表明由此而产生的超保费用由买方承担并允许在信用证项下支取，就可以接受。如果成交价为 CFR（成本加运费），而来证要求由出口商办理保险，那么在这种情况下，只要来证金额中已包含保险费或允许加收保险费，就可以不修改。凡成交价为离岸价格或 CFR 的，来证往往要求出口商在装运前以航邮或电传通知开证人投保并凭邮局收据或电传副本及时办理结汇。

（七）对所列单据与出票条款的审核

此条款包括信用证中要求提供的单据的种类、份数及内容，出口商能否办理或能否接受。比如，在进行转口贸易时信用证要求原产地证，出口商不可能办到，对此，出口商应要求改证。

（八）其他条款的审核

1. 银行费用条款

《跟单信用证统一惯例》（UCP600）对银行费用条款进行了明确的规定，指示另一个银行提供服务的银行有责任承担被指示方因执行指示而发生的任何佣金、手续费、成本或开支（费用），即银行费用（一般包括议付费、通知费、保兑费、承兑费、修改费、邮费等）由发出指示的一方承担。如果信用证项下是由开证申请人开立的信用证，通知又由开证行委托通知行通知议付，那么来证由受益人承担全部费用，显然是不合理的。关于银行费用，可由出口商在与进口商谈判时加以明确。

2. 特殊条款

出现指定船公司、指定船籍、船龄等，或者不准在某个港口转船等都是特殊条款。在实施过程中不易办到的，出口商一般不应轻易接受。

本章小结

1. 汇款币种及金额：指汇款人申请汇出的实际付款币种及金额。

2. 现汇金额：指汇款人在申请汇出的实际付款金额中，直接从外汇账户（包括外汇保证金账户）中支付的金额，汇款人将从银行购买的外汇存入外汇账户（包括外汇保证金账户）后对境外支付的金额应作为现汇金额。

3. 购汇金额：指汇款人在申请汇出的实际付款金额中向银行购买外汇直接对境外支付的金额。

4. 账号：指银行对境外付款时扣款的账号，包括人民币账号、现汇账号、现钞账号、保证金账号、银行卡号。如果从多个同类账户扣款，就填写金额大的扣款账号。

5. 托收申请书又称托收委托书，是委托人与托收行之间的契约。

6. 信用证是依据合同开立的，信用证的内容理应与合同的条款相一致。

7. 信用证应规定一个运输单据出单日期后必须提交符合信用证条款的单据的特定期限，即"交单期"。

8. 装运期是指出口商将货物装上运往目的港（地）的运输工具或交付给承运人的日期。

9. 对所列单据与出票条款的审核包括信用证中要求提供的单据的种类、份数及内容，出口商能否办理或能否接受。比如，在进行转口贸易时信用证要求原产地证，出口商不可能办到，对此，出口商应要求改正。

10. 出现指定船公司、指定船籍、船龄等，或者不准在某个港口转船等都是特殊条款。在实施过程中不易办到的，出口商一般不应轻易接受。

复习思考题

1. 境外汇款申请书的联数有什么特征？
2. 什么是托收申请书？
3. 简述托收条款的主要内容。
4. 简述开立信用证的基本操作流程。
5. 什么是装运期？
6. 对保险条款审核时应注意哪些问题？

第十三章

金融危机与金融危机的防范

知识框架图

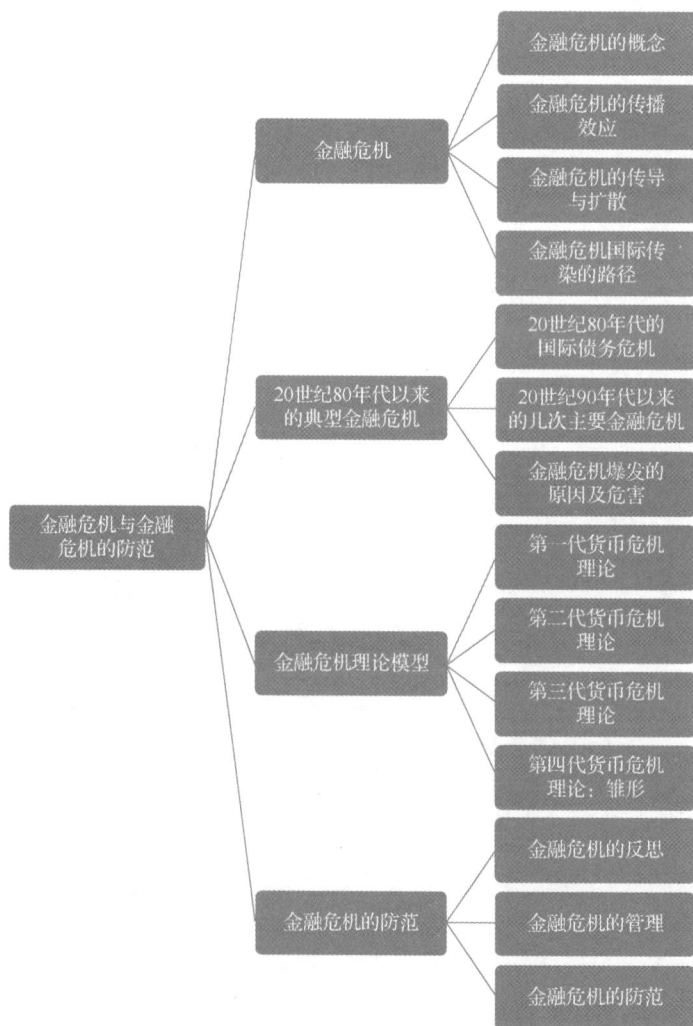

第一节 金融危机

随着经济发展水平的提高，经济逐渐呈现金融化的趋势。经济的金融化使金融的核心地位日益突显，对与之相对的实体经济的渗透作用与日俱增。金融对外影响越来越大，国与国之间的金融联系较之实体经济的联系更为紧密，相对金融带来的风险也越大，金融危机迭起已成为当代经济发展中的一大特征，预防和应对金融危机是亟待解决的问题。

一、金融危机的概念

（一）金融危机的含义

金融危机（Financial Crisis）是指国际金融领域发生的剧烈动荡和混乱，通过支付和金融操作或通过金融恐慌心理迅速传导到相关的国家或地区，使有关国家或地区的金融领域出现剧烈动荡和混乱，是信用危机、货币危机、银行危机、证券市场、债务危机和金融衍生产品市场危机等的总称。

（二）金融危机的本质

金融危机导致人们对未来经济有着更加悲观的预期，整个区域内的货币币值出现幅度较大的贬值，经济总量与经济规模出现较大的损失，经济增长受到打击。金融危机往往伴随着企业大量倒闭，失业率提高，社会普遍的经济萧条，甚至有些时候伴随着社会动荡或国家政治层面的动荡。从金融系统出现紊乱到实体经济全面衰退存在一系列的过程与环节，所有这些过程和环节的集合即为金融危机的传导机制。金融危机的传导实际上是一个金融风险形成、积累、转化和扩散的过程，是一个从量变到质变的过程。这个转变过程就是相关的经济状态从均衡转向失衡，又从失衡走向均衡，然后进一步扩散的过程。

二、金融危机的传播效应

金融危机的传导有狭义和广义之分。一般认为，狭义的金融危机的传导主要是指接触性传导，是贸易和金融溢出效应的结果，即一国金融危机发生以后，实体经济或金融方面的相互衔接使局部或全球性的冲击在国际传播。广义的金融危机的传导泛指一国金融危机的跨国传播与扩散导致许多国家同时陷入金融危机。这可能是源于贸易金融关系密切的国家间所产生的接触性传导，是贸易和金融溢出效应的结果，也包括贸易金融关系并不密切的国家间的非接触性传导，这都是以资本的流动为载体的。由于全球外汇市场和股票市场24 小时不间断交易，金融市场全球化程度越高的国家和地区，其接受和释放金融危机信号的速度就越快。因此，金融危机一旦爆发，就会迅速通过一国金融市场传导到另一国金融市场，再向实体经济蔓延。

金融危机的传播效应如下。

1. 季风效应（Monsoonal Effect）

季风效应是指共同的冲击引起的危机传导，它源于国内金融市场与国际金融市场的高度相关性，市场心理因素往往起主导作用，属于非接触性风险传导。当一国发生危机时，国际金融市场的系统性风险提高，无风险利率上升，国际金融市场出现紧缩。它是由共同的冲击引起的危机传导，如主要工业国家实施的经济政策会对新兴市场国家的经济政策产生相似的作用和影响。

2. 溢出效应（Spillovers）

溢出效应源于国际金融市场体系中各个子市场之间的高度相关性，实质经济因素往往起主要作用，属于接触性传导。溢出效应通常包括贸易溢出和金融溢出，因为一国与他国经济的联系主要通过贸易和金融得以体现，所以贸易和金融成为金融危机传导的两个重要途径。当一国发生金融危机时，国际金融市场会提高对其他相似国家的风险溢价，索取更高的回报率，使这类国家的融资成本上升，该国出口、外国直接投资和国际资本流入都会大幅减少。出口大幅减少使以出口为导向的企业经营陷入困境，在金融溢出和贸易溢出的双重作用下，金融危机加快了从金融市场向实体经济蔓延的速度。

3. 净传染效应（Pure Contagion）

净传染效应是指金融危机是由宏观基本面数据不能解释的原因引起的，其主要涉及的是自我实现和多重均衡理论。在这一框架下，一国陷入危机以后会导致另一国经济走向"不良均衡"，主要表现为货币贬值、资产价格下降、资本外流和坏账增加。因此，在经济危机发生时，这种均衡只有一种坏的结果，存款人由于恐慌心理而发生银行挤兑，最后冲击金融业。

4. 羊群效应（Herd Behavior）

羊群效应是指经济个体的从众心理，信息不对称性及收集、处理信息的高额费用是产生羊群效应的原因。由于缺乏足够的信息，投资者一般认为一个国家发生金融危机，其他国家也会发生类似的危机。因此，投资者更愿意根据其他投资者的决策来做出自己相应的决策，小投资者也往往跟随大投资者做出决策。当金融危机发生时，一旦大投资者减持或卖出资产、投资组合，小投资者就会跟进减持或卖出，这就产生了羊群效应。

三、金融危机的传导与扩散

金融危机主要可以分为货币危机、银行危机、资本市场危机和债务危机，随着金融危机的发展与传导，这些危机并不是独立的，而是相互交叉的。金融危机的传导过程可以分为两个层面：一个是危机在不同市场或不同领域之间的传导与扩散过程；另一个是危机在不同地理空间上的传导与扩散过程。

从金融危机的传导与扩散过程来看，主要有两个载体：一是资本的流动，二是投资者信心的相互影响。货币危机与债务危机主要是依靠这个载体实现传导的。资本市场危机在各国资本市场相对独立的情况下，主要依靠投资者信心的丧失来传导危机。银行危机在国内不同地区之间的传导能力很强，货币危机和债务危机的跨国传导能力最强。

（一）以货币危机为先导的金融危机的传导与扩散

货币危机是实行固定汇率制度的国家在非常被动的情况下，如在经济基本面恶化的情况下或在遭遇强大的投机攻击的情况下，对本国的汇率制度进行调整，转而实行浮动汇率制度，而由市场决定的汇率远远高于原先所刻意维护的官方汇率，汇率的变动幅度超出了一国可承受的范围。定值过高的汇率、经常项目巨额赤字、出口下降和经济活动放缓等都是发生货币危机的先兆。就实际运行来看，货币危机通常由泡沫经济破灭、银行呆坏账增多、国际收支严重失衡、外债过于庞大、财政危机、政治动荡、对政府的不信任等引发。在全球化时代，因为国民经济与国际经济的联系越来越密切，而汇率是这一联系的纽带，所以货币危机源于汇率的失真。国内一旦出现严重的货币供求失衡、资金信贷失衡、资本市场失衡或国际收支失衡，接着就会出现严重的货币汇率高估，从而引发投机性攻击，投资者信心崩溃，导致资本外逃，这又加剧了本国货币汇率的狂跌和国际收支的失衡，最终引发了货币危机。货币危机通过传导与扩散机制，特别是信心危机的传导，造成货币供求、资金借贷和资本市场失衡的加剧，引发股市危机和银行危机，从而出现全面的金融危机。

（二）以银行危机为先导的金融危机的传导与扩散

银行危机是指银行过度涉足高风险行业，从而导致资产负债严重失衡，呆账负担过重而使资本运营呆滞，面临破产倒闭的危机。银行业是金融业的主体，在一国社会经济生活中具有非常重要的地位。引发银行危机的往往是商业银行的支付困难，即资产流动性缺乏，而不是资不抵债。银行危机具有多米诺骨牌效应，因为资产配置是商业银行等金融机构的主要经营业务，各金融机构之间因资产配置而形成复杂的债权债务联系，使资产配置风险具有很强的传染性。一旦某个金融机构资产配置失误，不能保证正常的流动性头寸，单个或局部的金融困难就会演变成全局性的金融动荡。银行危机的影响之大也非一般行业危机能比的，它可能波及一国的社会、经济、政治等方方面面。银行危机源于金融机构的内在脆弱性及由此发生的各种风险，特别是过度信贷导致的大量不良资产，当经济衰退或资金借贷严重失衡时，就会出现信心危机和挤兑，从而引发危机。银行危机爆发以后，通过传导和扩散机制，即无力支付存款人存款，导致个人和企业的破产，最终引发资本市场危机和货币危机。

（三）以资本市场危机为先导的金融危机的传导与扩散

资本市场是十分敏感的市场。资本市场的失衡，除了市场内部原因，还可能有其他原因，包括实物经济和产业结构的失衡、经济增长速度的放慢或即将放慢、货币政策的调整、银行危机、外汇市场危机和债务危机，以及它们带来的信心危机。如果人们对于金融资产价格、整体经济的信心急剧丧失，就会在短时期内采取一致的行动，抛售各种资产，特别是有价证券，导致资本市场危机的爆发。资本市场危机的爆发使企业和个人遭受巨大损失，资金借贷和货币需求出现严重失衡。资本市场危机又通过传导和扩散机制，引发银行危机和货币危机。

（四）以债务危机为先导的金融危机的传导与扩散

债务危机的爆发，源于资金信贷和国际收支的失衡。衡量一个国家的外债清偿能力有多个指标，其中最主要的是外债清偿率指标，即一个国家在一年中外债的还本付息额占当年或上一年出口收汇额的比例。在一般情况下，这一指标应保持在 20% 以下，超过 20% 就说明外债负担过高。过度利用外债且债务规模巨大、债务高度集中，容易导致支付能力的不足和国际收支的严重失衡，支付能力不足削弱了投资人的信心，造成资金外逃，引发外债危机。债务危机通过传导与扩散机制，会引发货币危机、资本市场危机和银行危机，从而出现全面的金融危机。

由此可见，金融危机在不同空间和市场之间的传导过程不是截然分开的，而是同步进行的，时间上相互交叉、传导上相互感染、空间上连锁反应，形成极为复杂的传导与扩散机制。通过这种机制，一步一步把金融危机推向极致，甚至引发严重的政治危机和社会动乱。因此，一次金融危机的发生，不是单一市场、单一链条的传导，而是通过传导机制，向多个领域、多个市场、多个国家蔓延。

四、金融危机国际传染的路径

现实经济的复杂性和理论研究的抽象性，使人们对金融危机国际传染的分析存在多维视角。从金融危机的影响出发，金融危机国际传染可分为波及传染和净传染。波及传染是指出现危机的国家恶化了另一个国家的宏观经济涉外变量，从而破坏了其原有的内外均衡，使另一个国家的经济出现危机；净传染是指一个国家的金融危机诱发了另一个国家的金融危机。从国家间关系的性质出发，金融危机国际传染可分为接触传染和相似传染。接触传染是指通过直接的经济金融联系实现的传染，相似传染是指通过投机者行为实现的传染。源发国的危机迫使投机者纷纷调整自身的行为，重新评价相似国家的经济基础及政府的政策，调整资产结构进行自救，从而使另一国产生危机。

金融危机国际传染的一般路径包括实体经济路径和金融路径，市场经济是金融与实体经济二位一体的开放经济。同时，市场经济本质上是一种开放经济，这在国家层面上表现为经济的国际化，而在全球经济层面上则表现为经济的全球化。经济的国际化使一个国家的对外贸易对经济的拉动作用日益明显，甚至在某一时期起着决定性作用，尤其是实行出口导向发展战略的国家更是如此。因此，发端于一个国家的金融危机会通过实体经济路径和金融路径传染到其他国家，从而形成范围更广泛的金融经济危机。

（一）实体经济路径

实体经济路径传染是指通过实体经济关联而造成的危机在国家间的传导和扩散，具体形式有以下两种。

1. 竞争对手型传染

如果危机发生国和非危机发生国的出口市场相同，互为竞争对手，就会发生竞争对手型传染。货币危机使危机发生国的货币大幅贬值，由此降低了其竞争国的出口竞争力，进而导致其宏观经济恶化。另外，竞争国可能采取竞争性贬值行动，从而诱发投机者对该国货币发起攻击。在通常情况下，一国与危机发生国的贸易联系越紧密，危机传染的概率就越大。因为发展中国家大多依靠廉价劳动力的优势发展对外贸易，而且发展中国家与发达国家存在互补性的贸易结构，所以其产品销售市场多为发达国家。众多发展中国家往往出口竞争于同一发达国家的市场，而相互间的贸易往来不是很多。竞争对手型传染成为危机传染相对主要的渠道。

2. 贸易伙伴型传染

一个国家的金融危机恶化了另一个与其贸易关系密切国家的国际收支及经济基础运行状况，从而令其陷入金融危机，这被称为贸易伙伴型传染，贸易伙伴型传染有两个传导路径。一是直接的进出口贸易传染，指爆发金融危机的国家往往表现为本国货币大幅贬值，进口减少而出口增加，从而导致贸易伙伴国的贸易赤字增加、外汇储备减少，使其不但缺乏用于国际支付的手段，而且成为投机者攻击的对象，最终成为危机国际传染的受害者。二是间接价格冲击传染，指一个国家金融危机导致的本币贬值使其贸易伙伴国的价格水平下降，同时促使贸易伙伴国居民进行货币替换，即该国居民对本币的需求量减少，而要求兑换外币的数量增加，导致中央银行外汇储备减少，诱发货币危机，进而形成金融危机。

（二）金融路径

金融路径传染是指一个国家宏观经济波动导致金融机构或金融市场缺乏流动性，进而导致另一个与其有密切金融联系国家的金融机构或金融市场缺乏流动性，从而导致该国爆发危机，或者虽然另一个国家与其没有密切金融联系，但基于预期而导致该国爆发危机。

金融路径的具体传染渠道有以下两种。

1. 金融机构渠道

金融机构不但具有高度的垄断性和内部关联性，而且是各国金融联系的重要纽带。当某金融机构在危机国利益受损以后，为了达到资本充足率和保证金要求，或者出于调整资产负债的需要，金融中介机构往往大幅收回给其他国家的贷款，并且没有能力给其他国家提供新的贷款。如果被收回贷款的国家缺乏足够的国际储备，金融管理水平不高，就很难应付国际资本大规模流动造成的冲击，最终该国将陷入危机。

2. 资本市场渠道

在金融全球化的背景下，金融危机的传染还可通过资本市场渠道进行。当今资本市场是一个全球一体化的市场，极易发生波动。当机构投资者在一个市场上出现大量的资本损失时，往往会在其他市场上出售证券获取现金以满足资本流动的需要；机构投资者即使不遭受损失，也会基于风险和预期心理重新进行证券投资组合，以获得尽可能大的收益。这种组合会随着风险与预期的变化而相应调整。因此，一个市场的资产收益在一些投机者的冲击下发生变化，会导致其他市场证券组合的改变，从而把危机传染到该证券市场所在国。尤其重要的是，预期效应使国家之间即使不存在直接的贸易、金融联系，金融危机也可能传染。这是因为一个国家发生危机，投资者对另一些类似国家的市场预期也会发生变化，从而影响投资者的信心与预期，在信息不充分、不对称的作用下而产生"羊群效应"，进而导致投机者对这些国家的货币冲击，最终使这些国家爆发金融危机。

第二节　20 世纪 80 年代以来的典型金融危机

一、20 世纪 80 年代的国际债务危机

1982 年 8 月 20 日，墨西哥政府宣布无力偿还到期外债，要求推迟 90 天，随后其他 42 个债务国都因无力偿还债务而要求推迟还债，由此引发了全球性的发展中国家的债务危机，主要集中在拉美地区。

（一）债务危机的原因

1. 国际原因

第一，发展中国家债务问题的根源在于资本输出对发展中国家的过度资源分制。通过直接投资，发达国家在发展中国家获取巨额利润。同时，发达国家利用自己在国际金融市场的垄断地位，向发展中国家提供大量私人贷款，进行高利盘剥。20 世纪 80 年代初，由

于利率大幅度上升，发展中国家的债务负担突然加重，一年支付数百亿美元的利息，超过了其自身的支付能力。

第二，发展中国家债务问题的根源还在于现存的不公正的国际经济旧秩序。在生产、贸易、技术和金融等各个领域，发展中国家仍然在很大程度上处于对发达国家的依附地位。生产上的单一经济、贸易上初级产品与工业制成品的巨额"剪刀差"、技术上的被垄断及在国际货币制度中的不利地位，这一切使发展中国家经济长期落后，增长缓慢，而且使其负债累累。

第三，发展中国家的债务问题与殖民主义统治遗留下来的问题有关。过去的殖民统治迫使发展中国家采取单一经营的出口结构，作为殖民地的发展中国家为其宗主国工业化过程提供重要的农产品和矿产原料，这些国家独立以后工业基础薄弱。为了满足本国的生产和消费，发展中国家花费了大量的外汇进口必需的生活用品和资本货物。

2.　国内原因

第一，债务国通过借债来实现工业化。大多数发展中国家在发展初期，选择"进口替代"政策作为唯一可行的发展战略，"进口替代"的工业化通常只有以借外债来筹资才能实现，并且进口替代工业越发展，外债的增加就越快。到了20世纪60年代，一些拉美和东南亚国家又逐渐转向"出口导向"发展模式，试图制止债务膨胀。然而，由于20世纪80年代初世界经济危机和工业国家的保护主义，严重阻碍了发展中国家的产品进入国际市场，这些发展中国家的偿债之路依然艰难。

第二，债务国外债使用不当。借债规模与结构确定以后，如何将其投入适当的部门并最大限度地发挥其使用效益，是偿还债务的最终保证。从长期来看，偿债能力取决于一国的经济增长率，短期内则取决于它的出口率。许多债务国在大量举债以后，没有根据投资额、偿债期限、项目创汇率，以及宏观经济发展速度和目标等因素综合考虑，制定出外债使用走向和偿债战略，而是不顾国家的财力、物力和人力等因素的限制，盲目从事大工程建设。在制定发展战略规划时，不是从国家基础和实力出发，而是片面追求高速度的经济增长。许多国家把外国贷款大量投放在耗资大、周期长和见效慢的大型项目上，并且大型发展项目主要依赖外国贷款来建设。庞大的投资计划超过国家财政的实际能力，因此国内储蓄同投资之间的差额很大，只能依靠国际金融资源来解决，于是外债的增长速度超过了还债的承受能力。在拉美一些国家，财政和货币政策的失误又导致大量资金外逃。

第三，债务国对借用外债缺乏管理和监测。外债管理需要国家对外部债务和资产实行技术和体制方面的管理，提高国际借款的收益，减少外债的风险，使风险和收益达到最圆满的结合。这种有效的管理是避免债务危机的关键所在，其管理的范围相当广泛，涉及外债的借、用、还各个环节，需要政府各部门进行政策协调。如果对借用外债管理混乱，多头举债，无节制地引进外资，往往会使债务规模处于失控状态，债务结构趋于非合理化，这将妨碍政府根据实际已经变化了的债务状况对政策进行及时调整，而政府一旦发现政策偏离计划、目标过大时，偿债困难往往已经形成。

第四，外贸形势恶化，出口收入锐减。由于出口创汇能力决定了一国的偿债能力，一旦一国没有适应国际市场的变化，未能及时调整出口产品结构，其出口收入就会大幅减少，经常项目逆差就会扩大，从而严重影响其还本付息能力。同时，巨额的经常项目逆差进一步造成了对外资的依赖，一旦国际投资者对债务国经济前景的信心大减，对其停止贷款或拒绝延期，债务危机就会爆发。

（二）债务调整和债务战略

整个 20 世纪 80 年代，发展中国家一直未摆脱缓慢债务危机的困扰，其外债从 1981 年年底的 700 多亿美元增加到 1989 年年底的近 1.3 万亿美元，发展中国家资金净流出超过 2400 亿美元，其中拉美国家资金净流出约 1800 亿美元，沉重的债务负担严重影响着这些国家的经济发展和社会安定。如果不及时减免债务，债权国就会面临债务国可能单方面宣布停止偿债的局面。20 世纪 80 年代初发生第三世界债务危机以后，解决债务危机已成为重中之重。

1. 贝克计划

1985 年 9 月，美国财政部部长詹姆斯·贝克在韩国汉城（今首尔）召开的国际货币基金组织和世界银行第 40 届年会上提出了"美国关于发展中国家持续增长的计划"，主要是通过对债务国新增贷款、将原有债务的期限延长等措施来促进债务国的经济增长，同时要求债务国调整国内政策，这些措施被称为"贝克计划"。

经过美国政府的劝说和施压，西方工业国家政府和银行表示支持贝克计划，发展中国家也肯定了贝克计划的某些积极因素。贝克计划承认了发展中国家只有恢复经济增长，才有可能解决债务问题。贝克计划较之紧缩方案前进了一步，但该计划没有指明美国政府对这项计划将承担什么义务，而且世界银行和国际商业银行增加贷款也是有条件的。最终，贝克计划虽对缓解债务危机有所帮助，但未能从根本上解决问题。

2. 债券换债务计划

贝克计划没有达到预期的效果，西方债权者的国际债务战略需要有新的突破。1987 年年底，美国提出了以债券交换债务为主要内容、旨在缓解墨西哥等债务国债务危机的新计划。这一计划于 1988 年在墨西哥实施，并取得了一定的效果。根据这一计划，墨西哥政府将用 20 亿美元现金购买美国财政部发行的为期 20 年的特别无息票债券，这些债券的本金和累积的利息将在 20 年到期时一次付清。墨西哥政府以上述美国财政部债券作为担保，发行 100 亿美元、为期也是 20 年的债券。这些墨西哥政府债券将在卢森堡证券交易所向国际债权银行出售，债权银行特别是美国的商业银行以 50% 的折扣换取墨西哥的新债券，100 亿美元的新债券换回 200 亿美元的旧债券。债券换债务计划如果完全付诸实施，就会较大幅度地减轻墨西哥的债务负担。

虽然这一计划未能圆满达成，但从解决债务问题角度来看，有一定的积极意义，它是减免发展中国家债务的一次新的尝试。

二、20世纪90年代以来的几次主要金融危机

（一）1992年英镑危机

1992年9月，欧洲货币市场发生了一场自第二次世界大战以来最严重的货币危机。欧洲货币体系实质是一个固定的可调整的汇率制度。它的运行机制有两个基本要素：一是一篮子货币——欧洲货币单位，二是格子体系——汇率制度。欧洲货币单位是当时欧共体12个成员方货币共同组成的一篮子货币，各成员方货币在其中所占的比重大小是由它们各自的经济实力决定的。欧洲货币体系的汇率制度以欧洲货币单位为中心，让成员方的货币与欧洲货币单位挂钩，然后通过欧洲货币单位使成员方的货币确定双边固定汇率。欧洲货币单位的确定本身就孕育着一定的矛盾，因为欧共体成员方的实力不是固定不变的，一旦变化到一定程度，就要求对各成员方货币的权数进行调整。当时，德国经济实力因东、西德统一而大大增强，由于德国马克对美元汇率升高，德国马克在欧洲货币单位中的相对份额也不断提高。德国马克价值的变化使德国货币政策不仅能左右德国的宏观经济，还对欧共体其他成员的宏观经济也产生很大的影响。而英国和意大利的经济则一直不景气，增长缓慢，失业增加，它们需要实行低利率政策，以降低企业借款成本，让企业增加投资，扩大就业，增加产量，刺激居民消费，以振作经济。但当时德国在东、西德统一以后，财政上出现了巨额赤字，政府担心由此引发通货膨胀，因此通货膨胀率仅为3.5%的德国非但拒绝七国首脑会议要求其降息的要求，反而在1992年7月把贴现率升为8.75%。这样，过高的德国利息率使外汇市场出现抛售英镑、里拉而抢购马克的风潮，使里拉和英镑汇率大跌，最终索罗斯的介入导致英镑狂跌。

（二）1997年东南亚金融危机

20世纪90年代，东南亚各国都加快了市场化进程和对外开放，经济发展突飞猛进，吸引了大规模的外资流入。1996年，受美元升值和美国利率上调的影响，泰国经济形势发生转折性变化，贸易萎缩和外资流入减速，再加上国内金融市场动荡迭起和政治问题不断加剧，使市场信心受挫，外资开始大量撤离，股市连续下滑，在此形势下国际对冲基金组织了一场对泰铢的大规模攻击。泰国中央银行为维持泰铢汇率几乎耗尽外汇储备，最后不得不宣布放弃钉住汇率制，一时间泰国掀起抛售泰铢、抢购美元的狂潮，泰铢急剧贬值，东南亚金融危机爆发。随后，危机迅速蔓延到菲律宾、马来西亚、印度尼西亚及韩国，造成这些国家的汇市和股市连续下挫，大批金融机构倒闭，失业增加，经济衰退。中国台湾地区、中国香港地区及其他东南亚国家也承受着巨大的金融市场压力。此后，危机还蔓延到世界其他地区，对全球经济造成了严重影响。

这次东南亚金融危机持续时间之长、危害之大、波及范围之广，远远超过人们的预料。然而，危机的发生绝不是偶然的，它是一系列因素共同促成的必然结果。从外部原因来看，危机是国际投资的巨大冲击及由此引发的外资撤离。据统计，危机期间，撤离

东南亚国家和地区的外资高达 400 亿美元。但是，这次东南亚金融危机的最根本原因在于这些国家和地区内部经济的矛盾性。东南亚国家和地区是近几十年来世界经济增长最快的地区之一，在经济快速增长的同时也暴露出日益严重的问题。以出口为导向的劳动密集型工业发展的优势，随着劳动力成本的提高和市场竞争的加剧正在下降。一些主要工业部门生产力大量过剩，盈利能力急剧下降。同时，由于缺乏新的主导产业群引导，大量资金转向投机性强的证券市场、房地产市场，形成金融房地产泡沫。银行信贷成为企业筹资的主要渠道，由于缺乏完善的内控机制和金融监管机制，在泡沫经济破灭以后银行产生了大量不良贷款，直接催化和深化了金融危机。另外，在美元对国际主要货币有较大升值的情况下，东南亚国家和地区的汇率未进行调整，从而出现高估的现象，加剧了产品价格上涨和出口锐减。而货币贬值又导致了偿还外债的能力进一步下降，通货膨胀压力加剧，促使股市下跌。

（三）2007 年美国次贷危机

美国次贷危机又称次级房贷危机，是指一场发生在美国、因次级抵押贷款机构破产、投资基金被迫关闭、股市剧烈震荡引起的金融风暴，它使全球主要金融市场产生流动性不足的危机。美国次贷危机是从 2006 年春季开始逐步显现的，2007 年 8 月开始席卷美国、欧盟和日本等世界主要金融市场，最后导致全球金融危机。

引起美国次级抵押贷款市场风暴的直接原因是美国的利率上升和住房市场的持续降温。次级抵押贷款是指一些贷款机构向信用程度较差和收入不高的借款人提供的贷款。利息上升，导致还款压力增大，使很多本来信用不好的用户感觉无力还款，因此出现违约的可能，对银行贷款的收回造成影响。美国次级抵押贷款市场通常采用固定利率和浮动利率相结合的还款方式，即购房者在购房后前几年以固定利率偿还贷款，其后以浮动利率偿还贷款。在 2006 年之前的 5 年里，由于美国住房市场持续繁荣，加上前几年美国利率水平较低，美国的次级抵押贷款市场迅速发展。随着美国住房市场的降温，尤其是短期利率的提高，次级抵押贷款的还款利率也大幅上升，使购房者的还贷负担大大加重。同时，住房市场的持续降温也使购房者出售住房或通过抵押住房进行再融资变得困难。这种局面直接导致大批次级抵押贷款的借款人不能按期偿还贷款，进而引发次贷危机。其本质是美国经济开始周期性下滑，货币政策出现调整，利率提升，房价暴跌，房产泡沫也随之破灭，整个链条便出现断裂，首先是低信用阶层的违约率大幅上升，从而引发了次贷危机，继而引发了国际金融危机。

（四）2010 年欧洲债务危机

受美国次贷危机的影响，欧洲部分经济体财政支出扩大，税收减少，财务状况持续恶化，这引发了市场对主权债务违约的担忧，导致全球股市、汇市、债市及大宗商品市场出现大幅波动，从而给全球经济复苏蒙上了阴影。

2009 年 1 月，由于经济衰退、财政状况恶化，希腊、葡萄牙及西班牙的主权信用评级相继被降低，从而引发了市场对欧洲主权债务偿还能力的担忧。2009 年 10 月，希腊政府宣布，2009 年政府赤字和公共债务占国内生产总值的比重将达到 12.7%和 113%，这再次加大了市场对欧洲主权债务危机的恐慌。2009 年 12 月，惠誉、标准普尔和穆迪三大评级公司再次调低了希腊、葡萄牙及西班牙的主权信用评级，欧盟的葡萄牙、爱尔兰、意大利、希腊、西班牙还被评为欧洲主权债务风险最大的五个国家。

2010 年 2 月底，在各方迟迟未能拿出解决希腊主权债务危机方案的情况下，标准普尔与穆迪几乎同时宣称，未来几个月可能再次下调希腊的主权信用评级。2010 年 4 月 27 日，标准普尔再次将希腊的长期国债信用评级降至 BB+（垃圾级），并且将葡萄牙长期信用评级下调至 A-，金融市场对欧元及欧元区经济的信心又一次受到重挫。2010 年 4 月 29 日，标准普尔将西班牙长期主权信用评级由 AA+调至 AA。欧洲主权债务危机出现进一步扩大的趋势。2010 年 5 月 2 日，在经历了多轮艰苦复杂的谈判之后，欧盟与国际货币基金组织就援助希腊债务危机方案达成一致，双方决定在未来三年向希腊政府提供总额为 1100 亿欧元的贷款，其中欧元区国家出资 800 亿欧元，国际货币基金组织出资 300 亿美元。2010 年 5 月 3 日，欧洲中央银行也向希腊采取了援助措施，决定暂时无限期地取消希腊政府借贷的信用评级"门槛"。受此影响，金融市场出现企稳迹象。然而，由于欧盟的救援计划还需要各国经过立法程序加以确认，救援所附加的条件也很可能引起各方势力的反对，因此它并未完全消除投资者对欧元区前景的担心。

此次欧洲主权债务危机主要是由部分成员方过度负债造成的，这些成员方未能重视财政赤字扩大的风险，过度负债，最终造成了被动的局面。但从更深层次来看，这也与欧盟缺乏对各国财政政策的有效约束有关。欧元区有的成员方大幅举债，超出了《稳定与增长公约》的规定，从而导致上述问题的出现。此次欧洲主权债务危机也与西方国家政府支出过度膨胀有关。欧洲主权债务危机直接影响了欧元区经济的增长，给全球经济复苏带来了较大的不确定性，它造成全球股市、汇市和债市的大幅波动，尤其是在市场相对脆弱的时期，引发连锁反应，产生系统性风险。

三、金融危机爆发的原因及危害

通过对 20 世纪 90 年代以来爆发的几次主要金融危机的回顾我们可以发现，金融危机对一国金融经济和社会发展造成的破坏程度愈来愈深，可以说从货币危机开始，逐步演化为金融危机，金融危机再扩展到经济领域，导致一国经济运行混乱和经济发展倒退。金融危机甚至动摇一国政局，引起政党更替和人们对政府的信心危机。虽然每一次危机的爆发都有其各自的特征、原因和影响程度，但在其错综复杂的因素中也包含着诸多共同之处。随着经济全球化趋势的增强，现代的金融危机基本上表现为在国际经济失衡的条件下，国际资本在利益驱动下利用扭曲的国家货币体系使区域性金融危机爆发，因此从本质上说，金融危机的性质和成因都发生了变化。

第一，固定汇率制度与经常项目逆差往往是金融危机爆发的直接原因。在所有危机中，遭受国实行的都是钉住汇率制，这意味着在资本流入较强的时期，本国货币处于升值压力之下，这一方面造成出口竞争力下降，经常项目恶化，另一方面使货币当局面临国内通货膨胀的压力。经常项目逆差靠资本流入弥补，外汇储备的构成也主要依靠资本流入。在这种情况下，当资本流入减速或撤离时，外汇储备急剧减少并无力维持钉住汇率和偿还外债，就会导致危机爆发。

第二，国内银行体系的脆弱性加剧了金融危机的影响。随着金融开放和放松管制，银行业务的扩展与资本市场的开放使银行面临更大的风险。在利率上升和经济萧条的情况下，盲目贷款加大了银行和公司的脆弱性；同时，在汇率处于压力之下时，政府也陷入了困境，无论是用紧缩银根来维持汇率，还是使货币贬值，都无法直接或间接地阻止银行及其客户财务状况的继续恶化。

第三，过快推进金融自由化无法应对金融风险导致金融危机爆发。许多新兴市场国家在金融自由化改革过程中，盲目开放资本账户，而国内又缺乏完善的金融监管体系和有效的危机防范机制，结果导致巨额的国际资本自由流动。这极易造成新兴市场国家的经济泡沫，形成虚假繁荣，其结果是严重误导这些国家的财政货币政策，使其金融的脆弱性不断加大，最终酿成金融危机。

第四，国际经济发展不平衡。在区域经济一体化和经济全球化的背景下，一个国家宏观政策的影响力可能是区域性的也可能是全球性的。从国际经济失衡导致金融危机的形成路径可以看出，国际经济失衡通过国际收支表现出来，国际收支失衡的调整又通过国际货币体系来进行。如果具备了完善和有效的国际货币体系，就可以完全避免国际经济强制性和破坏性调整，也就是说，可以避免金融危机的发生。然而，现实的国际货币体系是受到大国操纵的，因此国际经济失衡会被进一步扭曲和放大。

第五，金融监管机制滞后，金融创新过度掩盖了巨大风险。因为国际金融体系是以美国为主导的，而美国又无视一些国家多次提出的加强监管的建议，所以整个国际层面也缺乏有效的金融监管。在监管机制滞后的整体氛围下，金融机构的贪婪性迅速膨胀。资产证券化所创造的金融衍生产品本来可以起到分散风险、提高银行等金融机构效率的作用，可是资产证券化一旦过度，就加长了金融交易的链条，使美国金融衍生品越来越复杂，金融市场也就变得越来越缺乏透明度，以致最后没有人关心这些金融产品真正的基础是什么，也不知道其中蕴含的巨大风险。

第六，国际热钱迅速流动。金融全球化让世界在享受全球化带来的红利的同时，也带来了相应的风险。由于金融自由化和经济全球化已发展到相当高的程度，当今世界各地都处在不同程度的金融开放之中，大笔热钱在全球各地迅速流动，各种令人眼花缭乱的金融衍生品将全球金融机构盘根错节地联系在一起，而美国等发达国家又占据着最有利的地位。随着全球金融动荡的加剧，世界各国都不同程度地出现了流动性短缺、股市大跌、汇率震荡、出口下降、失业率上升等现象，全球金融市场和实体经济正面临严峻的考验。

第三节　金融危机理论模型

在货币供给与货币需求保持平衡的条件下，即在货币供给保持不变的条件下，国内信贷的增长将导致外汇储备的流失，其流失速度与信贷扩张速度保持一定比例。在一国货币需求处于相对稳定状态时，信用扩张将导致通胀压力，这会迫使该国居民通过对外投资、购买外国商品或直接持有外汇资产的形式抵御或转嫁这种压力，从而引起外汇储备的流失并使货币供应与货币需求重新达到平衡。

一、第一代货币危机理论

第一代货币危机理论认为货币危机是否爆发主要取决于一个国家的经济基本面，特别是财政赤字的货币化。假定政府为解决财政赤字而大量发行纸币，必然引起资本流出，央行为维持汇率稳定而无限制地抛出外汇储备，当外汇储备达到临界点时，会引发投机攻击。如果政府没有足够的外汇储备支持，就不得不放弃稳定的汇率制度。保罗·克鲁格曼在1970年所写的《国际危机模型》中提出了以上观点，国际货币基金组织的经济学家弗拉德教授和布朗大学的戈博教授也提出了相似的观点，因此这一模型又被称为"克鲁格曼-弗拉德-戈博模型"。该理论揭示了当一国经济的内部均衡与外部均衡发生冲突时，用来维持内部均衡的政策必然导致外部均衡丧失，投机者的冲击将导致货币危机，从而使固定汇率无法维持。

当一国最初采取信用扩张政策时一般能够达到刺激经济增长的目的，这种政策效应通常会持续一段时间，这时该国经济增长的加快会吸引外资不断流入，一部分外资增加了该国的外汇储备，还有一部分外资被用于扩大进口，这实际上是一个信用膨胀的过程，因为央行以收购外汇形式投放的货币是基础货币，它在流通中将发挥乘数效应。当国内信贷扩张和外资流入双重因素的信用膨胀持续一段时间以后，该国会出现泡沫经济和虚假繁荣，并且越来越严重，这就导致该国的基本经济面不断恶化，经常项目收支发生逆转，经济衰退，最终使外汇储备匮乏。这一模型可以解释20世纪80年代初的危机、1998年的俄罗斯危机、巴西危机和阿根廷危机等。

二、第二代货币危机理论

因为在20世纪90年代初的欧洲货币危机中，很多国家的经济基本面很好，但也受到了危机冲击，人们开始对第一代模型提出了质疑，所以1996年奥波斯特菲尔德又系统地提出了"第二代货币危机模型"，该模型称"自我实现的货币危机理论"。该理论认为即使宏观经济基础没有进一步恶化，货币危机也有可能发生，其原因是预期贬值自我实现的结果。市场预期的突然改变使人们普遍形成贬值预期，在羊群效应和传染效应的作用下，仍会出现货币危机。

第二代货币危机理论特别强调，货币危机的发生过程往往是政府与投机者之间相互博弈的过程。假设在汇率政策决策中政府所考虑的中心问题是维护固定汇率制度，而政府维护固定汇率制度的主要方法是提高利率，但运用利率政策来维护固定汇率制度必须符合两个条件：一是应使本国利率水平高于外国利率水平，以吸引外资流入，补充外汇储备；二是提高利率的成本应低于维持固定汇率的收益。提高利率会增加经济成本：一是如果政府债务存量较大，提高利率将加重政府的利息负担；二是提高利率将对经济产生紧缩效应，这可能引起经济衰退和失业率上升。维护固定汇率的收益主要是信誉收益和稳定收益。

三、第三代货币危机理论

1997年爆发的东南亚金融危机让人们再一次关注金融危机的发生。克鲁格曼认为，东南亚金融危机在传染的广度、深度、转移及国际收支平衡等方面与以往的货币危机均有显著的区别，原有的货币理论解释力不足，应有所突破，第三代货币危机理论由此产生。克鲁格曼认为，东南亚金融危机对于远在千里之外的国家经济都能造成影响，因此多重均衡是存在的。在以往的货币危机理论中，模型的构造者将注意力放在投资行为上，并没有过多地关注实体经济，而单商品假定中又忽视了贸易和实际汇率变动的影响。因此，货币理论模型的中心应该讨论实际贬值或经济衰退所带来的经常账户逆转及与之相对应的资本流动逆转的需求问题。克鲁格曼认为，这场货币危机的关键问题并不是银行，而是企业，本币贬值、高利率及销售的下降恶化了企业的资产负债表，削弱了企业财务状况。克鲁格曼在单商品的假定之下，建立了一个开放的小国经济模型，在这一模型中，增加了商品对进口商品的不完全替代性，分析了贸易及实际汇率变动的影响与效应。

克鲁格曼在第三代货币危机理论中还提出了金融过度的概念，这一概念主要是针对金融中介机构而言的。在金融机构无法进入国际市场时，过度的投资需求并没有导致大规模的过度投资，而是导致市场利率的升高。当金融机构可以自由进出国际金融市场时，金融中介机构的道德冒险会转化成证券金融资产和房地产的泡沫，这就是金融过度。金融过度加剧了一国金融体系的脆弱性，当外部条件合适时，将导致泡沫破裂，发生危机，亲缘政治的存在提高了金融过度的程度。这种国家表面上财政状况健康，实际上有大量的隐性赤字存在，政府对与政客们有裙带关系的银行、企业提供各种隐性担保，增加了金融中介机构和企业道德冒险的可能性，它们的不良资产就反映了政府的隐性财政赤字。

四、第四代货币危机理论：雏形

第四代货币危机理论是克鲁格曼和哈佛大学的 Aghion 在已有的三代成熟货币危机模

型上建立起来的，该理论认为，如果本国企业部门的外债水平越高、资产负债表效应越大，经济出现危机的可能性就越大。其理论逻辑是企业持有大量外债导致国外的债权人会悲观地看待这个国家的经济，减少对该国企业的贷款，使其本币贬值，企业的财富下降导致能够申请到的贷款减少，全社会投资规模下降，经济陷入萧条。从总量上来讲，一个国家的总投资水平取决于国内企业的财富水平。第四代货币危机理论尚有待完善。

第四节　金融危机的防范

金融危机的产生给国家经济和社会带来的破坏和冲击是巨大的，我们必须认真总结经验教训，分析美国金融监管模式的缺陷，构建有效的金融机构风险监管体系，明确对金融机构风险监管的内容，建立完善的相关法律制度，只有这样才能有效防范金融危机的发生和扩散。

一、金融危机的反思

金融危机的爆发既有国际因素影响，又有各国自身的原因，产生的后果也不尽相同，具体分析如下。

（1）在资本流动比较开放自由的情况下，货币政策本身往往不够有效。因为高利率会吸引大量短期性资本的流入，助长通货膨胀。紧缩性的财政政策，如削减政府开支、补贴和政策性贷款对控制通货膨胀会更有效。用外资来资助消费是无法持久的，一旦外资流入速度减缓，外资不能被利用来提高国内生产率，实际汇率持续过高又损害了出口商品的竞争力，就会造成国际收支经常项目大量逆差，引发外资大规模恐慌性撤离。汇率的大幅度剧烈波动在所难免，最终国家不得不宣布货币自由浮动，给本国经济带来沉重打击。

（2）贸易自由化不一定为发展中国家经济带来增长与繁荣。发展中国家在制定有关国际贸易的经济政策时一定要谨慎，不要盲目地遵从新自由主义。事实证明，新自由主义经济政策的实质是为少数主导经济全球化的发达国家及国际垄断资产阶级的利益服务的，发展中国家不能盲目地采取新自由主义的经济政策，否则会成为发达国家和国际垄断资产阶级主导的经济全球化进程的牺牲品。

（3）全球经济一体化的推进和国际金融市场的发展都具有内在不稳定性。在金融全球化趋势中，国际金融市场的内在不稳定性主要表现在：资金流动容易受到市场预期和信心变化影响而出现急剧的逆转，信息技术的进步使巨额资金可以在全球范围内迅捷地实现跨国流动，国际风险投资基金和投资银行可动用的资金远远大于中小金融市场可承受的规模。金融危机的出现是对世界和各国的金融体系存在缺陷的反应，包括许多被认为是经过历史发展选择的比较成熟的金融体制和经济运行方式。

（4）一个具有强健流动性的金融市场必须是一个竞争性的市场。在这个市场上，众多的市场参与者通过供求数量信息和价格信息采取动态的风险管理办法以做出交易决策，回避风险，取得收益；中央银行则按竞争的原则制定市场交易规则、维持市场纪律、纠正市场失衡。竞争性的市场必定要求打破市场封锁和分制，否则交易者将因市场分割而无法顺利进行交易，或者因交易成本太高而退出市场，使市场流动性减小。流动性充分的金融市场必须是市场参与者众多、市场分割最小、交易成本最低、竞争机制充分、基础设施完善的市场，完善的市场可以保证资金充分流动，有助于降低金融风险。

（5）有效、适度、合理地利用外资。国际游资只是国际短期资本流动的一部分，至于国际资本过量的、不合理的流入和利用，其责任不在于国际资本本身，而只能归咎于出现金融危机的国家国内金融经济政策和管理的失当。开放本国国际金融市场、实现金融市场自由化本来无可厚非，可是在开放本国国际金融市场的同时，国内银行金融业也要进行相应的改革，特别要注重投融资制度、货币制度和汇率制度的改革，并且制定完备的金融法规，规范和引导金融市场协调、有序、健康地发展。利用外资的目的是弥补国内资金不足，加快国内经济发展。

（6）面对资本流动性冲击要有相应的政策应对。近年来，世界金融秩序变成发达国家危机产生的主要原因。由于美元本位的国际货币体系，发达国家可以依靠发行货币来拯救金融市场和经济，而发展中国家不断受到宽松货币带来的全球流动性过剩的冲击，频频为危机埋单。如果发展中国家的弱势金融地位不改变，那么这种被动的格局就可能带来更大的风险甚至危机。

基于上述反思与分析，即金融危机生成机理的多因素性及其传导机制的多渠道性，我们认为，为了有效抵御金融危机的发生、传染，最大限度地降低危机带来的损失，金融危机的治理应当包括事前防范、事中控制及事后处理三个方面。

二、金融危机的管理

危机管理是管理中一个相对较新的领域，典型的主动危机管理活动包括预测潜在危机的发生和制订相应的应对计划。狭义的危机管理是指危机反应管理，即危机发生以后政府的应对措施，有效的危机管理需要做到以下四个方面。

第一，转移危机的来源，缩减危机的范围和影响。

第二，提高危机初始管理的地位。危机初始管理是指对从第一个危机征兆出现到危机开始造成损失这段时间采取措施以降低不利影响的活动。

第三，加强对危机冲击的管理。危机冲击是指危机事件对周围环境及当事人造成的冲击或影响的反应管理。

第四，完善修复管理，能够迅速有效地减轻危机造成的损害。

防范与处置金融危机有三个基本的原则：一是维护金融安全原则；二是促进经济稳健

增长原则；三是维护投资者利益原则。金融危机防范与处置法律制度的价值取向应包括安全、秩序、公平。

三、金融危机的防范

（一）金融危机的事前防范

1. 适度地限制国际资金流动

虽然直接投资将会给东道国带来利益，但是短期资金的流动性很强，对利率、汇率等经济变量的变动十分敏感，又会给一国的经济带来冲击。因此，有必要在一定程度上加强对资金流动的管制。具体措施有以下3点。

（1）要防止虚假的外商直接投资进入，并且对外商进入的行业进行选择，避免外商以直接投资的方式过多地占有一些产品的国内市场。

（2）可以对所有的短期资金的流入征税。

（3）禁止非本国居民以本币进行投机或有可能转化为投机活动的融资活动。

2. 加强金融监管

第一，完善资本市场体系。完善的资本市场有利于资本集聚，拓宽企业融资渠道，改善企业资产负债结构，提高金融体系效率。监管部门应加大对机构投资者、上市公司、券商的监管力度，严格禁止内幕交易和操纵股票市场等不正当行为。

第二，加强对银行体系的监管。从已有的经验来看，大部分国家的金融体系危机都来源于银行危机。在道德风险的驱使下，银行容易过度承担风险，导致过度借贷等问题。因此，国家必须加大银行会计部门的透明度，以最大限度地解决信息不对称问题，减少呆账、坏账，提高银行资金的营利性、安全性和流动性。

视野拓展

呆账

呆账指的是债务到期以后，本金或利息经过至少一个月后仍未偿付，处于呆滞状况但尚未确定为坏账的应收、暂付款项，它作为一项资产反映在各年的资产负债表上。

---

3. 建立完善有效的金融危机指标体系

金融危机发生异常的不良反应，大多有1～2年的前置期，如果能够及时发现异常反应并进行适度的调控，是可以防范或避免金融危机发生的。相反，如果缺乏风险意识和防范措施，那么一旦出现问题，有关国家就会显得无所适从。

（二）金融危机的事中控制

金融危机的事中实际上是指在金融危机爆发初期，其破坏性不大的时刻，或者在金融系统的预警指标还没有超过警戒线的时刻。此时，如果能对金融风险的激化加以化解与控制的话，就会避免危机的发生。对于一些宏观经济指标风险（如通货膨胀风险、财政赤字风险、借贷风险等），相关部门可以通过建立、完善监管体系，实施有效的货币政策、财政政策等宏观手段加以处理。对于一些金融机构微观经济指标风险（如资本充足率风险、备付金比例风险、营业费用率风险等），一方面可以通过金融机构的内部控制，及时采取科学的风险管理方法具体化解；另一方面，政府可以通过及时筹集资金向发生支付危机的金融机构注入大量资金的方式，使其安全度过支付危机。

本章小结

1. 金融危机是指国际金融领域发生的剧烈动荡和混乱，通过支付和金融操作或通过金融恐慌心理迅速传导到相关的国家或地区，使有关国家或地区的金融领域出现剧烈动荡和混乱，是信用危机、货币危机、银行危机、证券市场、债务危机和金融衍生产品市场危机等的总称。

2. 季风效应是指共同的冲击引起的危机传导，它源于国内金融市场与国际金融市场的高度相关性，市场心理因素往往起主导作用，属于非接触性风险传导。

3. 溢出效应源于国际金融市场体系中各个子市场之间的高度相关性，实质经济因素往往起主要作用，属于接触性传导。

4. 净传染效应是指金融危机是由宏观基本面数据不能解释的原因引起的，其主要涉及的是自我实现和多重均衡理论。

5. 第一代货币危机理论认为货币危机是否爆发主要取决于一个国家的经济基本面，特别是财政赤字的货币化。

6. 第二代货币危机理论特别强调，货币危机的发生过程往往是政府与投机者之间相互博弈的过程。

7. 第四代货币危机理论是克鲁格曼和哈佛大学的 Aghion 在已有的三代成熟货币危机模型上建立起来的。

8. 金融危机的事中实际上是指在金融危机爆发初期，其破坏性不大的时刻，或者在金融系统的预警指标还没有超过警戒线的时刻。

9. 宏观经济指标风险主要包括通货膨胀风险、财政赤字风险、借贷风险等。

10. 金融机构微观经济指标风险主要包括资本充足率风险、备付金比例风险、营业费用率风险等。

复习思考题

1. 金融危机国际传染主要有哪些路径？
2. 什么是贝克计划？
3. 简述金融危机爆发的原因及危害。
4. 什么是第一代货币危机理论？
5. 金融危机的反思主要包括哪些内容？
6. 如何对金融危机进行管理？

参考文献

[1] 广播影视业务教育培训丛书编写组. 广播电视综合知识[M]. 北京：中国国际广播出版社，2016.

[2] 姜文学，邓丽丽. 国际经济学[M]. 5 版. 沈阳：东北财经大学出版社，2018.

[3] 凯程教育金融硕士教研中心. 431 金融硕士应试题库 2019 版[M]. 北京：北京理工大学出版社，2018.

[4] 潘理权，姚先霞. 新编财政与金融[M]. 2 版. 合肥：中国科学技术大学出版社，2013.

[5] 胡靖，潘勤华，李月娥. 新编货币金融学[M]. 上海：复旦大学出版社，2018.

[6] 张米良，郭强. 国际金融学[M]. 哈尔滨：哈尔滨工业大学出版社，2018.

[7] 郑长军. 国际金融[M]. 武汉：华中科技大学出版社，2017.

[8] 高建侠. 国际金融[M]. 北京：中国人民大学出版社，2014.

[9] 张宗英，冷静. 国际金融实务[M]. 北京：对外经济贸易大学出版社，2010.

[10] 李天德. 国际金融学[M]. 成都：四川大学出版社，2008.

[11] 郑庆寰. 金融市场学[M]. 上海：华东理工大学出版社，2011.

[12] 吴国鼎. 汇率变动与企业行为和绩效[M]. 北京：中国金融出版社，2018.

[13] 姜延迪，徐春燕. 国际经济法实务教程[M]. 长春：吉林人民出版社，2016.

[14] 刘革，李姝瑾. 金融学[M]. 北京：北京理工大学出版社，2015.

[15] 陈英. 金融学教程[M]. 杭州：浙江大学出版社，2018.

[16] 丁文阁. 全球治理变革：新时代中国的国际经济组织参与[M]. 北京：国家行政学院出版社，2018.

[17] 大众财经图书中心. 博学通识系列：一书通识金融学[M]. 北京：中国法制出版社，2018.

[18] 乔桂明. 国际金融学[M]. 3 版. 苏州：苏州大学出版社，2017.

[19] 郑甘澍，刘莉. 国际经济学[M]. 2 版. 上海：上海财经大学出版社，2018.

欢迎广大院校师生 **免费**注册应用

www. hxspoc. cn

华信SPOC官方公众号

华信SPOC在线学习平台

专注教学

教学课件
师生实时同步

数百门精品课
数万种教学资源

多种在线工具
轻松翻转课堂

电脑端和手机端（微信）使用

SPOC

测试、讨论、
投票、弹幕……
互动手段多样

一键引用，快捷开课
自主上传，个性建课

教学数据全记录
专业分析，便捷导出

登录 www.hxspoc.cn 检索 华信SPOC 使用教程 获取更多

华信SPOC宣传片

教学服务QQ群： 1042940196
教学服务电话：010-88254578/010-88254481
教学服务邮箱：hxspoc@phei.com.cn

电子工业出版社.
PUBLISHING HOUSE OF ELECTRONICS INDUSTRY

华信教育研究所